Führungspsychologie

Führungspsychologie

Theoretische und empirische Beiträge

Von

Hermann Liebel

unter Mitarbeit von

Rudolf Luhr, Karl-Harald Meyer und Rudolf Walter

1978

Verlag für Psychologie · Dr. C. J. Hogrefe
Göttingen · Toronto · Zürich

Frau Professor Dr. phil., Dr. med.

HILDEGARD HILTMANN

zum 60. Geburtstag

Satz und Druck: Druckhaus Rolf Gremer, Ebelsbach am Main
Buchbinderische Verarbeitung: Konrad Triltsch, Würzburg
Printed in Germany
ISBN 3 8017 0135 2

Vorwort

Wie in fast allen anderen Lebensbereichen, so wird auch in der Arbeitswelt Erkenntnissen psychologischer Forschung, seien sie mehr oder minder gesichert, wachsende Bedeutung beigemessen. Dies gilt in besonderem Maße für die Organisationspsychologie, die neben der Arbeitssoziologie, der Betriebspädagogik, der Sozialpolitik, der Arbeitsmedizin, dem Arbeitsrecht und anderen wissenschaftlichen Teildisziplinen die Probleme des arbeitenden Menschen ins Zentrum ihrer Bemühungen stellt. Dabei sind es vor allem die Themen um den Problemkreis der Führung von Mitarbeitern, die in den letzten Jahren auf Grund der Expansion einer Vielzahl von Betrieben, der Entwicklung von Wissenschaft und Technik und besonders auch gesellschaftlicher Entwicklungen das wissenschaftliche Interesse auf sich lenkten.

Auf diesem Hintergrund entwickelte sich innerhalb der Organisationspsychologie die „Führungspsychologie" relativ schnell zu einem der wichtigsten Arbeitsfelder. Sie steht in enger Wechselbeziehung zur Pädagogischen Psychologie dort, wo diese sich mit der Interaktion zwischen Eltern und Kindern oder Lehrern und Schülern auseinandersetzt, und auch zur Klinischen Psychologie, soweit diese sich mit dem Problem der gegenseitigen Abhängigkeit von Therapeuten und Klienten beschäftigt. Ihre Ansätze sind in der sozialpsychologischen, der motivationspsychologischen, der wirtschaftswissenschaftlichen und auch der soziologischen Literatur verstreut. Dem steigenden Bedürfnis nach sachgerechter Information versucht eine rasch anwachsende Welle speziell führungspsychologischen Schrifttums Rechnung zu tragen. Der weitaus größte Teil an neuerer Literatur über Führungsprobleme in Wirtschaft und öffentlicher Verwaltung ist allerdings in *dem* Sinne populärwissenschaftlich orientiert und formuliert, daß es dem Interessierten oft schwerfällt, subjektive Meinungen von wissenschaftlich erhärteten Fakten zu unterscheiden.

In der Absicht, einen theoretischen und empirischen Beitrag zur Führungspsychologie nach wissenschaftlichen Standards zu leisten, entstand das vorliegende Buch einerseits aus der kritischen Auseinandersetzung mit dem Stoffgebiet in Vorlesungen, Kolloquien und Seminaren, die der Verfasser an der Universität Freiburg im Breisgau durchführte, zum anderen aus eigenen Forschungserfahrungen und aus Kontakten zur Praxis, die insbesondere in beratender Tätigkeit bei Fragen innerbetrieblicher Aus- und Weiterbildungsförderung und speziellen Problemen der Personalentwicklung im Bereich des öffentlichen Dienstes bestanden, sowie aus vielen Gesprächen mit praktizierenden Fachkollegen.

Es wendet sich an die Personalfachleute in Industrie, Handel und öffentlichem Dienst, an die nicht fachpsychologisch ausgebildeten Führungskräfte in Betrieben und Gewerkschaften sowie an die Angehörigen der Nachbarwissenschaften. Gleichzeitig will es dem mehrfach geäußerten Wunsch seitens Studierender der Psychologie, der Soziologie und der Wirtschaftswissenschaften nach allgemeinverständlicher, aber dennoch wissenschaftlich abgesicherter Information zu Fragen der Personalführung aus psychologischer Sicht entgegenkommen. Dem betriebspsychologischen Praktiker möge es zur nutzbringenden Verwertung wissenschaftlicher Erkenntnisse dienen und ihn zur Artikulation seiner Bedürfnisse und Wünsche an die Forscher und Lehrer an den Hochschulen veranlassen.

Mein Dank gilt all denen, die am Zustandekommen dieses Buches beteiligt waren: Frau Professor Dr. Dr. Hildegard Hiltmann für das aktive Interesse, das sie durch viele Anregungen und Hinweise bekundete, allen Fachkollegen und Studenten, Personalfachleuten des öffentlichen Dienstes und der Industrie sowie den Teilnehmern an Aus- und Fortbildungslehrgängen, die sich als hilfreiche Gesprächspartner erwiesen, besonders aber den Mitarbeitern in der „Forschungsgruppe für Personalführung im Öffentlichen Dienst" am Lehrstuhl für Angewandte Psychologie der Universität Freiburg i. B., die in den einzelnen Projekten trotz fehlender Forschungsfinanzierung wichtige Arbeit geleistet haben.

Freiburg i. B., im Herbst 1977 Hermann Liebel

Inhalt

3. Kapitel

Zur Psychodiagnostik der Leistungsstruktur von Führungskräften 78

4. Kapitel

Zur führungspsychologischen Diagnostik sozialisationsbedingter Rollenerwartungen und Einstellungen 111

5. Kapitel

Versuche zur Messung von Vorgesetztenverhalten — Eine statistische Methodenstudie 136

6. Kapitel

Personalbeurteilung als Führungsmittel — Eine Umfrage in Wirtschaft und Öffentlicher Verwaltung . 155

1. Kapitel

Entwicklung und gegenwärtiger Stand der Führungspsychologie

Hermann Liebel

1. Einleitung

Ansätze einer Entwicklung hin zum Zustand der Menschlichkeit sind in den uns bekannten geschichtlichen Zeiträumen immer wieder gemacht worden. Der Primat der Unmenschlichkeit und sozialer Ungerechtigkeit blieb jedoch diesen Anstrengungen zum Trotz bestehen. Heute beobachten wir, wie staatliche und religiöse Autoritäten, vor allem aber auch wirtschaftliche Organisationen versuchen, ihre verlorengegangene Glaubwürdigkeit wiederzugewinnen. So schenken die wirtschaftlichen Unternehmen den menschlichen Faktoren bei der Arbeit zunehmend Beachtung, das heißt, die sozialen Bedürfnisse der Beschäftigten sollen beispielsweise durch neue Formen der Mitarbeiterführung soweit als möglich befriedigt werden. Ob dies aus echter humanitärer Gesinnung geschieht oder lediglich der Bemäntelung eines verabsolutierten Leistungsprinzips und des reinen Profitstrebens dient, läßt sich kaum objektiv entscheiden. Die Betriebspsychologen sollen dabei gleichsam „Seelenhirten" in den Unternehmen sein, indem sie als Ordner im Spannungsfeld der Ungleichheiten auftreten.

Kann und will der Betriebspsychologe im betriebsinternen Spannungsfeld überhaupt ausgleichend wirken? Ist es ihm möglich, eine echte Mittlerstellung zwischen Unternehmensleitung und Belegschaft zu behaupten? Kaschiert er nur den Leistungscharakter des Unternehmens, indem er das Image der Unternehmer im humanitären Sinn aufzupolieren hilft? Ist er nicht in Wirklichkeit Helfershelfer, Handlanger oder gar Spitzel der Unternehmensleitung? —

In wachsendem Maße sieht sich die Arbeits- und Betriebspsychologie mit berechtigten Einwänden, Vorhaltungen und Vorbehalten, aber auch ungerechtfertigten Vorwürfen, Anschuldigungen und Verdächtigungen von außen konfrontiert. Andererseits wäre sie keine Wissenschaft, würde sie nicht auch ihre Gegenstände und Ziele selbstkritisch in Frage stellen und ihren Standort innerhalb der Arbeitswelt ständig kontrollieren und gegebenenfalls korrigieren. Dies gilt auch und gerade für das komplexe Phänomen „Führung" als Gegenstand wissenschaftlicher Analyse.

2. Führung als komplexes Phänomen

Selten war der Ruf nach Persönlichkeiten mit „Führungsqualitäten" in den verschiedensten öffentlichen und privaten Bereichen stärker als gegenwärtig.

Mit diesem praktischen Bedarf stellt sich gleichzeitig die Frage nach geeigneten Methoden zur Auslese solcher Führungskräfte, dann die Frage, ob sie überhaupt und wie sie ausgebildet werden müssen und andere. Die Erarbeitung vernünftiger Antworten setzt jedoch einen Konsens darüber voraus, was mit „Führung" überhaupt gemeint ist. Zwei wesentliche Aspekte sind es, welche Führung bestimmen, nämlich der *funktionale,* das Führen, und der *personale,* der Führer. Sicher hat jeder eine mehr oder weniger genau umrissene Vorstellung, wenn von „gutem Führen" oder einem „erfolgreichen Führer" die Rede ist. Nach Lukascyk (1960, S. 179) sind solche Meinungen bei genauerer Betrachtung jedoch nicht mehr als einprägsame Stereotype, generalisierte subjektive Erfahrungen mit bestimmten Führertypen oder ideologisch verankerte Werturteile bzw. Vorurteile. Wie schillernd und variantenreich die Begriffe Führung, Führen und Führer tatsächlich sind, verdeutlicht ein Blick auf eine kleine Auswahl ihrer mannigfachen Verwendung. So meint „Führung" einmal *Ausübung von Macht,* wenn von guter, straffer oder umsichtiger Führung beispielsweise einer Regierung, eines Konzerns oder einer militärischen Einheit die Rede ist, oder in Redewendungen, wie „sich die Führung aus der Hand nehmen lassen", „einem die Führung streitig machen" oder „die Führung an sich reißen". So verstanden ist Führen, auch wenn es noch so behutsam geschieht, dem Herrschen eng verwandt, Geführtwerden dagegen dem Gehorchen. Daneben bezeichnet man mit Führung aber auch Sachverhalte wie die *Handhabung von Gegenständen,* z. B. die Führung des Bogens beim Violinspiel, *die Betreuung einer Aufgabe,* wie die Führung des Klassenbuchs oder die Buchführung in der kaufmännischen Abteilung eines Betriebs, ja sogar das *Betragen,* z. B. des Strafgefangenen, der wegen ‚guter Führung' vorzeitig aus dem Gefängnis entlassen wird. Die Frage, was alles geführt wird, *führt* uns zu Beispielen, wie ein Kind an der Hand führen, eine Klasse zum Abitur führen, eine Mannschaft zum Erfolg führen, das Kommando führen, die Aufsicht führen oder Mitarbeiter führen. Aber auch ein Titel, ein Adler im Wappen, eine Kundenkartei, ein Briefwechsel oder ein Doppelleben lassen sich führen.

Könnte man bis hierhin glauben, ein all diesen Varianten des Führens gemeinsamer Nenner ließe sich wenigstens darin erblicken, daß es immer Menschen seien, die andere Menschen, Tiere oder unbelebte Gegenstände in irgendeiner Weise führten, so wäre anzumerken, daß — vom beobachtbaren Führungsverhalten von Tieren ganz abgesehen — nach unserem Sprachgebrauch auch Objekte „führen": die Straßentrasse zu einer Brücke, diese über einen Fluß und der wiederum Hochwasser. Noch bunter färbt sich das Bild, fragt man nach den „Führern" und denen, die als solche angesehen werden. Da gibt es die herausragenden Persönlichkeiten in den Bereichen Politik, Kirchen, Militär, Wirtschaft, Wissenschaft, Kunst, Erziehung, Sport; die Manager in Wirtschaft und Verwaltung, die Gewerkschaftsführer; die Eltern, die Lehrer, die Ausbilder; die Führer von Jugendgruppen; Bergführer, Wortführer, Bandenführer, Rädelsführer. Geht man von der einfachen Definition aus, „Führer ist, wer führt", so ist auch der Aufschneider, der das große Wort führt, ja selbst der Bösewicht, der etwas im Schilde führt, ein Führer! Mit Recht weist Lukascyk darauf hin, daß das einzige diesen und anderen realiter auffindbaren Führern gemeinsame Merkmal in nichts anderem als in der Wortmarke „Führer" besteht (1960, S. 180).

Es verwundert daher nicht, wenn die Meinungen über die entscheidenden Kriterien des Führers und des Führens in der Führungsliteratur deutlich divergieren. Manche Autoren beharren auf der Existenz einer allgemeinen Führungsfähigkeit, während andere eine schwankende Zahl anlagemäßig vorgegebener spezieller Führungseigenschaften postulieren. Dominanzstreben und Extravertiertheit, aber auch Anpassungsfähigkeit an die Einstellungen und Erwartungen der zu führenden Gruppe, Beliebtheit, Tüchtigkeit, Entscheidungsfreude, Mut und überlegene intellektuelle Fähigkeiten sind nur einige der immer wieder genannten Attribute. Manche Autoren stellen die zu führende Gruppe selbst und die in ihr wirksamen Kräfte als Haupteinflußgröße auf das Führen in den Vordergrund. Wieder andere sehen in der Vorbild- und Modellwirkung des Führers für die Gruppenmitglieder die maßgebliche Komponente. Auf Grund all dieser Schwierigkeiten existieren nach Thibaut und Kelley (1967) fast ebensoviele Führungsdefinitionen, wie es empirische Untersuchungen zu diesem Thema gibt. Lambert (1969) weiß von an die hundert voneinander abweichenden Führungsdefinitionen zu berichten.

Maisonneuve nennt als besondere Erschwernis, die einer Annäherung der Definitionen im Wege steht, die Befrachtung der deutschen Führungsbegriffe mit traditionell autoritären Vorstellungen (1974, S. 54). Die in den letzten Jahren deutlich steigende Tendenz, statt der unseren häufiger die weniger affektbeladenen angelsächsischen Begriffe *leader, leadership, manager* und *management* zu gebrauchen, ist daher nicht einfach als Modelaune abzutun, wenn auch ihr Gebrauch zum Zwecke reiner Koketterie und privater Imagepflege meist stärker ins Auge springt.

Wir wollen an dieser Stelle nicht weiter auf die auseinandergehenden Meinungen über Kriterien und Definitionsmöglichkeiten eingehen. Vielmehr ist festzuhalten, daß es eine alle Aspekte umfassende fachwissenschaftliche Definition von Führung nicht gibt und auch in Zukunft wahrscheinlich nicht geben kann. So bleibt nichts anderes übrig, als das jeweils Gemeinte möglichst genau zu umschreiben, wenn man diesen eingebürgerten Begriff und seine Varianten verwendet.

3. Zur Problemgeschichte der Führungspsychologie

Führung ist ein komplexes Phänomen, dessen Facetten nach differenzierter Betrachtung und Analyse verlangen. Die Psychologie als Wissenschaft vom Erleben und Verhalten, die Anwendung ihrer Erkenntnisse eingeschlossen, versucht ihren Beitrag durch die Beschäftigung mit den sozialen Aspekten von Führung auf den verschiedenen Gebieten des mitmenschlichen Zusammenlebens zu leisten. Es ist vor allem die Sozialpsychologie, welche Führung und die damit zusammenhängenden Verhaltens- und Erlebnisreaktionen bei Führern und Geführten als Gruppenphänomene auffaßt, beschreibt und empirisch untersucht. Sie steht als Grundlagendisziplin in enger Beziehung zu den angewandten psychologischen Disziplinen (siehe *Übersicht 1*).

Wir wollen uns im folgenden auf die Diskussion von Führungsfragen beschränken, die sich in einem dieser Anwendungsfelder, nämlich dem der Wirtschaftspsychologie stellen. Zur Systematisierung dieses Arbeitsfelds gibt es eine Fülle von Vorschlägen, die kritisch zu erörtern von der umrissenen Thematik zu weit wegführen würde. Zur groben Einordnung der Führungsproblematik mag eine in Abwandlung eines Vorschlags von Herwig (1970, S. 59) skizzierte Übersicht genügen (siehe *Übersicht 2*).

Übersicht 1: Disziplinen der Angewandten Psychologie

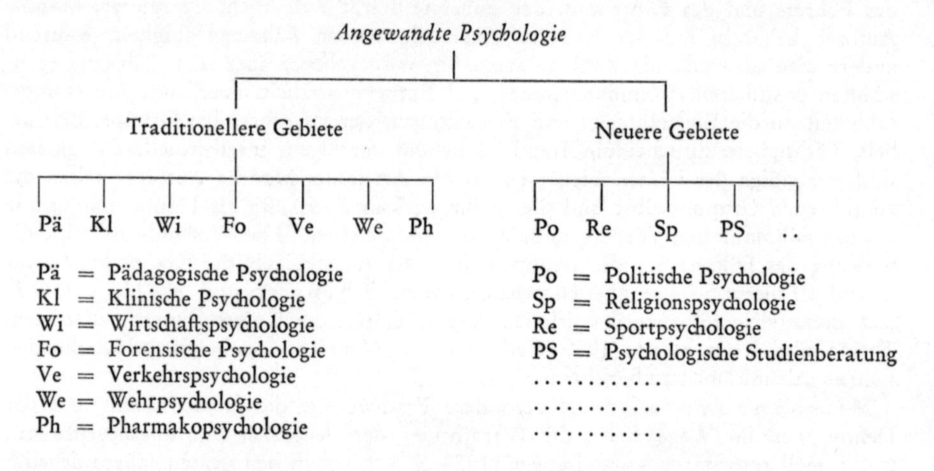

Übersicht 2: Zur Systematik der Wirtschaftspsychologie

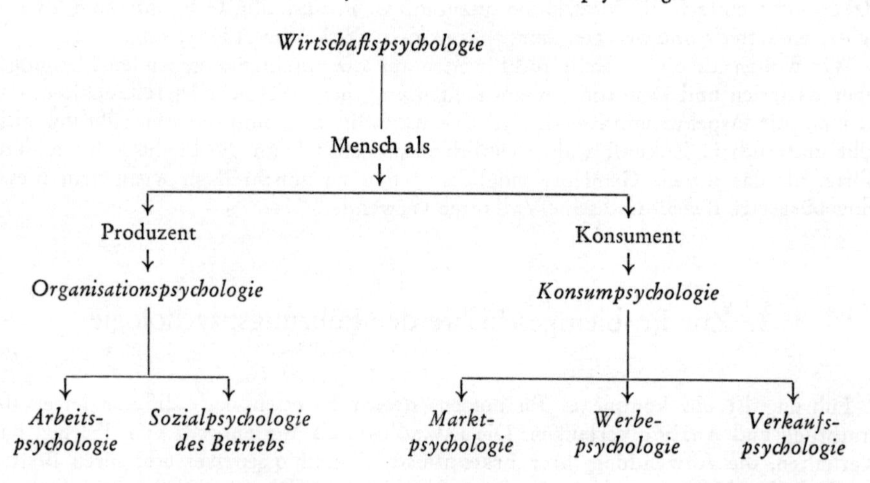

Die Wirtschaftspsychologie betrachtet den Menschen einerseits in seiner Rolle als Produzent und andererseits in der als Konsument von Gütern und Dienstleistungen im weitesten Sinn. Während sich für die im Zusammenhang mit der Produktion von Gütern und Dienstleistungen auftretenden psychologischen Probleme immer mehr die Bezeichnung „Organisationspsychologie" anstelle von „Betriebspsychologie" durchsetzt (vgl. Rosenstiel et al. 1972, S. 18 f. und Morin 1974, S. 9 ff.), zeichnet sich für die Benennung der psychologischen Probleme auf der Konsumseite noch keine begriffliche Einigung ab. Mit dem Terminus „Arbeitspsychologie" sind traditionellerweise die technisch-ökonomischen und die psychophysischen Aspekte der Arbeit und des Arbeitenden gemeint (vgl. Hoyos 1974). Diesen stehen die spezifisch sozialpsychologischen Aspekte gegenüber, zu denen primär auch die Probleme der Führung von Mitarbeitern gehören.

Die Entwicklungsgeschichte der betrieblichen Führungspsychologie ist über weite Strecken mit der der Organisationspsychologie identisch. Werfen wir also zunächst einen Blick auf die für unsere Thematik wichtigen Entwicklungsabschnitte der Organisationspsychologie, ohne dabei einem Streben nach historisierender Lückenlosigkeit zu verfallen.

Psychologie der menschlichen Arbeit gibt es, seit Menschen ihr Arbeiten erleben, ihr eigenes Arbeitsverhalten und das der anderen mehr oder minder systematisch beobachten und beurteilen. Aus dieser Sicht ist sie so alt wie die Menschheit selbst. Die wissenschaftlich betriebene Psychologie findet erst zu Beginn unseres Jahrhunderts Einlaß in das Betriebswesen, nachdem bereits im 18. und 19. Jahrhundert Bemühungen um die Arbeitsteilung, die Rationalisierung und die Humanisierung der Arbeit eingesetzt hatten. Diese Bemühungen sind eng verbunden mit den Namen Adam Smith (1723-1790), dem Begründer der Nationalökonomie, Charles Fourier (1772-1837), dem französischen Sozialutopisten, den Sozialistenführern Karl Marx (1818-1883), Friedrich Engels (1820-1895) und Ferdinand Lasalle (1825-1864), sowie dem gesellschaftspolitisch engagierten Kulturhistoriker Wilhelm Heinrich v. Riehl (1823-1897), um nur einige der wichtigsten zu nennen.

In Deutschland gingen entscheidende Anstöße von dem Psychiater Emil Kraepelin (1856-1926) aus, der die Erforschung der menschlichen Arbeitsleistung in Angriff nahm. Dabei interessierte ihn besonders der Einfluß von Alkohol, Koffein, Nahrungs- und Schlafentzug auf den Arbeitsablauf. Fünf Faktoren sind es, die nach seiner Auffassung die Arbeitsabläufe im wesentlichen bestimmen. Auf der einen Seite nennt er den *Anreiz der Arbeit,* die *Übung* und die *Willensanspannung,* die sich leistungssteigernd auswirken, während er die *Ermüdung* und die *Gewöhnung* für den Leistungsabfall verantwortlich macht. Die Ergebnisse seiner Studien veröffentlichte er 1902 unter dem Titel „Die Arbeitscurve".

Der um die Jahrhundertwende einsetzenden Anwendung psychologischer Erkenntnisse auf die Probleme des praktischen Lebens gab William Stern (1871-1938) im Jahre 1903 mit dem Begriff „Psychotechnik" einen wenig glücklichen Namen, der im Laufe der Zeit durch den weniger Mißdeutungen ausgesetzten Terminus „Angewandte Psychologie" abgelöst wurde und der heute so gut wie ganz aus der Fachsprache verbannt ist. In Abgrenzung zur *Psychognostik* als psychologische *Beurteilung* verstand er *Psychotechnik* als psychologische *Einwirkung* oder als Lehre von der Menschenbehandlung.

Die Psychotechnik, die sich insbesondere den Problemen des Arbeits- und Wirtschaftslebens zuwandte, erhielt wichtige Impulse durch das von dem Ingenieur Frederick W. Taylor (1856-1915) in Amerika begründete und nach ihm benannte Rationalisierungssystem des *Taylorismus.* Er versprach den Unternehmern mit seinen Methoden überdurchschnittliche Produktionssteigerungen bei gleichzeitiger Senkung der Produktionskosten. Sein System der *„Wissenschaftlichen Betriebsführung"* (*„Scientific Management"*), das Taylor in seinen beiden Hauptwerken „Shop Management" (1903) und „The Principles of Scientific Management" (1911) ausführlich darstellt, geht aus von der Idee, daß jedes Arbeitsergebnis zu verbessern sei durch geschickte Auslese der Arbeitskräfte, durch deren Schulung in den effizientesten Arbeitsmethoden, durch genau kontrollierte Pausengestaltung und durch ökonomische Nutzung der Arbeitszeit. Er behauptet, es gebe für jeden Arbeitsgang nur *einen* optimalen Weg (the one best way). Taylor sucht ihn zu finden, indem er den mechanischen Arbeitsablauf in seine kleinsten Elemente zergliedert, um ihn dann unter Ausschluß überflüssiger und Verbesserung unökonomischer Teilbewegungen zu verkürzen und dennoch wirkungsvoller zu gestalten. Die sozialen Aspekte der menschlichen Arbeit übersah er bei seinem Vorgehen fast völlig. Die menschliche Arbeitsleistung wird ausschließlich als ein Problem der Produktion betrachtet. Arbeiter und Arbeiterinnen sind für ihn isolierte Individuen mit rein maschineller Funktion. Sein Verständnis für die psychologischen Probleme erschöpft sich weitgehend in der höchst zweifelhaften Ansicht, höhere Bezahlung als Anreiz zur Leistungssteigerung bedinge gleichzeitig eine höhere Befriedigung der Werktätigen.

Wichtige Unterstützung erfuhr das System durch die Untersuchungen Frank B. Gilbreths (1868-1924) und dessen Frau Lillian, die sich wie Taylor um eine „Bestgestaltung" der Arbeitsverrichtungen bemühten, worunter sie das Auffinden der optimalen Bewegung bei gleichzeitiger Ermittlung des optimalen Zeitwerts verstanden. Gilbreth, wie Taylor Ingenieur, verfeinerte die Methoden der Bewegungs- und Zeitstudien durch die Einführung von Fotoapparat und Filmkamera als Beobachtungshilfen und entwickelte das sogenannte Lichtspurverfahren: Elektrische Glühlämpchen werden an den Körperteilen befestigt, die am Zustandekommen des zu untersuchenden Arbeitsablaufs beteiligt sind. Dann läßt man die interessierenden Bewegungen in abgedunkelter Umgebung ausführen. Gleichzeitig wird der Vorgang fotografiert. Die Lämpchen zeichnen bei entsprechend langer Belichtungszeit eine Leuchtspur der Bewegung auf die photographische Platte; die so entstandenen Bilder sollen Art, Zweckmäßigkeit und individuelle Unterschiede der Motorik verdeutlichen. Derartige Aufnahmen nannte er „Zyklogramme", die Methode „Zyklographie" (Gilbreth 1911, 1912).

Das Taylorsche System fand in Amerika, aber auch in Europa vor allem deshalb sehr schnell weite Verbreitung, weil es trotz langwieriger und teurer Vorbereitungen den Unternehmen häufig Produktionssteigerungen bis zu 200 % und Einsparungen an Arbeitskräften von 50 % und mehr bescherte. In Deutschland wurde bald nach der Einführung von Bewegungs- und Zeitstudien 1924 der REFA e.V. („Reichsausschuß für Arbeitszeitermittlung") gegründet. Nachdem sich ziemlich rasch die Erkenntnis durchgesetzt hatte, daß bei der Arbeitsgestaltung neben den rein arbeitstechnischen auch psychologische und physiologische Faktoren mitberücksichtigt werden müssen, kam mit der Ausweitung der Bewegungs- und Zeitstudie zur umfassenderen *Arbeitsstudie* 1936 konsequenterweise die Umbenennung des REFA in „Reichsausschuß für Arbeitsstudien", seit 1948 „Verband für Arbeitsstudien".

Über die neueren Entwicklungen und Zielsetzungen der Arbeitsablauf-, Zeit- und Bewegungsstudien orientieren die Arbeiten von Kaminsky und Schmidtke (1960), Böhrs et al. (1964), Nutzhorn (1964), Pornschlegel et al. (1967) und die vierbändige „Methodenlehre des Arbeitsstudiums" des REFA e.V. (1971/72).

Je beliebter die Methoden Taylors und Gilbreths bei den Unternehmern wurden, desto stärker gerieten sie bei den Arbeitnehmern in Mißkredit. Letztere ließen sich durch die bessere Bezahlung höherer Leistung über ihre Situation nicht hinwegtäuschen. Viele fühlten sich der Dauerbelastung, ständig Höchstleistungen erbringen zu müssen, nicht gewachsen. Sie fürchteten um ihre Gesundheit und nicht zu Unrecht sahen sie ihre Arbeitsplätze in Gefahr, denn der Erfolg der „wissenschaftlichen Betriebsführung" wurde in erster Linie daran gemessen, wieviele Arbeitskräfte nach ihrer Einführung ohne negative Auswirkung auf die Produktionsraten eingespart, das heißt, entlassen werden konnten. Seit 1917, auf Intervention der amerikanischen Gewerkschaften zeitweilig verboten, wirkt das Taylorsystem bis heute vor allem in aufs äußerste rationalisierten Arbeitsgängen sowie in den Akkord- und Prämiensystemen nach, wo der Arbeiter seine Außenbestimmtheit besonders deutlich spürt.

Etwa zur gleichen Zeit wie Taylor entwickelte auch der französische Ingenieur Henri Fayol seine Managementkonzeption. Beide verfolgten das gleiche Ziel, nämlich die Steigerung der Unternehmensleistung mit wissenschaftlichen Verfahren. Während Taylors Führungssystem dieses Ziel auf dem Wege der Optimierung der Arbeitsvollzüge auf der Ebene der Ausführung zu erreichen sucht, orientiert sich Fayols „funktioneller Ansatz" (1917) an den Funktionen des oberen Managements, die nach seiner Auffassung zur Erreichung der Unternehmensziele wahrgenommen werden müssen. Als Hauptfunktionen des Managements definierte er *Planung, Organisation, Führung, Kontrolle* und *Koordination.* Erst viel später ergänzte Simon (1949) die Reihe dieser bis in unsere Tage als allgemein gültig verstandenen Managementfunktionen um die Funktion *Entscheidung,* deren zentrale Bedeutung für die Beeinflussung von Organisationen und deren Mitgliedern er überzeugend nachweisen konnte. Fayols Ansatz hatte zwar nicht wie der Taylors die Entwicklung eines formalisierten Ausbildungssystems zur Folge; dennoch sind seine Überlegungen vor allem auf die allmählich einsetzende Führungskräfteschulung bis in die Gegenwart von Einfluß geblieben.

Das Teilgebiet der Psychotechnik, nämlich die Psychologie der menschlichen Arbeit, zunächst einseitig als Psychologie der industriellen Fertigung, hatte in ihrem Anfangsstadium eine starke Prägung durch den Taylorismus erfahren. Auch die von Watson begründete Theorie des Behaviorismus bestärkte die vorherrschende mechanistische Auffassung vom Menschen als einem durch äußere und in ihm selbst liegende Bedingungen an der vollen Entfaltung seiner Leistungsfähigkeit gehinderten Wesen. In Deutschland führte die weitere Entwicklung schon bald weg von der isolierten Berücksichtigung der rein organisatorischen, wirtschaftlichen und technischen Faktoren des Arbeitslebens, zu denen damals ja auch der arbeitende Mensch zählte. Vielmehr begann sich die Aufmerksamkeit auf eine ganzheitliche Betrachtungsweise des arbeitenden Menschen als auch der Arbeit an sich zu richten. In dieser Absicht entstand seit den wegweisenden Arbeiten von Hugo Münsterberg (1863-1916), William Stern (1871-1938) und Walter Moede (1880-1958) bis in die Gegenwart eine „Arbeitspsychologie" im engeren Sinn als eine große Variation des Themas der wechselseitigen Anpassung von Mensch und Maschine.

Sechs Hauptrichtungen der Forschung, die gleichzeitig auch Schwerpunkte der praktischen Anwendung darstellen, lassen sich trotz vielfältiger Überschneidungen unterscheiden:

1. Anpassung des Menschen an die Arbeit durch Auslese, Schulung und Weiterbildung;
2. Anpassung der Arbeitsbedingungen an den Menschen durch zweckmäßige Gestaltung der Arbeitsbewegungen, der Arbeitsräume und der Arbeitsmittel (Maschinen, Werkzeuge und Geräte);
3. Erforschung von Einflüssen der physikalischen Umgebung, wie Beleuchtung, Farbe, Belüftung, Temperatur, Schmutz, Erschütterungen usw. zum Zwecke der Ausschaltung physisch und psychisch schädigender Wirkungen (betrieblicher Gesundheitsschutz);
4. Untersuchung der Auswirkungen verschiedener Arbeitszeiten (Schicht- und Nacht-

arbeit), die Pausengestaltung, der monotonen Tätigkeiten, der Mechanisierung und Automatisierung auf die Arbeitsleistung, sowie Kontrolle und Beeinflussung von Ermüdungserscheinungen;
5. Unfallursachenforschung und Unfallverhütung;
6. Analyse und Beeinflussung der Arbeitsmotivation.

Die weitere Entwicklung wurde dann hauptsächlich durch den Auffassungswandel im Selbstverständnis des arbeitenden Menschen von seiner Bedeutung in der Arbeitswelt bestimmt. Es waren vor allem die Lohnarbeiter, die ihre Arbeits- und ihre anderen Lebensbedingungen auf dem Wege der Selbsthilfe durch freiwilligen Zusammenschluß zu verbessern strebten. Verfolgt man die Geschichte dieser um die Mitte des vorigen Jahrhunderts einsetzenden „Arbeiterbewegung" bis hin zu den entsprechenden Aktivitäten der verschiedenen gewerkschaftlichen und ihnen vergleichbaren Organisationen in unseren Tagen, so wird deutlich, daß der arbeitende Mensch nicht mehr als berechenbarer Wirtschaftsfaktor gelten wollte. Vielmehr verstand er sich zunehmend als lebendiges, wichtiges und mündiges Mitglied im Unternehmen, ein Umstand, ohne den die erst vor wenigen Jahren eingeleitete Diskussion um eine verantwortliche betriebliche Mitbestimmung von Arbeitern und Angestellten undenkbar wäre (vgl. hierzu Lichtheim 1972, Schuster 1974, Otto 1975, Grebing 1976 und Limmer 1976).

Innerhalb der Psychologie gingen die entscheidenden Impulse zu einer neuen Sichtweise des arbeitenden Menschen von den Untersuchungen aus, die Elton Mayo und seine Mitarbeiter in den Werken der Western Electric Company in Chicago durchführten und die als „Hawthorne-Studies" (1924-1939) über die Grenzen des Fachgebietes hinaus bekannt geworden sind (vgl. Mayo 1933, Whitehead 1938, Roethlisberger and Dickson 1939). Ursprünglich zur Erforschung der Wirksamkeit von Einflüssen finanzieller Anreizmittel und der physikalischen Umgebung des Arbeitsplatzes auf die Arbeitsleistung geplant, förderten sie ganz unvorhergesehene Einflußgrößen für das menschliche Arbeitsverhalten zutage. Die Beobachtung, daß in Experimentalgruppen trotz stetiger Verschlechterung der äußeren Arbeitsbedingungen dennoch zum Teil beträchtliche Leistungssteigerungen zustandekamen, konnte sich Mayo nur aus der veränderten sozialen Situation erklären, in der sich die Versuchspersonen befanden. In speziell auf die Untersuchung sozialer Faktoren ausgerichteten Experimenten und Interviews mit Beschäftigten aus verschiedenen Abteilungen des Werks konnte die Existenz *informeller Gruppen* nachgewiesen werden, deren Mitglieder durch persönliche Sympathie, gleiche Herkunft und gemeinsame Interessen miteinander verbunden sind. Informelle Gruppen umfassen einen Teil der Mitglieder einer formalen, d. h. einer durch den Organisationsplan in ihren Funktionen und Positionen fixierten Arbeitsgruppe oder Mitglieder mehrerer formaler Arbeitsgruppen. Die Hawthorne-Studien zeigten, daß das in diesen Gruppen wirksame informelle Normensystem die individuellen Einstellungen, die Arbeitszufriedenheit und die Arbeitsleistung in weit stärkerem Maße beeinflußt als die äußeren Faktoren, wie Pausengestaltung, Länge der Arbeitszeit, Beleuchtungsbedingungen oder dergleichen.

Mit diesen Studien wurde die Bewegung der *Human Relations* eingeleitet, die die Auffassung der älteren Organisationstheoretiker wie Taylor, Fayol oder auch Weber (1922) vom Mitarbeiter als dem *economic man*, dessen Arbeitshaltung nur von monetären Interessen geleitet ist, ablöst zugunsten einer Auffassung, die den arbeitenden Menschen als *social man*, das heißt, als ein von sozialen Bedürfnissen und

Wünschen bewegtes Wesen betrachtet. Beide Auffassungen sind insofern einseitig, als sie die anlagemäßig vorgegebene und durch Umwelteinflüsse individuell geprägte Vielfalt menschlicher Erlebens- und Verhaltensvarianten nur wenig berücksichtigen.

Neuere Organisationstheorien versuchen diesen Aspekten Rechnung zu tragen, indem sie von einem differenzierteren Menschenbild ausgehen. Dabei finden vor allem die unterschiedlichen Motive menschlichen Handelns Beachtung, wie sie Maslow (1943), einer der Mitbegründer der Humanistischen Psychologie, in seinem hierarchischen Motivationsmodell entwickelt hat. Es umfaßt, in Stufen von unten nach oben dargestellt, *die physiologischen Grundbedürfnisse,* z. B. Hunger, Durst, Schlaf, Bewegung, Sexualität; *die Sicherheitsbedürfnisse,* z. B. materielle Sicherung, Sicherung des Existenzminimums, allgemeines Schutzbedürfnis, Bedürfnis nach stabilen Verhältnissen; *die sozialen Bedürfnisse,* z. B. Bedürfnis nach mitmenschlicher Zuwendung, Freundschaft, Zugehörigkeit zu einer Gruppe, in der feste Regeln gelten; *die ichbezogenen Bedürfnisse,* z. B. Selbstachtung, Selbstvertrauen, Anerkennung durch andere; und schließlich *die Bedürfnisse nach Selbstverwirklichung.* Maslow geht davon aus, daß ein Bedürfnis nur so lange verhaltensbestimmend wirkt, bis es befriedigt worden ist, und daß Bedürfnisse der nächsthöheren Stufe erst dann wirksam werden, wenn die Bedürfnisse der darunterliegenden Stufen befriedigt sind. „Selbstverwirklichung" oder „Selbstaktualisierung" im Sinne der Entfaltung der vielfältigen Möglichkeiten des Individuums im schöpferischen Tun und der Verwirklichung selbst gesteckter Ziele werden von der Humanistischen Psychologie als Lebensendziele aufgefaßt in scharfem Gegensatz zur klassischen psychoanalytischen Theorie der *Homöostase,* der Erhaltung eines inneren Gleichgewichts, als dem Endziel menschlichen Strebens. McGregor (1960) erweiterte Maslows Modell, indem er unter der höchsten Motivationsebene der Bedürfnisse nach Selbstverwirklichung die *Bedürfnisse nach Selbstbestimmung und Unabhängigkeit* als wesentliche Komponente einfügte.

Organisationstheoretiker wie Argyris (1957, 1964), McGregor (1960, 1967) oder Likert (1961, 1967) empfehlen, Organisationen in deren eigenem Interesse und dem ihrer Mitglieder so zu strukturieren, daß für das Individuum ausreichende Möglichkeiten bestehen, vor allem die drei an der Spitze der Motivationshierarchie stehenden Bedürfnisse nach Anerkennung, Selbständigkeit und Selbstaktualisierung zu befriedigen.

Die wohl bekannteste der Theorien, die vom Persönlichkeitsbild des *complex man* ausgehen, ist die *Theorie Y* von McGregor, nach der der Mensch einen natürlichen Aktivitätsdrang besitzt, der durch die Möglichkeit zur Selbstverwirklichung befriedigt werden kann. Deshalb darf eine Organisation nicht nur nach Gewinnmaximierung streben, sondern hat auch eine soziale Funktion innerhalb der Gesellschaft wahrzunehmen. Der Mensch kann sich nur dann selbst verwirklichen, wenn ihm für seinen Aufgabenbereich Verantwortung übertragen wird. Die Möglichkeit zur Selbstverwirklichung motiviert das Individuum zur Arbeit. Die Befriedigung, die es aus in diesem Sinne erfolgreichen Arbeiten zieht, steigert wiederum seinen Arbeitseinsatz auch zum Nutzen der Organisation. Im Gegensatz dazu steht die *Theorie X* als typischer Denkansatz der früheren Organisationstheoretiker, nach der der Mensch in seiner Grundhaltung träge und faul ist, nicht freiwillig arbeiten will und nur mit Druck und unter Kontrolle zum Arbeiten veranlaßt werden kann.

Ein wichtiger Ausgangspunkt für die empirische Klärung der Frage nach den komplexen Beziehungen zwischen den persönlichen Zielen des Arbeitnehmers und den Arbeitsergebnissen wird durch eine Untersuchung von Herzberg et al. (1957) markiert. 200 Ingenieure und Buchhalter in neun Firmen wurden gebeten, sich an

Arbeitsvorfälle zu erinnern, bei denen sie sich entweder besonders wohl oder besonders unwohl gefühlt hatten, und zu beschreiben, was sich dabei im einzelnen zugetragen hatte. Nach der Analyse dieser Extremsituationen formulierten die Untersucher die Hypothese, die Quellen der Arbeitszufriedenheit seien grundsätzlich anderer Art als die der Arbeitsunzufriedenheit. Die Äußerungen der „Zufriedenen" bezogen sich nämlich vorwiegend auf *die Tätigkeit selbst,* wobei die Faktoren Leistung, Anerkennung, die Arbeit selbst, Verantwortung und Aufstiegsmöglichkeiten am häufigsten genannt wurden. Die Äußerungen der „Unzufriedenen" bezogen sich häufiger auf den *Arbeitskontext.* So wurden vorwiegend Faktoren wie unbefriedigende Arbeitsbedingungen, ungerechte Firmenpolitik, Unfähigkeit der Vorgesetzten und schlechte zwischenmenschliche Beziehungen genannt. Der Faktor Entlohnung erschien in beiden Gruppen mit mittlerer Häufigkeit. Das Ausbleiben einer erwarteten Lohnerhöhung wurde von den „Unzufriedenen" meistens als Folge ungerechter Behandlung empfunden; gewährte Lohnerhöhungen wurden von den „Zufriedenen" als Anerkennung für den erzielten Leistungsfortschritt gewertet. Faktoren, die mit der Tätigkeit selbst in Verbindung gebracht wurden, nannte Herzberg (1966) *„Motivatoren"*, da nur sie zur Befriedigung der Bedürfnisse nach Selbstaktualisierung und zur Persönlichkeitsreifung beitragen. Die Faktoren, die sich auf den Arbeitskontext beziehen, also die äußeren Arbeitsbedingungen, die interpersonalen Beziehungen, die Leitung und Kontrolle der Organisation usw., bezeichnete er dagegen als *„Hygiene-Faktoren"*. Durch deren Optimierung, etwa nach den Grundsätzen der Human Relations, kann lediglich Arbeitsunzufriedenheit abgebaut oder von vornherein vermieden werden. Leistungssteigerung und höhere Arbeitszufriedenheit sind nur über die Motivatoren zu erreichen. Diese sogenannte *Zwei-Faktoren-Theorie der Arbeitszufriedenheit* bildete die Ausgangsbasis für moderne Job-Enlargement- und Job-Enrichement-Programme, die durch Ausweitung des Verantwortungsbereichs und durch abwechslungsreichere Gestaltung der Arbeit eine höhere Arbeitszufriedenheit bei gleichzeitiger Steigerung der Arbeitseffizienz herbeizuführen suchen (vgl. dazu Arbeiten von Herzberg 1966, Paul et al. 1969 oder Hackman and Lawler 1971). Über die theoretische und praktische Bedeutung dieser und weiterer Konzepte der Arbeitsmotivation sowie die Möglichkeiten zur diagnostischen Erfassung verschiedener Aspekte der Arbeitszufriedenheit informieren die Arbeiten von Morin (1974, S. 48 ff.), Neuberger (1974 a, 1974 b) und Bruggemann et al. (1975) ausführlich.

Organisationen sind üblicherweise hierarchisch strukturiert. Ein wichtiges Kennzeichen dieser Organisationen ist die Verteilung der Arbeit auf einzelne oder Gruppen von Mitarbeitern. Hieraus ergibt sich die Notwendigkeit, die verschiedenen Tätigkeiten so zu koordinieren, daß ein möglichst reibungsloser Arbeitsablauf mit optimalen Arbeitsergebnissen zustandekommt. Die Führungskräfte aller Ebenen spielen in diesem Prozeß von jeher eine maßgebliche Rolle. Sie sind mit Befugnissen ausgestattet, die ihnen eine weitgehende Einflußnahme auf ihre Nachgeordneten ermöglichen.

Die erste Phase der psychologischen Erforschung von Führungsproblemen, etwa zwischen 1920 und 1950, wurde von der Frage nach den Persönlichkeitsmerkmalen beherrscht, durch die sich Führer von Geführten unterscheiden. Hinter dieser Fragestellung steht die Annahme, daß es konsistente Eigenschaften oder bestimmte Konstellationen solcher Eigenschaften gebe, die eine Person zum Führer prädestinieren; die Feststellung der individuellen Ausprägung dieser Persönlichkeitsmerkmale lasse eine Prognose darüber zu, ob eine Führungskraft mehr oder weniger erfolgreich sein werde. In einer Fülle vergleichender Untersuchungen ging es darum, diesen *eigenschaftstheoretischen Ansatz der Führung* empirisch zu überprüfen und gleichzeitig Kataloge allgemeingültiger Führungseigenschaften zu erstellen, die eine optimale Auslese der geeignetsten Bewerber für Führungspositionen garantieren sollten. Diese Bemühungen blieben zwar nicht gänzlich ohne Erfolg; die hochgesteckten Ziele wurden jedoch nur bedingt erreicht. So kommt Stogdill (1948) in seinem vielzitierten Sammelreferat, in welchem er die Ergebnisse von über 100 empirischen Untersuchungen zusammenfaßt, zu dem Ergebnis, daß sich kein einziges Persönlichkeitsmerkmal finden ließ, in dem sich ein Führer von einem Nichtführer grundsätzlich unterscheidet. Es konnten lediglich Merkmale aufgefunden werden, deren individuelle Ausprägung bei den Führern mehr oder weniger deutlich vom Gruppendurchschnitt der Geführten abweicht. In einem weiteren Sammelreferat stellte Mann (1959) einen Katalog solcher Persönlichkeitsmerkmale zusammen. Nach ihrer Bedeutsamkeit gereiht sind dies: Intellektuelle Leistungsfähigkeit, Anpassungsvermögen, Extraversion, Dominanztendenz, Maskulinität, Konservatismus und Sensitivität. Der korrelative Zusammenhang zwischen den drei erstgenannten Persönlichkeitsmerkmalen und dem Innehaben einer Führungsposition ist fast durchgehend positiv. Die Beziehungen aller anderen Merkmale zur Führerschaft schwanken je nach untersuchter Gruppe so stark, daß ihnen nur ein sehr begrenzter Aussagewert beigemessen werden darf. Zudem ist auch die Frage im wesentlichen ungeklärt geblieben, ob die bei Führern beobachteten, vom Gruppendurchschnitt nach oben oder unten abweichenden Merkmalsausprägungen die Voraussetzungen dafür waren, daß die betreffenden Personen zu Führern wurden, oder ob sich diese Merkmalsvarianten nicht vielleicht erst im Verlauf der individuellen Führungspraxis ausgeformt haben. Es ist also weder gelungen, eine allgemeine Führungsfähigkeit noch eine typische Persönlichkeitsstruktur des Führers zu entdecken. Nach Irle sind die Ergebnisse, aufs Ganze gesehen, „so uneinheitlich, widerspruchsvoll und inkonsistent, daß man sich resigniert von solchen Untersuchungen abgewandt hat, weil es nicht gelingen wollte, eine plausible theoretische Interpretation für diese Ergebnisse zu finden“ (1970, S. 522).

Bereits bei Stogdill (1948) hatte sich die Ablösung des eigenschaftstheoretischen durch einen situationstheoretischen Ansatz abgezeichnet. Das Problem, ob jemand zum Führer wird oder nicht, wird nicht von bestimmten Eigenschaften, sondern primär von der sozialen Situation abhängig gesehen. In einer Reihe von Untersuchungen wurden, z. T. recht willkürlich, bestimmte Gruppenfunktionen als Führungsverhalten deklariert, was im Laufe der Zeit dazu führte, daß einige Autoren jede Gruppenfunktion, die zur Effizienzsteigerung der Gruppe beiträgt, als Führungsverhalten definierten. Nach Lukascyk (1960) lassen sich alle Gruppenfunktionen in zwei Klassen einteilen. Er unterscheidet zwischen *Lokomotionsfunktionen,* — damit sind alle Vorgänge zur Verfolgung eines oder mehrerer Sachziele gemeint —, und *Kohäsionsfunktionen,* — damit sind alle Vorgänge gemeint, die der Förderung des Gruppenzusammenhalts dienen. Der Theorie einer Zweiteilung der Gruppenfunktionen entspringt die Annahme, daß in einer Gruppe zumindest zwei Führerrollen zu vergeben seien. Ein Gruppenmitglied hätte sich demzufolge verstärkt auf Lokomotion, ein anderes auf Kohäsion zu konzentrieren. Diese Annahme sieht z. B. Hofstätter (1957, S. 129 f.) bestätigt, der im Anschluß an Untersuchungen von Bales und Slater (1955) zur Rollendifferenzierung in Kleingruppen ein zweidimensionales Rangsystem der Gruppe mit den Variationsrichtungen „Tüchtigkeit“ und „Beliebtheit“ zu erkennen glaubt. Nur selten ist der „Tüchtigste“ in einer Gruppe gleichzeitig auch der „Beliebteste“.

Die Funktionen und ihre Träger sind aber nicht voneinander unabhängig, sondern beeinflussen sich wechselseitig. Ist bei Hofstätter und anderen Autoren immerhin schon von zwei Führern einer Gruppe die Rede, so geht Cattell (1951) erheblich weiter, indem er die Auffassung vertritt, daß jedes Gruppenmitglied, das in irgendeiner Weise zum Erreichen der Gruppenziele beiträgt, Führungsfunktionen wahrnimmt und demzufolge als Führer zu gelten hat. So gesehen ist Führung nicht mehr Sache eines oder zweier Gruppenmitglieder, vielmehr werden je nach Bedürfnislage diejenigen zu Gruppenführern, die am meisten dazu beitragen, die jeweils aktuellen Bedürfnisse zu befriedigen; in Extremfällen wird entweder nur einer führen oder aber alle Mitglieder gleichzeitig. Rosenstiel et al. wenden zurecht kritisch ein, daß diese Definition eine weitgehende Sinnentleerung des Führungsbegriffs beinhaltet; es sei daher zweckmäßiger, im Rahmen des Cattellschen Konzepts nur denjenigen als Führer zu bezeichnen, der am meisten zum Erreichen der Gruppenziele beiträgt (1972, S. 113). Der mit der Situationstheorie der Führung vertretene Standpunkt kommt wohl am deutlichsten in der von Homans (1950) formulierten „Regel" zum Ausdruck, nach der ein Führer nur dann Einfluß auf die Gruppenmitglieder erlangen kann, wenn er sich stärker als alle anderen den Normen seiner Gruppe unterwirft. So gesehen ist er von allen der unfreieste, weil er von den Erwartungen der anderen extrem abhängig ist.

Beide Ansätze, der eigenschaftstheoretische wie der situationstheoretische, werden dem komplexen Phänomen der Führung nicht gerecht. Andererseits wäre es sicher falsch, beide Ansätze deshalb über Bord zu werfen, weil weder der eine noch der andere Aspekt das Führungsproblem vollständig zu erklären in der Lage ist. Gibb (1954) sieht in den Persönlichkeitsmerkmalen ebenso wichtige Determinanten der Führung wie in den Gegebenheiten der sozialen Situation. Er versucht beide Ansätze miteinander zu verbinden, indem er Führung als Wechselwirkung, als Interaktion der genannten Faktoren versteht. Lukasczyk (1960, S. 186) nennt in Anlehnung an Gibb vier Variablen, die eine *Interaktionstheorie der Führung* enthalten und miteinander in Beziehung bringen muß:

a) *die Persönlichkeitsstruktur des Führers* mit Einschluß ihrer angeborenen Begabungen und Fähigkeiten als auch ihrer individuellen Erfahrungen;
b) *die Persönlichkeiten der Geführten* (Gruppenmitglieder) einschließlich deren individuellen Einstellungen, Erwartungen und Bedürfnissen in bezug auf den Führer als auch auf die Situation;
c) *die Struktur und Funktion der Gruppe als Ganzes,* d. h. als ein differenziertes und integriertes System von Status-Rollen-Beziehungen und von gemeinsamen Normen;
d) *die spezifische Situation,* in der sich die Gruppe befindet; hierzu gehören die Art der zu bewältigenden Aufgabe, das Gruppenziel und sonstige äußere Bedingungen.

Verschiedene Autoren messen bald der einen, bald der anderen Variable innerhalb des Interaktionsprozesses größere Bedeutung zu, so daß man mit Seifert (1968) persönlichkeitszentrierte (z. B. Mann 1959, Bass 1960, 1968 oder Fiedler 1967) und situationszentrierte Interaktionstheorien (z. B. Hollander 1964 oder Cartwright und Zander 1953) unterscheiden kann. Trotz vielversprechender Ansätze (z. B. Burke 1965, Fiedler 1967, Neuberger 1976) gibt es bislang kein allgemein anerkanntes theoretisches Konzept, das in der Lage wäre, die vorliegenden Einzelbefunde über die Interaktion der obengenannten Variablen zu integrieren und zu erklären. Rosemann (1972, S. 6) macht für diesen Umstand die Unzulänglichkeit der zur Zeit verfügbaren methodischen Hilfsmittel verantwortlik, die der Komplexität der für die Erstellung und Überprüfung eines solchen Konzepts erforderlichen Untersuchungen (noch) nicht gewachsen sind.

Die führungspsychologische Forschung widmete sich neben der Klärung des Zustandekommens von Führerschaft auch der Frage nach den Auswirkungen von Führung. Dabei ging und geht es noch immer um die Beschreibung und Klassifikation der unterschiedlichen Formen des *Führungsverhaltens* und um die Analyse ihres Einflusses auf die Arbeitsgruppen und die gesamte Organisation. Am Beginn dieser Bemühungen stehen die klassischen Untersuchungen von Lewin und seinen Mitarbeitern über die Wirksamkeit verschiedener Führungsstile (Lewin, Lippitt and White 1939). Sie unterschieden zwischen *„autoritärem"*, *„demokratischem"* und *„laissez-faire"* Führungsverhalten. An experimentell zusammengesetzten Gruppen konnten sie die Abhängigkeit des Verhältnisses zwischen Führern und Gruppenmitgliedern, der Beziehungen der Gruppenmitglieder untereinander, der Arbeitsmoral, der Arbeitsleistung und der Gruppenatmosphäre vom jeweiligen Führungsstil nachweisen. Aufgrund der Ergebnisse einer Reihe von Folgeuntersuchungen glaubte man, in den Möglichkeiten zur Mitsprache und Beteiligung an Entscheidungsprozessen die für die Leistungsmotivation, die Arbeitsergebnisse und die Zufriedenheit der Mitarbeiter ausschlaggebenden Faktoren erkannt zu haben.

Zu ähnlichen Ergebnissen wie Lewin und seine Mitarbeiter kam auch eine Forschungsgruppe des Institute for Social Research of the University of Michigan, die unter der Leitung von Likert vergleichende Untersuchungen des Vorgesetztenverhaltens in hochproduktiven und schwachproduktiven Abteilungen verschiedener Organisationen durchführte. In hochproduktiven Arbeitsgruppen fanden sie einen vorwiegend *mitarbeiterzentrierten*, in schwachproduktiven einen vorwiegend *arbeitszentrierten Führungsstil* (Likert 1961). Der mitarbeiterzentrierte Vorgesetzte kümmert sich besonders um die menschlichen Probleme seiner Mitarbeiter, berücksichtigt ihre Meinungen und läßt ihnen bei der Durchführung der Arbeit weitgehend freie Hand, während der arbeitszentrierte Vorgesetzte primär Wert auf die Produktion legt und die Einhaltung von Vorschriften und Dienstanweisungen genau kontrolliert.

Wenn auch auf einem anderen methodischen Weg, kam man auch im Rahmen der „Ohio State Leadership Studies" zu einer ähnlichen, ebenfalls dichotomen Beschreibung des Führungsverhaltens (Fleishman 1953 a, Stogdill and Coons 1957). Man entwickelte in mehreren Schritten einen Fragebogen, den „Supervisory Behavior Description Questionnaire" (SBDQ), mit dessen Hilfe Mitarbeiter das Verhalten ihrer direkten Vorgesetzten beschreiben sollten. Fleishman und andere Autoren gelangten zu der faktorenanalytisch begründeten Auffassung, daß sich Führungsverhalten im wesentlichen auf zwei voneinander unabhängige Dimensionen zurückführen lasse: *„Consideration"*, gekennzeichnet durch Verhaltensmerkmale, wie Rücksichtnahme auf die persönlichen Belange der Mitarbeiter, Respektierung ihrer Ideen und Meinungen, Offenheit und gegenseitiges Vertrauen; und *„Initiating Structure"*, charakterisiert durch Verhaltensmerkmale des Planens, Zielsetzens, Anweisens, Kritisierens und der Kontrolle (vgl. dazu S. 115 f. und S. 136 ff.). Neuberger (1972, S. 205) sieht den entscheidenden Vorteil der Charakterisierung des Führungsstils durch zwei oder mehr Hauptdimensionen im Unterschied zum typologischen Vorgehen darin, daß in einem mehrdimensionalen Koordinatensystem jeder einzelne Ausprägungsgrad eindeutig bestimmbar und mit Kriterien des Führungserfolgs in Beziehung setzbar ist. Individuelles Führungsverhalten kann durch Kombination der

Werte in den verschiedenen Skalen beschrieben werden. Ein wenig glücklicher praktischer Versuch in diese Richtung stammt von B l a k e und M o u t o n (1964). Sie spannen zwischen den beiden orthogonal dargestellten Dimensionen *„Concern of People"* (Betonung des Menschen) und *„Concern of Production"* (Betonung der Produktion) ein Verhaltensgitter (Managerial Grid) auf, das 81 Felder enthält, die sich aus den Kombinationen zweier neunstufig eingeteilter Skalen ergeben. Die Idealposition liegt bei 9/9, der Kombination der beiden maximalen Skalenwerte. Die Lokalisation einer Führungskraft in diesem Gitter geschieht mit Hilfe eines sogenannten „Führungsfähigkeitskoeffizienten (FFQ)". L ü c k (1972) kritisiert außer der „methodischen Einfalt und Vereinfachung" den durch nichts gerechtfertigten Universalitätsanspruch; denn dieses Modell trägt den Befunden über die dynamischen Beziehungen zwischen Führern und Geführten, über Einflüsse der Situation, der Aufgabenstruktur, der Erwartungshaltungen und anderer Variablen in keiner Weise Rechnung.

Die zahlreichen empirischen Untersuchungen und theoretischen Entwürfe zu der Frage, welcher Führungsstil bzw. welche Kombination spezifischer Führungsverhaltensweisen am effizientesten sei, also etwa höhere und qualitativ bessere Leistung, niedrigere Fluktuationsraten, weniger Arbeitsunzufriedenheit usw. nach sich zöge, haben alles andere als einheitliche Ergebnisse gebracht. Aus empirischer Sicht ist daher die Favorisierung eines bestimmten Führungsstils kaum möglich. N e u b e r g e r gelangt am Ende seiner kritischen Zusammenschau experimenteller Untersuchungen von Führungsstilen zu dem Schluß, daß diese Arbeiten bislang nicht in der Lage seien, „für die reale Gestaltung von Organisationen ein solides Fundament zu liefern. Sie müssen aber auch ihre Alibifunktionen verlieren, denn durch gezielte Auswahl kann man allen Empfehlungen das hachbewertete Deckmäntelchen der Wissenschaftlichkeit umhängen. Die Einflußfaktoren sind so zahlreich und in ihrem Wechsel so wenig untersucht, daß zum gegenwärtigen Zeitpunkt die subjektiven Überzeugungen der Sozialwissenschaftler vom nachgeprüftten Wissen noch eine Kluft trennt" (1972, S. 216). Dies gilt auch und gerade für die verbreitete Tendenz, „kooperative" oder „partizipative" Führungsformen auf den Schild zu heben; „kooperative Führung — ja, weil sie bestimmten Vorstellungen vom arbeitenden Menschen entgegenkommt und nicht, weil sie sich als besonders ‚effizient' erwiesen hätte" (a.a.O.).

Weitere als die bisher besprochenen Aufgabenstellungen der Führungspsychologie orientieren sich verstärkt an den aktuellen Erfordernissen der betrieblichen Praxis. Hierzu sind vor allem die psychologischen Probleme der *Aus- und Fortbildung von Führungs- und Führungsnachwuchskräften* (vgl. dazu Kap. 2, S. 26 ff.), der *Auslese von Führungskräften* (vgl. Kap. 3 und 4, S. 78 ff. und 111 ff.) sowie der *Entwicklung und Standardisierung von Beurteilungssystemen* zu zählen (vgl. dazu Kap. 6, S. 155 ff.).

Über die vielfältigen Aufgaben, Ziele und Ergebnisse der Führungspsychologie informieren die Arbeiten von B i ä s c h und L a t t m a n n (1970), B a s t i n e (1972), R o s e n s t i e l et al. (1972), S t o g d i l l (1974), D a v i e s und S h a c k l e t o n (1975) und N e u b e r g e r (1976) sehr ausführlich. Daher kann an dieser Stelle auf eine eingehende Erörterung von Einzelproblemen führungspsychologischer Forschung verzichtet werden, zumal einige dieser Probleme, wie oben bereits angedeutet, in den folgenden Beiträgen aufgegriffen und unter Angabe weiterführender Literaturhinweise diskutiert werden.

Abschließend bleibt festzustellen, daß die Führungsforschung gegenwärtig trotz vieler gesicherter Erkenntnisse noch vor vielen Widersprüchlichkeiten steht. Eine umfassende Führungstheorie gibt es jedenfalls bis heute nicht. Immerhin zeichnet sich in der Führungspsychologie, als dem Beitrag der Psychologie zur interdisziplinären Führungsforschung, zögernd ein Prozeß der Theoriebildung durch die Entwicklung klarer und integrierender Konzepte ab.

2. Kapitel

Entwicklung und Erprobung eines Weiterbildungsprogramms zur Führungskräfteschulung

Hermann Liebel

1. Einleitung

Die Management-Entwicklung wurde in der Wirtschaft und mit einiger Verzögerung auch in der öffentlichen Verwaltung in den letzten Jahren immer weniger den Zufällen einer postulierten freien Selbstentfaltung des potentiellen Führungsnachwuchses überlassen. Organisierte Maßnahmen, von der kontinuierlichen individuellen Beratung und Betreuung, gezielten Arbeitsplatzwechseln (Job Rotation) bis zur Teilnahme an Ausbildungskursen an Universitäten nach dem Modell der amerikanischen „Business Schools" (vgl. dazu Pack 1969) oder eigens für Schulungsaufgaben gegründeten Instituten, Stiftungen und anderen Weiterbildungsunternehmen, ergänzten immer mehr das unkoordinierte Sammeln von Arbeitserfahrungen in der Alltagspraxis. Als wichtigste Ziele verfolgen diese Management-Schulungsprogramme die Erweiterung des Kenntnisstandes und die Einübung neuer Verhaltensweisen, die die Arbeit der Führungskräfte wirksamer gestalten und gleichzeitig eine Verbesserung der zwischenmenschlichen Beziehungen in der Organisation mit sich bringen sollen. Das Training bezieht sich auf die Führungsaufgaben des Planens, des Organisierens, des Herbeiführens von Personal- und Sachentscheidungen, des Anleitens, des Kontrollierens und der kreativen Entwicklung von Innovationen, wobei je nach Führungsebene unterschiedliche Schwerpunkte gesetzt werden.

Die Humanwissenschaften, und von diesen auch die verhaltenswissenschaftlich orientierte Psychologie, haben entscheidend zur systematischen Management-Entwicklung beigetragen. Dies gilt vor allem für die Ausbildung in Personalführung (Human-Relations-Training), für das Entscheidungs- und das Kreativitätstraining, wo Psychologen als Berater und häufig auch als Trainer mitwirken. Wie Meinungsumfragen immer wieder zeigen, sind sich Unternehmensleitungen, Führungskräfte und Mitarbeiter, wenn auch aus verschiedenen Gründen, im wesentlichen über die Notwendigkeit der Durchführung solcher eher verhaltens- als fachspezifisch orientierter Weiterbildungsprogramme einig. Es ist allerdings nur sehr schwer festzustellen, inwieweit sich Führungsqualitäten tatsächlich verbessern lassen und damit die sehr zeit- und kostenaufwendigen Schulungsmaßnahmen rechtfertigen.

In der umfangreichen Literatur zur Weiterbildung von Führungskräften sind die Probleme der inhaltlichen Gestaltung, der formalen Organisation, der Auswahl der Fortzubildenden bis hin zu den angedeuteten Schwierigkeiten, die die Überprüfung des Fortbildungserfolgs mit sich bringt, unter psychologischen, soziologischen, betriebswirtschaftlichen und betriebspädagogischen Gesichtspunkten hinreichend diskutiert, so beispielsweise bei Schönfeld (1967), Faßbender (1969), Hilton (1969), Nagel (1969), Pack (1969), Biäsch und Lattmann (1970), Kruppa (1970), Scheitlin (1970), Rosner (1971, S. 241 ff.), Ulrich (1971), Grunow (1972), Anastasi (1973, S. 140 ff.), Dirks (1973 a), Däumling et al. (1974), Lattmann (1974), Morin (1974, S. 83 ff.), Dunkel und Vogl (1976, S. 195 ff.) oder Smith (1976), um nur eine kleine, nicht repräsentative Auswahl wichtiger Arbeiten zu nennen. Über die neueren amerikanischen Beiträge zum Management-Training zwischen 1971-1973 informieren Dubin et al. (1974) und ab 1974 Mills (1976) umfassend.

Das zitierte Schrifttum enthält neben Informationen zu grundsätzlichen Fragen vielfältige Hinweise und Empfehlungen für die sachgemäße Entwicklung und Durchführung von Weiterbildungskonzepten. Nur selten wird allerdings ein erprobtes Schulungsprogramm so differenziert dargestellt, daß es sich ganz oder doch in wesentlichen Teilen als Muster für neu einzurichtende Weiterbildungseinheiten bei ähnlichen Zielgruppen eignen würde.

Dies ist einer der Gründe, im folgenden über die Entwicklung und Erprobung eines Weiterbildungsprogramms zur psychologischen Führungskräfteschulung ausführlich zu berichten. Ein weiterer Grund leitet sich aus der Art der speziellen Zielgruppen ab, bei denen es sich anstelle der sonst bevorzugten Beschäftigten aus dem Bereich der Wirtschaft um Beamte des gehobenen Dienstes und Nachwuchskräften für diese Laufbahn bei der Deutschen Bundespost, dem größten Arbeitgeber des öffentlichen Dienstes, handelt. Dieser Umstand ist insofern von Wichtigkeit, als es in anderen Einrichtungen der öffentlichen Verwaltung bekanntlich viele Gruppen mit sehr ähnlichen Sach- und Führungsaufgaben gibt, für die das hier vorzustellende Weiterbildungsprogramm mit geringfügigem Adaptionsaufwand ebenfalls zur Anwendung gelangen könnte.

Der Beschreibung und Erörterung dieses Schulungsprogramms sind zum besseren Verständnis der dort auftauchenden Probleme einige theoretische Bemerkungen über Motivation und Motivierung von Schulungsteilnehmern, Erfolgserwartungen von Unternehmen und Methoden zur Überprüfung des Ausbildungserfolgs in Anlehnung an das erwähnte Schrifttum vorangestellt. Auf die umfangreichen Werke von Schönfeld (1967), der die Bedeutung, die Möglichkeiten und die Grenzen der Führungsausbildung sehr genau absteckt, und Scheitlin (1970), der darüberhinaus die ausbildungstechnologische Seite zusätzlich in den Vordergrund rückt, ist in diesem Zusammenhang besonders hinzuweisen.

2. Bedingungen erfolgreicher Personalschulung

2.1 Motivationale Voraussetzungen bei den Schulungsteilnehmern

Aus- und Fortbildungsmöglichkeiten sind lediglich Hilfen, die eine Organisation den Mitarbeitern anbieten kann. Ihre Wirksamkeit hängt weitgehend von der Bereitschaft der Mitarbeiter ab, individuelle Lernleistungen zu erbringen. Diese Motivation zur Erweiterung des Kenntnisstands und des Verhaltensrepertoirs kann auch durch noch so ausgefeilte Ausbildungstechniken nicht ersetzt werden. Wenn die Mitarbeiter einen Sinn darin erkennen, ihrer Arbeitssituation angepaßte Lernangebote wahrzunehmen, anderen Auffassungen gegenüber offen zu sein, eigene Meinungen und eigenes Verhalten kritisch zu analysieren und gegebenenfalls zu revidieren, sind wichtige Voraussetzungen für eine erfolgversprechende Ausbildung erfüllt.

Die Motivation eines Mitarbeiters erwächst nicht primär aus den Organisationszielen, sondern aus seinen individuellen Bedürfnissen, die ihm die Organisation langfristig erfüllen soll. Dazu gehören die *Bedürfnisse der Existenzsicherung*, ein sicherer Arbeitsplatz, ein sicheres Einkommen, die *sozialen Bedürfnisse* der Zugehörigkeit zu einer Gruppe, Kollegialität, Kameradschaft, aber auch fachliche wie persönliche Auseinandersetzung, *selbstbezogene Bedürfnisse*, Selbstachtung und Selbstvertrauen durch Anerkennung fachlicher und persönlicher Qualitäten oder wenigstens durch Vermeidung von Mißerfolgserlebnissen und schließlich das *Bedürfnis nach voller Entfaltung der eigenen Möglichkeiten* (vgl. dazu S. 19).

Um das Motivationsproblem möglichst betriebsnah zu begreifen, sind von diesen in der Person des Mitarbeiters liegenden Antriebskräften seines Verhaltens Bedingungen zu unterscheiden, die das Motivationsgeschehen von außen beeinflussen. Diese externen Motivationsvariablen ergeben sich zum einen aus der zu leistenden Arbeit selbst und zum anderen aus der physikalischen und sozialen Umwelt des Beschäftigten. Lob und Tadel, Belohnung und Strafe, Konfrontation mit dem Ergebnis der eigenen Arbeit (feed back), Konkurrenzdruck, Rivalität, sozialer Druck zur Teilnahme am Betriebsgeschehen, Arbeitskontrollen, persönliche Beziehungen zu Kollegen und Vorgesetzten, — kurz, jede Interaktion zwischen dem Beschäftigten und seiner materiellen und sozialen Umwelt wirkt entweder bestärkend oder modifizierend auf die individuelle Motivationsstruktur ein (vgl. dazu auch Rosenstiel 1972).

Eine Einflußnahme auf die Weiterbildungsbereitschaft ist im wesentlichen über die äußeren Bedingungen möglich. Zur Systematisierung formeller Maßnahmen empfiehlt Schönfeld drei Prinzipien, die sich an geeignet erscheinenden Motivierungszeitpunkten orientieren (1967, S. 119 ff.).

Das *erste Prinzip* wirksamen Motivierens besteht darin, den Teilnehmern *vor* oder spätestens zu Beginn einer Aus- oder Weiterbildungsmaßnahme die für die jeweilige Organisation gültigen Wertvorstellungen und Ziele darzustellen. Jeder einzelne muß wissen, worin die Notwendigkeit seiner Weiterbildung besteht, welche Ziele erreicht werden sollen, und was von ihm konkret als Beitrag für die Zukunft erwartet wird. Diese Informationen sollen Verständnis für die Organisationsziele wecken. Ein Kommunikationsprozeß zwischen den Beteiligten kommt jedoch erst dann in Gang, wenn auch die Teilnehmer ihre persönlichen Vorstellungen und Erwartungen bezüglich der Weiterbildungsmaßnahmen formulieren können. Auf diese Weise läßt sich der Einfluß fehlender oder unzureichender gegenseitiger Information als Störvariable des Weiterbildungsfortschritts von vornherein zwar nicht gänzlich ausschalten, aber doch wesentlich verringern.

Das *zweite Prinzip* ist die Aufrechterhaltung der Motivation *während* des gesamten Weiterbildungszeitraums. Dies gelingt nur, wenn der wechselseitige Informationsfluß während der Schulung und danach in der Phase der Erprobung des Gelernten zwischen Ausbildern und Vorgesetzten auf der einen Seite und den Schulungsteilnehmern auf der anderen erhalten bleibt. Der Informations- und Meinungsaustausch gilt den Inhalten der einzelnen Ausbildungsabschnitte, den Ausbildungsfortschritten, den Teilnehmerwünschen, dem Problem der Anwendbarkeit des Gelernten in der Praxis und anderen Fragen. Häufig anzutreffende Hindernisse, die der Aufrechterhaltung einer ausreichenden Bereitschaft zur Mitarbeit im Wege stehen, liegen darin, daß viele Schulungsteilnehmer mögliche Vorbehalte oder gar eine von vornherein offen geäußerte unspezifizierte Ablehnung neuer Erkenntnisse und Verhaltensweisen durch ihre unmittelbaren Vorgesetzten fürchten. Weil sie sich gegen diese oft nur vermuteten vorgefaßten Meinungen der Vorgesetzten nicht durchsetzen zu können glauben, sehen sie die Notwendigkeit einer Lernanstrengung nur schwer ein.

Meistens dienen derartige Vorurteile, soweit sie tatsächlich vorhanden sind, den Vorgesetzten als Selbstschutz im Sinne einer Abwehr unbekannter Neuerungen, die die Schulungsteilnehmer allein schon von der Informationsseite her ihnen gegenüber in Vorteil bringen. Wenn sich Neuerungen dann auch noch spezifisch auf den von den Vorgesetzten okkupierten Bereich der Menschenführung beziehen, dann sind die Befürchtungen, „das Ei sei klüger als die Henne", umso größer.

Diesem Übel läßt sich allerdings insofern gegensteuern, als Schulungsmaßnahmen in psychologisch fundierter Personalführung für Vorgesetzte *und* Mitarbeiter gleichzeitig durchgeführt werden, so daß ein gegenseitiges Mißtrauen, unterschiedlich informiert zu werden, also gleichsam „nur" als Mitarbeiter oder „besonders" als Vorgesetzter weitergebildet zu werden, gar nicht erst aufkommen kann. Da dies aus organisatorischen Gründen oft nicht möglich ist, empfiehlt sich als nächstgünstige Alternative eine Schulung „von oben nach unten" mit möglichst geringem Zeitintervall; das heißt, zuerst sind die Vorgesetzten der oberen Führungsebenen weiterzuschulen, um so die von den nachgeordneten Mitarbeitern gefürchtete Anwendungsbarriere erst gar nicht entstehen zu lassen.

Das *dritte Prinzip* verlangt *nach* Beendigung der Schulung die Sicherung einer möglichst hohen Bereitschaft, die neuen Erfahrungen in die Praxis umzusetzen. Geschieht dies nicht, so wird eine bis dahin — von der Informationsaufnahme her betrachtet — erfolgreiche Weiterbildung wirkungslos bleiben. Als Maßnahmen kommen offizielle Anerkennung etwa in Form eines Zertifikats, Belohnung etwa als Gehaltserhöhung oder eine Beförderung in Frage.

Obwohl für jede Organisation in erster Linie die Erfüllung von Produktions-, Dienstleistungs- und/oder reinen Verwaltungsaufgaben im Vordergrund steht, sollte die Beachtung der Motivation der Mitarbeiter nicht vernachlässigt werden. Hängt doch gerade von der Mitarbeitermotivation die Erreichung der Organisationsziele wesentlich ab.

Für die Schaffung und Erhaltung der Mitarbeitermotivation lassen sich in Anlehnung an Vorschläge Schönfelds (a.a.O.) folgende Maßnahmen als Minimalerfordernisse aufstellen:

A. *Motivierung zur Teilnahme an Weiterbildungsveranstaltungen*

1. Die Mitarbeiter müssen von der Notwendigkeit und den Zwecken der Weiterbildung überzeugt werden. Das kann durch eine gezielte Ausbildungspolitik und auch informell auf Arbeitstagungen und anderen innerbetrieblichen Veranstaltungen geschehen. Dabei sind eingehende Erläuterungen allgemeinen Hinweisen vorzuziehen, um keine falschen Erwartungen entstehen zu lassen.
2. Die Weiterbildung bedarf der Unterstützung und der nachdrücklichen Förderung durch die Personalvertretung. Diese muß über die Inhalte der Maßnahmen informiert und von den Weiterbildungsnotwendigkeiten überzeugt sein. Eine Aufforderung zur Teilnahme, die von der Personalvertretung unterstützt wird, hat sich als zusätzlicher Motivationsfaktor bewährt.

3. Zur Sicherung des Prestiges der Weiterbildung könnten Vertreter der Betriebsführung gelegentlich selbst an Veranstaltungen teilnehmen. Dabei ist zu bedenken, daß sich deren zeitweilige oder gar ständige Anwesenheit auf die freie Meinungsäußerung der Teilnehmer hemmend auswirken könnte.
4. Den Mitarbeitern muß hinlänglich deutlich gemacht werden, daß die Weiterbildung nicht wegen unzureichender Leistungen, etwa im Sinne eines „Nachhilfeunterrichts" geschieht, sondern daß für den beabsichtigten Einsatz auf einem Dienstposten mit höherer Verantwortung oder in derselben Stellung bei wachsendem Verantwortungsbereich und/oder wegen technischer Neuerungen eine Weiterbildung sachlich erforderlich und daher unerläßlich ist. Dies ist besonders deshalb wichtig, weil man gerade in höheren Ebenen der Betriebshierarchie noch teilweise die Auffassung vertritt, daß Weiterbildung entbehrlich und an Weiterbildungsveranstaltungen teilzunehmen dem Ansehen von Führungskräften unter Umständen schädlich sei.
5. Die Weiterbildung sollte nach Möglichkeit auf der obersten Führungsebene einsetzen, damit einmal die generelle Bedeutung betont und außerdem nicht später von dieser Seite die Anwendung neuer Erkenntnisse verhindert wird.
6. Die für die Planung eines Weiterbildungsprogramms Verantwortlichen sollten möglichst viele der vorgesehenen Schulungsteilnehmer bei ihrer Arbeit aufsuchen, um sich von ihnen über ihre konkreten Arbeitsprobleme informieren zu lassen. Dadurch wird die Mitwirkung der Weiterzubildenden bei der Gestaltung des Schulungsprogramms gesichert und dessen Anpassung an vordringliche Bedürfnisse gewährleistet. Außerdem verhindert dieses Vorgehen eine allzu theoretische Ausrichtung, die bei den Teilnehmern sehr leicht auf Ablehnung stoßen könnte.
7. Über die betriebliche Anwendung des Wissens hinaus sollte auf den persönlichen Nutzen der Weiterbildung für die Teilnehmer hingewiesen werden.

B. *Motivierung zur Mitarbeit während der Weiterbildung*

1. Gleich zu Beginn der Schulung sollten auf wichtige Fragen und Probleme Antworten und Lösungen aufgezeigt werden, um auf diesem Wege die Teilnehmer vom Nutzen der Weiterbildungsmaßnahme zu überzeugen. Im Anschluß daran können dann auch theoretische Fragen behandelt werden.
2. Die Schulungstermine müssen den Teilnehmern so rechtzeitig angekündigt werden, daß sie mit der Vorausplanung ihrer Arbeit nicht in unnötige Schwierigkeiten geraten. Der Zeitpunkt der Veranstaltungen darf sich nicht mit anderen wichtigen Ereignissen im Betrieb überschneiden.
3. Die Dauer der Ausbildungsveranstaltungen sollte so bemessen sein, daß keine Überbeanspruchung der Aufnahmefähigkeit eintritt. Dieser Gesichtspunkt ist besonders dann wichtig, wenn es sich um Gruppen handelt, die sich über längere Zeit keiner formalen Ausbildung mehr unterzogen haben.
4. Die Schulungsmethoden sollten die Tatsache berücksichtigen, daß Führungskräfte in vielen Fragen eine eigene Meinung besitzen, die sie vertreten möchten, und daß sie nicht bereit sind, ihre Standpunkte ohne überzeugende Gründe aufzugeben. Ungenügende Gelegenheit zur Diskussion mindert deshalb die Lernbereitschaft erheblich.
5. Die individuelle Erfahrung der Teilnehmer, daß der zu erlernende Stoff ganz oder in wesentlichen Teilen bewältigt worden ist, sollte besonders bekräftigt werden. Das geschieht am besten durch unmittelbare Bestätigung des erzielten Ergebnisses (feed-back).

6. Zur Überwindung unvermeidlicher Anpassungsschwierigkeiten an die ungewohnte Schulungssituation und zur Besprechung persönlicher Probleme, die die Teilnehmer verständlicherweise nicht vor den anderen ausbreiten möchten, sollte es während der gesamten Schulungsmaßnahme hinreichend Gelegenheit zu inoffiziellen persönlichen Gesprächen zwischen den Ausbildern bzw. dem Schulungsleiter und den Teilnehmern geben.
7. Vorschläge und Wünsche seitens der Teilnehmer sollten diskutiert und soweit als möglich berücksichtigt werden. Dadurch kann man den Teilnehmern glaubhaft verdeutlichen, daß ihre Beiträge nicht nur bei der Planung, sondern auch während der Durchführung der Schulung ernst genommen werden.

C. *Motivierung zur Anwendung des Gelernten*

1. Es sollte alles getan werden, um zu vermeiden, daß bei der Erprobung des Gelernten auftretende Fehler zu einer Gefährdung des Ansehens der Schulungsteilnehmer führen. Die Ausbilder sollten deshalb nach Abschluß der Schulung auch weiterhin als Berater zur Verfügung stehen.
2. Eine als erfolgreich befundene Teilnahme an umfangreicheren Weiterbildungsmaßnahmen wie Kursen oder Lehrgängen sollte in irgendeiner Form belohnt werden. Dafür gibt es viele, auch kombinierbare Möglichkeiten, zum Beispiel
   a) Anhebung des sozialen Status (Beförderung, Verleihung eines Titels)
   b) finanzielle Besserstellung (Gehaltszulage, höhere Eingruppierung)
   c) verbesserte Aufstiegsmöglichkeiten (etwa durch Einreihung in die Nachwuchsgruppe für bestimmte Führungspositionen)
   d) Hinzuziehung als Spezialist bei wichtigen Besprechungen und Entscheidungen
   e) ....
3. Die Anerkennung nach Beendigung der Weiterbildung sollte nicht zu lange auf sich warten lassen, weil in dieser Hinsicht enttäuschte Mitarbeiter in ihrem Arbeitseinsatz sehr schnell nachlassen können. Außerdem beeinträchtigt eine verzögerte Anerkennung auch die Bereitschaft, an später folgenden Anschlußprogrammen teilzunehmen.
4. Mehrleistungen als Folge der Weiterbildung sollen durch die Organisationsleitung in jedem Falle ausdrücklich anerkannt und nicht als selbstverständlich erachtet werden.

Die Verantwortung für den Erfolg einer Weiterbildungsmaßnahme liegt bei jedem einzelnen Teilnehmer wie auch bei deren Vorgesetzten und selbstverständlich beim Veranstalter. Nur wenn alle Beteiligten ihren Beitrag leisten, ist eine ausreichend intensive und anhaltende Motivation möglich.

2.2 Kritik falscher Erfolgserwartungen

Viele Weiterbildungsmaßnahmen werden nur deshalb durchgeführt, weil sich die Organisation davon unmittelbare Lösungen innerbetrieblicher Probleme verspricht. Derartige Erwartungen führen aber zwangsläufig zu Enttäuschungen, denn gerade Weiterbildungsmaßnahmen zur Verbesserung des Führungsverhaltens werden nur selten kurzfristig wirksam. So nennt beispielsweise M o r i n für die Einführung eines Management by Objectives-Systems [1] eine Anlaufzeit von zwei bis drei Jahren, bis ein Zustand normalen Funktionierens erreicht wird, „also länger als man gemeinhin an einer Modeneuheit festhält" (1974, S. 94). Erfolge sind oft nur deshalb nicht zu beobachten, weil Fortbildungsprogramme vorzeitig als unwirksam beendet werden.

Nach Schönfeld (1967, S. 57 ff.) wird seitens vieler Unternehmen oft übersehen, daß Aus- und Weiterbildungsmaßnahmen nicht *nur* Leistungsverbesserungen bewirken, sondern gelegentlich auch neue Schwierigkeiten nach sich ziehen. So können sich beispielsweise Entscheidungen dadurch verzögern, daß auf Grund eines umfassenderen Wissens mehr Gesichtspunkte in die Überlegungen einbezogen werden. Auch die Tatsache, daß in kooperativ geführten Gruppen ein größerer Personenkreis als bei anderen Führungsformen an der Entscheidungsfindung beteiligt ist, kann sich in dieser Richtung auswirken. Obgleich auf diese Weise zustande gekommene Entscheidungen vielleicht besser fundiert sind, ist die qualitative Verbesserung einer direkten Messung nicht zugänglich, und als Ergebnis der durch die Weiterbildung initiierten Neuerungen wird lediglich eine Verlangsamung des Entscheidungsprozesses registriert.

Außerdem kann die Weiterbildung zusätzliche Schwierigkeiten in der betrieblichen Praxis hervorrufen, wenn der Lehrstoff zur eingeschliffenen Betriebsroutine in Widerspruch steht. In einem solchen Fall wird sich der Einfluß einzelner Weiterbildungsmaßnahmen, die zudem noch oft als „Theorie" empfunden werden, gegen die ständige Praxis kaum durchsetzen. Unter solchen Umständen liefe die Weiterbildung allein darauf hinaus, bestehende Fehler anzuprangern, ohne sie abstellen zu können.

Die Aus- und Weiterbildung der Führungskräfte strebt oft ein „theoretisches Idealbild von der Führungspersönlichkeit" an, wie es sich aus den diversen Führungsmodellen leicht entnehmen läßt. Die Realisierung solcher perfektionistischer Idealvorstellungen scheitert an den menschlichen Unzulänglichkeiten und ist damit praktisch unmöglich. Wenn diese Leitbilder aber dennoch als Kriterien für die Erfolgskontrolle herangezogen werden, ist jede Führungskräfteschulung von vornherein zum Scheitern verurteilt.

Bisweilen geht man auch hinsichtlich des Wirkungsgrads der Schulungsmaßnahmen insofern von übertriebenen Erwartungen aus, wenn man darauf hofft, daß die Mitarbeiter in der Lage seien, die angebotenen Lerninhalte vollständig zu behalten und anzuwenden. Dabei wird verkannt, daß nur Teile des Gelernten behalten werden, und davon wiederum nur ein Teil in die Praxis umgesetzt wird. Wie stark der Wirkungsgrad bis zur Anwendung im konkreten Fall absinkt, hängt u. a. von der individuellen Aufnahmekapazität, der Weiterbildungsmotivation und dem Lerntraining der Teilnehmer, von der Auswahl und Darbietung des Stoffes, den fachlichen Fähigkeiten und dem persönlichen Einsatz der Ausbilder, von der Gruppendynamik des Teilnehmerkreises und von dem Engagement der Unternehmensleitungen ab.

Ungerechtfertigte Erwartungen finden sich auch bei jenen Weiterzubildenden, die bisweilen dem Erholungswert und den Freizeitaspekten von Fortbildungsmaßnahmen bzw. dem Bildungs*urlaub* größere Beachtung schenken, die Lernbemühungen dagegen als lästiges Übel zurücktreten lassen. Die individuelle Lernbereitschaft kann bei Vernachlässigung der obengenannten Motivierungsvorschläge unter Umständen so weit

---

[1]) Management by Objectives (MBO) ist eine Methode der Unternehmensführung durch Vorgabe von operationalen Zielen auf allen Stufen der Betriebshierarchie. Näheres hierzu bei Linnert et al. (1972, S. 435 ff.) oder Humble (1970, 1973).

absinken, daß der Weiterbildungserfolg im Verhältnis zum oft erheblichen zeitlichen, personellen und finanziellen Aufwand vergleichsweise unbedeutend wird.

Ein Weiterbildungsprogramm ist dann erfolgreich, wenn ein Höchstmaß neuen Wissens und neuer Verhaltenstechniken von den Teilnehmern aufgenommen werden und ein Höchstmaß davon in der Unternehmung wirksam wird. Dies ist nur erreichbar, wenn die Inhalte der Weiterbildungsmaßnahmen am tatsächlichen oder voraussichtlichen Bedarf ausgerichtet werden und wenn sie in ein Gesamtkonzept der betrieblichen Aus- und Weiterbildung integriert sind, das seinerseits den Anwendungsbezug zu gewährleisten hat.

Im Anschluß an die Erstellung betriebswirtschaftlich und psychologisch begründeter Anforderungskataloge wurden in den letzten zehn Jahren von sehr vielen Unternehmen der Wirtschaft und der öffentlichen Verwaltung in eigens dafür eingerichteten Spezialabteilungen zum Teil vorbildliche Aus- und Weiterbildungskonzepte entwickelt. Obwohl die überholten Vorstellungen vom „geborenen Führer“ und von der Lösbarkeit aller Betriebsprobleme mit Hilfe des „gesunden Menschenverstandes“, mit „Instinkt“ und „Erfahrung“, noch immer nicht ausgerottet sind, nimmt die Aus- und Weiterbildung dennoch einen wichtigen Platz neben den anderen Unternehmensaufgaben ein.

2.3 Erfolgskontrolle von Weiterbildungsmaßnahmen

2.3.1 Ziele und Probleme

Wie jede andere organisierte Unternehmensleistung muß auch die betriebliche Aus- und Weiterbildung ihre Wirksamkeit grundsätzlich nachweisen. Die Qualität von Aus- und Weiterbildungsmaßnahmen läßt sich nur erkennen, wenn eine Überprüfung ihrer Ergebnisse durchgeführt wird. Im Einzelnen lassen sich hierfür in Modifikation einer Zusammenstellung von Scheitlin (1970, S. 253) folgende Gründe nennen:

1. Erarbeitetes Wissen hat die fatale Tendenz zu schwinden, wenn es nicht gebraucht oder wenigstens von Zeit zu Zeit aufgefrischt wird.
2. Selbst gute Gewohnheiten schwächen sich ab, wenn der Anreiz fehlt, sie immer wieder von neuem verhaltenswirksam werden zu lassen.
3. Nur wenige Menschen sind zu einer wirklich zuverlässigen Selbstkontrolle fähig.
4. Jede Kontrolle durch einen zweiten profitiert davon, daß zwei Menschen in der Regel über mehr Sachverstand und fachliche Erfahrung verfügen und deshalb mehr Fehler zu entdecken vermögen als bloß eine Person.
5. Eine Überwachung, die einer fachlichen und/oder persönlichen Förderung dient und nicht als „Jagd auf Fehler“ aus fragwürdigen Gründen betrieben wird, wirkt erzieherisch und spornt zu besserer und engagierterer Arbeit an.
6. Überwachung ist Kontrolle des Mitarbeiters und gleichzeitig Selbstkontrolle des Vorgesetzten, denn viele Fehler werden von „oben“ her verursacht, sei es durch falsche Information oder lückenhafte Anweisung.

Eine allgemein anzutreffende Ablehnung von Kontrollen ist weitgehend emotional bedingt. Jeder Mensch ist in einem durchaus positiven Sinne „eitel“. Er schätzt und sucht persönliche und fachliche Anerkennung. Strebt er nach weitgehender Unabhängigkeit und will er in der Gestaltung seiner Arbeit möglichst freie Hand haben, empfindet er Kritik und Kontrolle als diesen Bedürfnissen grundsätzlich entgegengerichtet.

Das bedeutet, daß die Mitarbeiter im Dienst jede organisierte Kontrollmaßnahme als bedrohlich oder zumindest als unangenehm erleben. Sie stehen daher solchen „Maßnahmen von Amts wegen" skeptisch gegenüber.

Allerdings lassen sich Kontrollen auf verschiedene Weise durchführen, im Sinne „schikanöser Überwachung" oder im Sinne einer förderlichen Anleitung und verantwortungsbewußter Zusammenarbeit. Ausbilden oder Unterrichten meint ja im Grunde nichts anderes als helfen, bestimmte Ziele zu erreichen, und dies sollte ebenso auf das Kontrollieren zutreffen. Erfolgskontrollen sind nur dann sinnvoll, wenn sie einer entsprechend humanen Grundhaltung entspringen, was durchaus nicht gegen eine gewisse Straffheit und Bestimmtheit im Umgang mit den zu Kontrollierenden spricht (vgl. Scheitlin 1970, S. 253 f.).

Um Aus- und Weiterbildungserfolge meßbar zu machen, bedarf es bei jeder Maßnahme einer möglichst genauen *Definition des zu erreichenden Zieles.* Das ist bei einer fachlich orientierten Ausbildung, die sich auf die Erweiterung eines genau umrissenen Stoffgebiets ausrichtet, relativ leicht. Dies gilt auch noch für den Teil der Führungskräfteschulung, der die Vermehrung reinen Führungs*wissens* zum Ziel hat. Geht es dagegen um die Verbesserung des Führungs*verhaltens,* läßt sich „richtiges" (genauer: „angestrebtes") Verhalten nur in Laboratoriumssituationen mit für eine Messung hinreichender Schärfe definieren. In der betrieblichen Praxis ist eine präzise Definition wegen der Vielfelt nach „richtig" und „falsch" nicht eindeutig wertbaren Einflußbedingungen kaum möglich. Neuerdings versuchen manche Organisationen trotz dieser Schwierigkeiten das Definitionsproblem durch Herausgabe umfangreicher Kataloge von „Führungsrichtlinien" als verbindlichen Kriterien zu lösen. Dennoch bleiben die Einsatzmöglichkeiten objektiver Prüfmethoden stark eingeschränkt. So wird man zur Erfassung des Führungsverhaltens auch weiterhin auf subjektive Beobachtungen, Beschreibungen und Bewertungen zurückgreifen müssen. Von einer eigentlichen „Messung" kann hierbei selbstverständlich nicht die Rede sein.

Die Feststellung des Weiterbildungserfolgs wird zusätzlich durch die Existenz verschiedener Erfolgsebenen erschwert. Zuerst wird sich ein Erfolg für den Teilnehmer in Form von Wissenszuwachs und zunehmender Berufseignung einstellen. Erst nach diesen individuellen Erfolgen kann ein Erfolg für das Unternehmen etwa in Form von Leistungssteigerungen oder Verhaltensänderungen im Sinne der Organisationsziele eintreten. Der Anwendungserfolg ist also primär vom individuellen Lernerfolg abhängig.

Für die Wahl des Zeitpunkts von Anwendungserfolgskontrollen ist die seit Untersuchungen Fleishmans (1953 b) häufig beobachtete Tatsache wichtig, daß sich Leistungssteigerungen bzw. Verhaltensänderungen bei weitergebildeten Führungskräften nicht unmittelbar im Anschluß an die Schulungsmaßnahme, sondern in der Regel erst mit einiger zeitlicher Verzögerung zeigen. Wenn die Schulungsteilnehmer an ihren Arbeitsplatz zurückkehren, wird ihr Verhalten von den Mitarbeitern besonders kritisch beobachtet, denn diese sind daran interessiert zu erfahren, was ihr Vorgesetzter anders macht als bisher, und was an Neuerungen auf sie zukommen wird. Andererseits wiederum entscheiden die Vorgesetzten der Schulungsteilnehmer durch ihr Verhalten, ob überhaupt und in welchem Umfang die mitgebrachten Erkenntnisse angewendet werden dürfen. Unter solchen Umständen ist es verständlich, wenn die Weitergebildeten oft entweder nur zögernd Neues einzuführen und durchzusetzen versuchen, oder es gegebenenfalls auch ganz lassen, um Schwierigkeiten nach beiden Seiten aus dem Wege zu gehen. An diesen Sachverhalten wird deutlich, daß der Anwendungserfolg außer vom individuellen Lernerfolg noch durch andere Einflüsse maßgeblich bestimmt wird. Ist der Anwendungserfolg von Schulungsmaßnahmen gering oder bleibt er ganz aus, spricht diese Feststellung jedenfalls nicht zwingend gegen die Qualität der voraufgegangenen Weiterbildungsmaßnahmen.

Eine globale Messung des Erfolgs von Weiterbildungsmaßnahmen ist nicht möglich. Um ein umfassendes Bild des Weiterbildungserfolgs zu erhalten, ist eine differenzierte Erfassung der einzelnen Aspekte mit geeigneten Methoden geboten, die ebenso differenzierte Konsequenzen ermöglichen.

2.3.2 Methoden

Die Verfahren zur Feststellung des Erfolgs von Maßnahmen zur Führungskräfteschulung sind die in der betrieblichen Aus- und Weiterbildung allgemein gebräuchlichen. Sie beziehen sich auf die Erhebung der subjektiven Meinungsbilder über eine konkrete Schulungsmaßnahme bei den Teilnehmern, den Ausbildern und anderen beteiligten Personen, auf die Messung des Wissenszuwachses, auf die erfolgreiche Anwendung neuerworbener Kenntnisse und Verhaltensweisen sowie auf den Einfluß von Weiterbildungsmaßnahmen auf die gesamtbetriebliche Entwicklung. Die hierbei im einzelnen zur Anwendung kommenden Verfahren lassen sich nach Schönfeld (1967, S. 269 ff.) klassifizieren in

a) subjektive und objektive,
b) direkte und indirekte,
c) spezifische und summarische.

Objektive Verfahren dienen der Messung von Lernleistungen in Form standardisierter Wissenstests, Klausuren oder ähnlicher schriftlicher Prüfungen, bei denen alle Teilnehmer den gleichen Bedingungen unterliegen. Bei der Auswertung dieser Verfahren müssen verschiedene Auswerter zu übereinstimmenden Ergebnissen gelangen. Zu den *subjektiven* Verfahren zählen die schriftlichen und mündlichen Befragungen der Teilnehmer, der Ausbilder und gegebenenfalls der wissenschaftlichen Beobachter und Betreuer hinsichtlich ihrer Wertung der formalen und inhaltlichen Aspekte einer Weiterbildungsmaßnahme.

Direkte Verfahren zielen z. B. auf die Erfassung des Wissenszuwachses, die Beobachtung von Veränderungen im Leistungsverhalten und die Feststellung von Änderungen im Sozialverhalten der Schulungsteilnehmer nach ihrer Rückkehr an ihre Arbeitsplätze. Die *indirekten* Verfahren dagegen wollen Leistungs- und Verhaltensänderungen als Folge der Weiterbildung durch Befragung Dritter, in erster Linie der Vorgesetzten, oder durch statistische Erhebung objektiver Daten (Ausschußhöhe, Fehlerquoten, Absentismusrate, Beschwerdehäufigkeit, Streitfälle usw.) in der jeweiligen Abteilung oder Dienststelle des Weitergebildeten ermitteln. Direkte wie indirekte Verfahren können sowohl subjektiv als auch objektiv sein.

Die *spezifischen* Verfahren beschränken sich auf die Erfassung isolierbarer Leistungs- oder Verhaltensmerkmale, während sich die *summarischen* auf die Beschreibung globaler Verhaltensänderungen, auf die Beobachtung von Schwankungen des Arbeitsklimas oder auf die Kontrolle der Gesamtleistung einer Abteilung bzw. des ganzen Unternehmens richten.

2.3.2.1 Erhebung subjektiver Meinungsbilder

Die einfachste, aber gleichzeitig auch die am meisten fehlerbehaftete Methode der Erfolgskontrolle besteht in der Feststellung subjektiver Eindrücke von Weiterbildungsmaßnahmen bei der Teilnehmern selbst, den Ausbildern, den Vorgesetzten und Mitarbeitern der Teilnehmer sowie unbeteiligten Dritten, z. B. Weiterbildungsexperten, Angehörigen anderer Firmen oder Kunden.

Die Teilnehmerbefragung liefert am ehesten noch zuverlässige Anhaltspunkte für solche Teilaspekte der Schulungsmaßnahmen, die auf Ablehnung stoßen und infolgedessen den Lernerfolg beeinträchtigen. Wird dagegen ein Schulungsprogramm als gut beurteilt, ist damit der Erfolgsnachweis noch keineswegs erbracht. Auch wenn in differenzierter Weise nach der Auswahl der Inhalte, den Darstellungsmethoden, dem Einsatz mediendidaktischer Hilfsmittel, dem Engagement und den Fähigkeiten der Referenten, der Zufriedenheit mit Unterbringung, Verpflegung, Freizeitmöglichkeiten und dergleichen gefragt wird, ergeben sich nur selten in allen Punkten übereinstimmende Meinungsäußerungen. Die persönlichen Urteile orientieren sich unterschiedlich stark an besonderen Auffälligkeiten, den Ansichten von Kollegen, subjektiven Stimmungen, Sympathien und Antipathien oder anderen subjektiv wahrgenommenen Einflußgrößen, die einer objektiven Beurteilung im Wege stehen. Vor allem was die Bewertung der fachpsychologischen Inhalte und der Stoffpräsentation durch psychologische Laien betrifft, um die es sich bei dem Teilnehmerkreis einer Führungskräfteschulung in den meisten Fällen handelt, ist aufgrund mangelnder Fachkenntnisse und begrenzter spezieller Erfahrungen der Teilnehmer die erhöhte Wahrscheinlichkeit der Abgabe unzutreffender Stellungnahmen besonders zu beachten. Mitarbeitsaktivierende Unterrichtshilfen, wie z. B. Arbeitspapiere mit schriftlich zu bearbeitenden Aufgaben oder Lückentexte, werden bisweilen aus rein emotionalen Gründen abgelehnt; denn es ist selbstverständlich bequemer und auch weniger frustrierend, wenn fertige Antworten und Lösungen angeboten werden, als sie sich selbst mühevoll erarbeiten zu müssen. Es verlangt oft Zeit und Geduld, die Schulungsteilnehmer vom unbestrittenen didaktischen Wert solcher Materialien zu überzeugen. Die Furcht, schülerhaft gegängelt oder gar manipuliert zu werden, steht dieser Absicht nicht selten hinderlich im Wege.

Es hängt nicht zuletzt vom pädagogischen Geschick der Unterrichtenden selbst ab, inwieweit das Entstehen solcher den Lernerfolg beeinträchtigender Bedingungen verhindert werden kann. Zwar ist die Erkenntnis, daß es sich bei den Unterrichtenden um eine der Haupteinflußgrößen vor allem bei auf Einstellungs- und Verhaltensänderung zielenden Veranstaltungen handelt, nicht neu. Bis etwa 1968 gab es hierzu jedoch keine wissenschaftlichen Untersuchungen. Erst Cooper veröffentlichte 1969 erste Hypothesen zum Trainereinfluß, die er in gruppendynamischen Laboratorien bestätigen konnte (zit. n. Däumling et al. 1974, S. 210):

1. Der Teilnehmer gleicht seine *Einstellungen* denen des Trainers an, wenn dieser für ihn attraktiv ist.
2. Der Teilnehmer gleicht sein *Verhalten* dem des Trainers an, wenn dieser für ihn attraktiv ist.
3. Der Teilnehmer zeigt in seinem eigenen Verhalten eine *Zunahme der Konsistenz,* wenn der Trainer von ihm als konsistent erlebt wird.

Wird der Trainer vom Teilnehmer als attraktiv empfunden, identifiziert er sich mit ihm und wird in Einstellungen und Verhalten ihm ähnlich; wird der Trainer als ausgeglichene Persönlichkeit gesehen, verändert sich der Teilnehmer in einer Weise, die seine eigene Ausgeglichenheit steigert.

Unterschiedliche Ausbilderpersönlichkeiten werden unterschiedliche Aus- und Weiterbildungserfolge erzielen. Um einen erreichten Standard zu halten oder die erzielten

Ergebnisse weiter zu verbessern, sollten den Ausbildern, Referenten, Dozenten, Trainern, Instruktoren, oder wie immer sie bezeichnet werden, weder die positiven noch die negativen Stellungnahmen der Teilnehmer vorenthalten werden. Eine Kritik kann natürlich nur hilfreich sein, wenn sie sachlich und konstruktiv ist.

Beurteilungen mit Hilfe von Fragebogen sollten sich unmittelbar an die wichtigsten Abschnitte von Weiterbildungsveranstaltungen anschließen, solange die persönlichen Eindrücke noch frisch und nicht durch die Diskussion mit anderen nivelliert sind. Gerade im Verlauf längerdauernder Programme ergibt sich damit die Möglichkeit, begründete Teilnehmerwünsche zu respektieren und aufkommende Bedürfnisse soweit möglich zu berücksichtigen. Außerdem lassen sich durch dieses Vorgehen Mißverständnisse, die das Lernklima negativ beeinflussen, aufdecken und zur Diskussion stellen. Wünscht man die Meinungen der Teilnehmer bezüglich der Anwendbarkeit des Gelernten zu erfahren, muß sich die Befragung dann wiederholen, wenn nach Beendigung der Schulung genügend Zeit zur Erprobung der Neuerungen verstrichen ist.

Für die Erstellung geeigneter Fragebogen sind folgende Hinweise zu beachten:

1. Die Fragen müssen für die Zielgruppe verständlich formuliert werden. Dabei sind vor allem das Bildungsniveau und die sprachliche Ausdrucksfähigkeit der Befragten zu berücksichtigen.
2. Zu besonders schwer zu beantwortenden Fragen sollten verschiedene Antwortalternativen angeboten werden.
3. Zu vorgegebenen Statements sollten die Grade der Zustimmung oder Ablehnung aus Gründen der Vereinfachung auf einer Skala ankreuzbar sein.
4. Trotz verbaler oder skalierter Antwortalternativen sollte ausreichend Platz für ergänzende Bemerkungen freigehalten werden.
5. Sachliche und persönliche Beurteilungsaspekte sollen klar voneinander getrennt sein.
6. Suggestivfragen sind zu vermeiden.
7. Die Fragebogen dürfen keine Angaben zur Person des Beurteilers verlangen. Die gewährleistete Anonymität soll den Beurteiler zur Abgabe einer ehrlichen kritischen Stellungnahme anregen, die keinerlei Konsequenzen für seine Person nach sich zieht.

Die Ergebnisse solcher Fragebogenaktionen bedürfen einer sehr sorgfältigen Interpretation unter Beachtung der genannten Fehlerquellen. Sie müssen durch die Ergebnisse weiterer Beobachtungs- und Beurteilungsverfahren modifiziert und ergänzt werden.

Eine dieser Möglichkeiten besteht in der mündlichen Befragung der Teilnehmer durch den Schulungsleiter, Vorgesetzte oder Weiterbildungsfachleute während oder nach einer Schulungsmaßnahme. In diesen Interviews können die Teilnehmer ihre Ansichten genauer erläutern und vor allem ihre emotionalen Erlebnisreaktionen deutlicher zum Ausdruck bringen. Der Wert dieser Methode ist allerdings insofern eingeschränkt, als der Interviewer ständig Gefahr läuft, aus den Antworten des Befragten möglicherweise unrichtige Schlußfolgerungen zu ziehen.

Auch der Schulungsleiter und die beteiligten Ausbilder können um eine kritische Beurteilung der Weiterbildungsmaßnahmen gebeten werden. Aufgrund ihrer fachlichen Qualifikation und ihrer Erfahrungen können sie wertvolle Informationen über die Teilnehmerreaktionen liefern. Doch darf die Objektivität solcher Aussagen nicht überbewertet werden, da sie durch die persönliche Interessenlage der Befragten durchaus gemindert sein kann.

Darüberhinaus wäre an eine Informationsgewinnung durch gelegentliche Befragungen von Vorgesetzten, gleichgestellten Mitarbeitern und Untergebenen zu denken, um auf indirektem Wege Auswirkungen der Schulung festzustellen. Ein solches Vorgehen birgt allerdings eine Reihe von Risiken in sich. Die befragten Dritten könnten sich z. B. leicht irren, indem sie Verhaltensweisen als Folge von Schulungsmaßnahmen zu erkennen glauben, die vielleicht schon früher bei dem Betreffenden zu beobachten gewesen wären, ihrer Aufmerksamkeit aber bis zum Zeitpunkt der Befragung entgangen sind. Zudem spielen in solchen Stellungnahmen viele andere unkontrollierbare persönliche Interessen und Einstellungen der Befragten zuweilen eine so dominierende Rolle, daß die Zuverlässigkeit dieser Aussagen im Hinblick auf hieraus abzuleitende Maßnahmen zur Verbesserung der Schulung wesentlich eingeschränkt ist. Außerdem könnten die Schulungsteilnehmer derartige Varianten der Erfolgskontrolle, die sich sozusagen hinter ihrem Rücken abspielen, als unfaire Aktionen werten. Das fatale Ergebnis wäre dann, daß durch die Kontrollmaßnahmen selbst der Anwendungserfolg in Frage gestellt würde, ein Sachverhalt, der, von den ethischen Gesichtspunkten ganz abgesehen, gegen dieses Vorgehen spricht.

Eine weitere Möglichkeit der Erfolgskontrolle besteht darin, Ausbilder, Aufbau und Inhalt der Programme, Präsentation und Teilnehmerreaktionen durch an den Weiterbildungsveranstaltungen teilnehmende Aus- und Weiterbildungsexperten beobachten und beurteilen zu lassen. Damit keine Mißverständnisse aufkommen, sind alle Beteiligten vorher über Sinn und Zweck der Anwesenheit von Beobachtern zu informieren. Von dieser Art der Überprüfung von Weiterbildungsmaßnahmen empfiehlt es sich, besonders dann Gebrauch zu machen, wenn es sich um die Erprobung längerfristiger Programme handelt, deren Entwicklung und Gestaltung, aus welchen Gründen auch immer, nicht ohnehin von vornherein Spezialisten auf diesem Gebiet übertragen wurden.

2.3.2.2 Kontrolle des Wissenszuwachses

Ein Anwendungserfolg von Weiterbildungsmaßnahmen kann sich erst einstellen, wenn die entsprechenden Wissensgrundlagen geschaffen sind. Zur Überprüfung, wieviel von den angebotenen Lerninhalten behalten wurde, gilt es, am Ende einer Schulungsmaßnahme den Wissenszuwachs für jeden einzelnen Teilnehmer möglichst objektiv zu bestimmen. Dies kann mündlich in Form eines Prüfungsgesprächs oder schriftlich, am besten mit Hilfe sorgfältig konstruierter Wissensfragebogen geschehen, die einen repräsentativen Querschnitt durch den gesamten Unterrichtsstoff abfragen. Wenn es sich bei den Schulungsinhalten nicht um den Teilnehmern bisher völlig fremde Wissensgebiete handelt, können die Fragebogen auch schon zu Beginn der Weiterbildungsmaßnahme vorgelegt werden. Dies dient einmal dem Zweck, bereits vorhandenes Wissen festzustellen und zur Vermeidung redundanter Unterrichtsteile beizutragen. Andererseits läßt sich die erzielte Wissenssteigerung anhand des Differenzbetrags zwischen diesen ersten Ergebnissen (Prätest) und denen der späteren Prüfung (Posttest) relativ genau quantifizieren. Zur Isolierung weiterbildungsfremder Einflüsse sollten dieselben Messungen an Kontrollgruppen vorgenommen werden, die dem Teilnehmerkreis nach bisheriger Ausbildung, Tätigkeit, Alter usw. vergleichbar sind.

Will man etwas über die längerfristige Verfügbarkeit des erworbenen Wissens erfahren, sind die Prüfungen einige Zeit nach der Weiterbildungsmaßnahme zu wiederholen. Die Ergebnisse lassen Rückschlüsse auf eventuelle Mängel der Schulung zu. Sie werden zum Ausgangspunkt von Überlegungen hinsichtlich der Gestaltung des Umfangs der Lerninhalte, der Intensivierung der Vermittlung durch zweckmäßigere Methoden, der Schaffung eines verbesserten Lernklimas oder anderer Veränderungen für künftige Schulungen.

Werden von Schulungsteilnehmern schriftliche Prüfungen verlangt, stößt man mit diesem Ansinnen auf weitgehende Ablehnung. Gewiß ist die Furcht unkalkulierbarer Folgen, die ein mögliches Versagen nach sich ziehen könnte, eine wichtige Ursache dafür. Sollte deswegen auf diese Kontrollmöglichkeit verzichtet werden?

Aus psychologischer Sicht läßt sich diese Frage mit keinem eindeutigen ‚ja' oder ‚nein' beantworten. Der Zwang zum Lernen, der sich aus der bevorstehenden Prüfung ergibt, wirkt sich bei manchen sicher positiv auf den individuellen Lernerfolg aus, während er bei anderen die Lernbereitschaft eher negativ beeinflußt. Es darf jedoch nicht übersehen werden, daß Prüfungen — sind sie erst einmal überstanden und hat sich die Furcht des Versagens als unbegründet erwiesen — auch als positive Bestätigungen des Selbstwertgefühls wirken können. Abschlußprüfungen lassen sich schon deshalb nicht vermeiden, weil viele Unternehmen wegen der hohen Kosten für Weiterbildungszwecke den Verzicht auf Kontrollmaßnahmen, nur weil sie unbeliebt sind, nicht für gerechtfertigt halten. Man sollte aber wenigstens der verbreiteten Prüfungsangst entgegenwirken. Dies kann z. B. geschehen, indem man die Teilnehmer ihre Arbeiten mit einem selbstgewählten Codenamen versehen läßt. Jeder kann dann sein Prüfungsresultat den ausgelegten Ergebnislisten entnehmen, während gleichzeitig seine Anonymität gegenüber dem Unternehmen gewahrt wird. Für den Veranstalter bleibt die Information über das durchschnittliche Leistungsergebnis als wichtigem Teilindikator zur Abschätzung des Gesamtnutzens der Schulungsmaßnahme. Eine differenzierte Analyse der Fehlerverteilung zeigt Schwachstellen des Programms auf, die einer Revision bedürfen. Die Itemanalyse dient durch die Bestimmung von Schwierigkeit, Trennschärfe und anderen Aufgabenkennwerten der Verbesserung des Prüfungsinstruments selbst.

Für das schwieriger als das Führungs*wissen* zu überprüfende Führungs*verhalten* kommen nur Verfahren in Frage, die die Änderung persönlicher Ansichten über behandelte Führungsprobleme erkennen lassen. Hier wäre an die Bearbeitung eines vorgegebenen Problemfalles anhand gezielter Fragestellungen oder auch an den Einsatz von Fragebogen zu den verschiedenen Varianten von Vorgesetztenverhalten, wie z. B. dem „Fragebogen zur Vorgesetzten-Verhaltens-Beschreibung" (FVVB) oder dem „Fragebogen zur direktiven Einstellung" (FDE) [2], zu denken.

2.3.2.3 Kontrolle des Anwendungserfolgs

Führungsverhalten ist nicht isoliert beobachtbar, weil es sich grundsätzlich auf die Interaktion mit anderen bezieht. Insofern kann ein Anwendungserfolg von Fortbildungsmaßnahmen, die die Vermehrung des Führungswissens und die Veränderung des Führungsverhaltens zum Ziel haben, erst nach der Rückkehr der Schulungsteilnehmer in ihre Arbeitsgruppen eintreten und zu gegebener Zeit überprüft werden.

Da auch eine klare Trennung von Führungsverhalten und fachlicher Leistung nicht möglich ist und es nur wenige objektive Kontrollmöglichkeiten gibt, überwiegen die subjektiven Beurteilungsverfahren, wie sie im Abschnitt 2.3.2.1 (besonders S. 35 ff.) behandelt wurden. Zu diesen gehören auch die gebräuchlichen Verfahren der Mit-

---

[2]) Diese und ähnliche Verfahren sind im 4. Kapitel näher beschrieben (vgl. S. 115 ff.).

arbeiterbeurteilung, die zumindest in größeren Betrieben nach genauen Vorschriften durchgeführt werden. Die Aufgabe für die Vorgesetzten besteht unter anderem darin, sich in regelmäßigen Intervallen oder zu bestimmten Anlässen schriftlich in freier Form oder per Formular über Leistungs- und Verhaltensänderungen der ihnen unterstellten Mitarbeiter zu äußern. Obwohl auch hierbei ein zu vermutender kausaler Zusammenhang zwischen Leistungs- und Verhaltensänderungen und der Teilnahme an irgendwelchen Fortbildungsveranstaltungen nicht zwingend nachzuweisen ist, so liegt der Vorteil dieser Verfahren immerhin in der systematischen Erfassung der beruflichen Entwicklung des einzelnen Mitarbeiters. Die Informationen darüber sind für die Abschätzung des künftigen Weiterbildungsbedarfs von erheblicher Bedeutung.

Versucht man, die durch die Führungskräfteschulung erreichten Verhaltensänderungen trotz aller dagegen erhobener Bedenken (vgl. S. 38) auf dem Wege der Befragung von Vorgesetzten, Kollegen und unterstellten Mitarbeitern des Weitergebildeten zu ermitteln, sollten alle Betroffenen ihre Eindrücke möglichst vollständig äußern. Damit sich ein klares Bild vom Führungsverhalten des Weitergebildeten ergibt, sind die Stellungnahmen der Beurteiler auf Übereinstimmungen und Widersprüche hin genau zu untersuchen. Solche großangelegte Aktionen sind allerdings sehr zeit- und kostenaufwendig, da sie den Einsatz externer Spezialisten erfordern. Sie sind für ein Unternehmen nur gelegentlich finanziell tragbar, so daß ihre Durchführung wohl nur in seltenen Fällen, etwa bei der Neueinführung eines umfangreichen Fortbildungsprogramms, das für einen großen Adressatenkreis geplant ist, in Frage kommt.

2.3.2.4 Gesamtbetriebliche Indikatoren des Weiterbildungserfolgs

Viele Unternehmen erwarten gerade von der Führungskräfteschulung positive Auswirkungen auf die gesamtbetriebliche Entwicklung. Diese wird aber von zahlreichen aus- und weiterbildungsunabhängigen Faktoren, die zum Teil auch außerbetrieblicher Art sind, mitbestimmt, so daß sich die Einflüsse der Führungskräfteschulung kaum aus ihrer engen Verflechtung mit anderen Bedingungsvariablen herauslösen lassen. Immerhin können nach Schönfeld (1967, S. 285) eine Reihe von Indikatoren als ungefähre Anhaltspunkte für eher positive oder eher negative Beeinflussung herangezogen werden, so beispielsweise die Absentismusrate, der Krankenstand, die Ursachenanalyse bei Kündigungen, Veränderungen im betrieblichen Vorschlagswesen oder die Häufigkeit von Disziplinarmaßnahmen. Die nachhaltige Wirksamkeit eines Führungskräfteschulungsprogramms könnte sich langfristig auch in einer sinkenden Anzahl von Streitfällen, Beschwerden, Kündigungen oder dem Ansteigen der Arbeitszufriedenheit zeigen. Zusätzliche Anhaltspunkte lassen sich aus der pro Mitarbeiter oder Mitarbeitergruppe aufgewendeten Weiterbildungszeit innerhalb des der Überprüfung zugrundeliegenden Zeitraums und der Nachfrage nach weiteren Fortbildungsveranstaltungen innerhalb der Belegschaft gewinnen.

Alle diese Bemühungen, Möglichkeiten zur Feststellung des Weiterbildungserfolgs zu erarbeiten, dürfen nicht darüber hinwegtäuschen, daß es sich dabei lediglich um *Näherungsverfahren* handeln kann, die von unterschiedlichen Ansatzpunkten ausgehen und immer nur Teilaspekte des Ganzen mehr oder weniger genau erfassen können. Eine einwandfreie globale Erfolgsbestimmung gibt es nicht.

2.3.3 Ergebnisse konkreter Erfolgskontrollen

Häufig wird seitens der Unternehmen die Frage gestellt, ob sich der Wirkungsgrad von Lehrgängen, Seminaren, Tagungen oder Kursen über Personalführung nicht in einigen präzisen Zahlenwerten fassen ließe, mit deren Hilfe etwa der Aufwand für die Weiterbildung zu rechtfertigen wäre. Obwohl sich die vorgenannten Prüfungsmethoden weitgehend auf persönliche Werteinschätzungen von Beurteilern stützen, die sich kaum in zahlenmäßig korrekten Werten ausdrücken lassen, hat es nicht an Versuchen gefehlt, diese Frage wenigstens für einzelne Teilaspekte der Fortbildungsveranstaltungen positiv zu beantworten.

So berichtet Miles (1960) von einer Umfrage, bei der die Trainer im Anschluß an 14-tägige Führungslehrgänge bei 53 % der Teilnehmer für einzelne Verhaltensmerkmale Verbesserungen, bei 18 % Verschlechterungen festgestellt zu haben glauben. Bei Argyle (1972) finden sich Zahlenangaben für eine Zunahme des Verständnisses für Mitmenschen bei durchschnittlich 30-40 % der Schulungsteilnehmer. Ganz allgemein schätzen Deane und Marshal (1965) sowie noch einige andere Autoren den Anteil von Teilnehmern, die Verhaltensänderungen in „konstruktiver Richtung“ aufweisen, auf bis zu 60 %. Boyd und Ellis (1962) interviewten etwa ein halbes Jahr nach einem Führungslehrgang Vorgesetzte, gleichgestellte und nachgeordnete Mitarbeiter der Lehrgangsteilnehmer. Die Befragten gaben an, bei 65 % der Teilnehmer eines gruppendynamischen Seminars generell Veränderungen in positiver als auch negativer Hinsicht beobachtet zu haben, und zwar sowohl, was die interpersonellen Beziehungen als auch das Arbeitsverhalten dieser Personen betrifft. Die gleichen Auffälligkeiten wurden 51 % der Teilnehmer eines konventionellen Schulungsprogramms ohne praktische Übungen bestätigt, während der Prozentsatz für Verhaltensänderungen einer nicht fortgebildeten Kontrollgruppe im gleichen Beobachtungszeitraum mit 34 % beziffert wurde. Bei diesen und weiteren Versuchen der zahlenmäßigen Erfolgserfassung, die Däumling et al. (1974, S. 169 ff.) referieren und vergleichend analysieren, geht es im wesentlichen um Veränderungen der Sensibilität, der Kommunikationsfähigkeit, der Flexibilität im Denken und Handeln sowie um das Vorgehen in Entscheidungs- und Organisationsfragen. Betrachtet man die in der Fachliteratur zu diesem Problemkreis mitgeteilten Ergebnisse im Überblick, so zeigt sich ein deutliches Übergewicht von Berichten über positive Wirkungen der Führungskräfteschulung im Sinne einer Annäherung an vorgegebene Führungsleitlinien. Seltener dagegen finden sich Berichte über negative oder gänzlich fehlende Wirkungen.

Was die Fortbildungsmaßnahmen betrifft, die vorwiegend der Erweiterung des Wissensbereichs dienen, schwanken die hierzu veröffentlichten Ergebnisse ebenfalls sehr stark. Es werden Erfolgsquoten von 60 % bis über 80 %, aber auch Mißerfolgsquoten von unter 25 % an behaltenem Lernstoff mitgeteilt.

Diese sehr unterschiedlichen Zahlen kommen in der Regel unter nur wenig *vergleichbaren* Bedingungen zustande. Die Bedingungskonstanz ist aber für den Objektivitätsgrad solcher Zahlenangaben von entscheidender Bedeutung. Ohne genaue Kenntnis sämtlicher Entstehungsbedingungen einschließlich der Beurteilungskriterien lassen sich die Ergebnisse verschiedener Erfolgskontrollen nicht miteinander vergleichen. Die Zahlenwerte werden beeinflußt vom Schwierigkeitsgrad des Lernstoffs und dessen qualitativem Umfang, der Art und Weise seiner Darbietung, der persönlichen Bedeutung der Fortbildungsinhalte für die Teilnehmer, der Zusammensetzung des Teilnehmerkreises, der Motivation der Teilnehmer, den äußeren Gegebenheiten am Tagungsort und nicht zuletzt durch die persönliche und fachliche Qualifikation der Lehrkräfte. Außerdem unterliegen sie Verfälschungen, die durch Fehlerquellen verursacht werden, die in den Instrumenten zur Wissensfeststellung selbst liegen. Das gleiche gilt für die Erfassung des Führungsverhaltens. Es darf bei Erfolgsmitteilungen in Form von Zahlen nicht verkannt werden, daß es sich immer um geschätzte Werte handelt, die ihren subjektiven Charakter nicht einfach dadurch verlieren, daß man sie in ein Zahlenkürzel kleidet. Aus diesem Grund ist auf die Gefahr unkritischen Operierens und Argumentierens mit verschiedenenorts zu hörenden oder zu lesenden globalen Zahlenwerten als „objektiven" Erfolgsnachweisen für so stark nach differenzierender Beurteilung verlangender Maßnahmen wie denen der Führungskräfteschulung nachdrücklich hinzuweisen. Ihr Aussagewert ist relativ und nur bei genauer Kenntnis der von Fall zu Fall variierenden Bedingungen ihres Zustandekommens und der vorgegebenen Beurteilungskriterien zu bestimmen.

Zusammenfassend bleibt festzuhalten, daß es sicher nicht sinnvoll wäre, auf Erfolgskontrollen zu verzichten, nur weil sich die offensichtlich gravierenden Mängel der gegenwärtig bekannten Verfahren nicht oder noch nicht völlig beseitigen lassen, und angesichts der Schwierigkeiten, die sich bei den Versuchen einer Objektivierung der Relationen zwischen Weiterbildungskosten und -erfolgen ergeben. Dies würde nämlich bedeuten, daß die Weiterbildung als die einzige Organisationsfunktion ohne sachlich begründete Kontrolle ins Abseits unqualifizierter Willkürentscheidungen geriete und damit auf Dauer als institutionalisierte Organisationsfunktion keine Zukunft mehr hätte. Vielmehr gilt es, die Instrumente der Erfolgsfeststellung weiterzuentwickeln, die Irrtumsmöglichkeiten weitgehend ausschließen, um mit verbesserten Methoden zutreffende Aussagen über den durch bestimmte Fortbildungsmaßnahmen tatsächlich erreichten Wissenszuwachs und die jeweils erreichten Verhaltensänderungen zu gewinnen.

3. Ein Programm zur Führungskräfteschulung

3.1 Entwicklung und Darstellung

Eine Möglichkeit, die vorstehenden Überlegungen zur Anwendung zu bringen, ergab sich anläßlich der Planung neuer Aus- und Weiterbildungsmaßnahmen im Zuständigkeitsbereich des Bundesministeriums für das Post- und Fernmeldewesen (BPM). Einige dieser Maßnahmen sollten die Aus- und Weiterbildung einerseits von Postinspektoranwärtern, dem Nachwuchs für die Laufbahn des gehobenen Postdienstes, und andererseits von Beamten des gehobenen Post- und Fernmeldedienstes in Fragen der Personalführung zum Inhalt haben.

Für Postinspektoranwärter, einem Personenkreis, der sich aus Abiturienten in der Ausbildung für den gehobenen Postdienst und Beamten des mittleren Dienstes im Aufstieg in den gehobenen Postdienst zusammensetzt, gilt seit 1970 eine Ausbildungsordnung, die innerhalb einer dreijährigen Ausbildungszeit neben anderen einen dreiwöchigen Lehrgang „Grundlagen der Personalführung" vorsieht. Für dessen inhaltliche Ausgestaltung ist im „Amtsblatt des Bundesministers für das Post- und Fernmeldewesen" (1970, Nr. 112, S. 1276) folgender Stoffplan als grober Orientierungsrahmen vorgegeben:

Übersicht 1: Stoffplan des Lehrgangs „Grundlagen der Personalführung" für Postinspektoranwärter

Gegenstand	Lehrstunden
1. Menschenführung in der Berufspraxis (Erarbeitung der Einzelthemen aus Fällen und Situationen der Praxis)	6
2. Psychologische Grundlagen der Führung (Menschenkenntnis; Verlaufsformen und Beweggründe des Erlebens und Verhaltens)	30
3. Soziologische bzw. sozialpsychologische Grundlagen (Zwischenmenschliche Beziehungen; Rollen, Informationswege und Kooperationsbedingungen in Gruppen)	20
4. Führungslehre — Angewandte Psychologie (Verhalten von Vorgesetzten und Mitarbeitern, allgemeine und spezielle Führungsmaßnahmen, Führungsstil)	20
5. Einüben von Führungsverhalten (Einzelgespräch und Diskussion, Zusammenarbeit unter Konkurrenz bzw. Entscheidungszwang)	14
Summe:	90

Die Weiterbildung des gehobenen und höheren Post- und Fernmeldedienstes obliegt der im März 1970 in Bonn eröffneten Akademie für Führungskräfte der Deutschen Bundespost. Die inhaltlichen Schwerpunkte liegen auf den Themen Information, Planung und Organisation, Betriebslenkung und Mitarbeiterführung. Die Fortbildung erfolgt teils in zentralen Führungsseminaren, aber auch in dezentralen Führungslehrgängen, mit deren Organisation und Durchführung bestimmte Oberpostdirektionen beauftragt werden. Der Stoffplan eines dieser letztgenannten Führungslehrgänge für Beamte des gehobenen Post- und Fernmeldedienstes mit dem Leitthema „Mitarbeiterführung und Betriebslenkung" sieht rund 40 % der zur Verfügung stehenden Gesamtzeit für die Behandlung sozialpsychologischer und soziologischer Aspekte der Personalführung vor (vgl. *Übersicht 2*).

Die „Forschungsgruppe für Personalführung im öffentlichen Dienst" am Lehrstuhl für Angewandte Psychologie an der Universität Freiburg i. B. erklärte sich auf ein Ersuchen der Oberpostdirektion Freiburg i. B. bereit, ein differenziertes Lehrgangsprogramm für den Laufbahnnachwuchs und ein darauf abgestimmtes Weiterbildungsprogramm für Beamte des gehobenen Post- und Fernmeldedienstes zu entwickeln, nachdem das Bundesministerium für das Post- und Fernmeldewesen der Durchführung psychologischer Untersuchungen im Rahmen eines wissenschaftlichen Begleitprogramms zugestimmt hatte, das parallel zu den einzurichtenden Schulungsmaßnahmen ablaufen sollte.

Um die zu entwickelnden Programme von vornherein auf die Erfordernisse der konkreten Tätigkeiten des gehobenen Dienstes auszurichten, war es notwendig, zunächst die in dieser Laufbahn anfallenden vielfältigen Sach- und Führungsaufgaben genauer zu untersuchen. Dies geschah einmal durch das Studium schriftlicher Informationsmaterialien und zum anderen durch das Aufsuchen einer Auswahl typischer Arbeitsplätze, wobei die Stelleninhaber um eine umfassende Beschreibung

Übersicht 2: Stoffplan des Führungslehrgangs „Mitarbeiterführung und Betriebslenkung" für Beamte des gehobenen Post- und Fernmeldedienstes

Gegenstand	Lehrstunden
1. Einführung in den Lehrgang	2
2. Mitarbeiterführung	
2.1 Psychologische, sozialpsychologische und soziologische Grundlagen, Betrieb als soziales System	
2.2 Soziale und pädagogische Fertigkeiten	
2.3 Einstellungen und Verhalten der Führungskräfte und Mitarbeiter	**23**
3. Beziehungen zur Öffentlichkeit	
3.1 Die Post und ihre Kunden	
3.2 Öffentlichkeitsarbeit und Imagepflege	
3.3 Öffentlichkeitsarbeit — Aufgabe für alle Führungskräfte und Mitarbeiter	3
4. Entscheidungsfindung im Rundgespräch	
4.1 Problemlösungsbesprechung	
4.2 Fragetechnik der Entscheidungsanalyse	6
5. Technik der Gesprächsführung	
5.1 Mitarbeiterbesprechung, Mitarbeitergespräch	
5.2 Dienstbesprechung, Dienstgespräch	
5.3 Rundgespräch	
5.4 Beratungs- und Verhandlungsgespräch	8
6. Kontrolle im Betriebsablauf	
6.1 Allgemeines	
6.2 Inhalt der Kontrollfunktion „Überwachung der Ausführung"	
6.3 Ausübung der Kontollfunktion „Überwachung der Ausführung"	
6.4 Inhalt und Zweck der Revision	
6.5 Inhalt und Zweck der Erfolgskontrolle	
6.6 Durchführung von Revision und Erfolgskontrolle	4
7. Zusammenarbeit und Führung bei der DBP	
7.1 Führen, Führungsaufgaben und Führungsanforderungen, Führungsorganisation	
7.2 Zwischenmenschliche Beziehungen	
7.3 Aufgabenordnung	
7.4 Information	
7.5 Entscheidung	
7.6 Aufgabenerfüllung	
7.7 Partnerschaftliche Zusammenarbeit	8
8. Orientierungswissen	4
9. Schlußaussprache	2
Summe:	60

ihrer Tätigkeiten und um Auskünfte über in ihrer Dienststelle auftretende Führungsprobleme gebeten wurden. Diese Informationen bildeten zusammen mit den vorgegebenen Stoffplänen und dem in der Fachliteratur vorzufindenden führungspsychologischen Wissen das Ausgangsmaterial für den Entwurf eines vorläufigen Programms eines Personalführungslehrgangs, wie er für die Nachwuchskräfte des gehobenen Dienstes eingerichtet werden sollte.

Das Grundkonzept bestand darin, nach einer Einführung in die führungspsychologische Problematik anhand praktischer Beispiele bei den Teilnehmern ein systematisches Führungswissen praxisnah aufzubauen und dessen Anwendung in einer Reihe simulierter Führungssituationen üben zu lassen. Unter Berücksichtigung des Stoffplans (vgl. *Übersicht 1*) ergab sich eine Gliederung in folgende vier Hauptteile, die weiter unten näher beschrieben werden:

1. Aspekte praktischen Führungsverhaltens
2. Allgemeinpsychologische Grundlagen der Personalführung
3. Soziologische und sozialpsychologische Grundlagen der Personalführung
4. Psychologische Führungslehre und praktisches Führungstraining

Eines der wichtigsten Ziele bei der Ausgestaltung dieses Programms bestand in der verstärkten Berücksichtigung neuerer Erkenntnisse der Unterrichtstechnologie, wie sie z. B. bei Frank (1975), Issing und Knigge-Illner (1976), Ostertag und Spiering (1975) oder Teschner (1973) dargestellt sind. „Unterrichtstechnologie" definiert Teschner (1973, S. 16) als die „Lehre von den auf erziehungswissenschaftlich-didaktischen Erkenntnissen basierenden Mitteln und Verfahren zur Bewältigung unterrichtlicher Aufgaben (angewandte Didaktik)". Mit ‚Mitteln und Verfahren' sind der Einsatz technischer Hilfsmittel, die Objektivierung von Lehrfunktionen, Rationalisierungsmaßnahmen und dergleichen ebenso gemeint, wie auch die Anwendung lerntheoretischer und verhaltenspsychologischer Erkenntnisse auf die Planung und Durchführung von Unterricht.

In den vergangenen Jahren erwies sich die private Wirtschaft besonders experimentierfreudig und zu entsprechenden Investitionen bereit, wenn es um die Entwicklung und Anwendung effizienterer Verfahren der Wissensvermittlung ging. Das gilt vor allem für den Einsatz moderner unterrichtstechnologischer Medien. Zumindest in Großbetrieben obliegt die Bildungsarbeit eingespielten Teams von Aus- und Weiterbildungsfachleuten, deren Aufgabenbereich sich über die Festlegung und Systematisierung von Lerninhalten, die Entwicklung von Methoden der Stoffvermittlung und der Stofferarbeitung bis hin zur Medienauswahl und dem Medieneinsatz, der Durchführung von Testläufen und Lernkontrollen sowie der Vornahme von Programmkorrekturen erstreckt. Dies alles gilt für die Fortbildung im Bereich der öffentlichen Verwaltung nur mit erheblichen Einschränkungen, wie bereits eine Durchsicht der auf dem Markt angebotenen nicht-personalen Medien, z. B. Betriebshörspielen, Tonbildreihen, Tonbildschauen und Filmfallstudien erkennen läßt, die sich nur in seltenen Fällen an den Gegebenheiten der öffentlichen Verwaltung orientieren. Trotz des unbestrittenen Nachholbedarfs setzt sich die Entwicklung und der Einsatz unterrichtstechnischer Hilfen über die Overheadprojektion hinaus — wohl nicht zuletzt aus Kostengründen — nur zögernd durch.

Nachdem im vorliegenden Fall die Bereitstellung notwendiger technischer Geräte wie Overhead-, Dia- und Filmprojektoren, Tonband- und Tonbandcassettengeräten, Flipchart usw. gewährleistet war, wurden die Angebote von Verlagen und anderen Einrichtungen, die die Verbreitung optisch und/oder akustisch gespeicherter Informationen psychologischen Inhalts betreiben, im Hinblick auf ihren möglichen Einsatz kritisch gesichtet und einige brauchbar erscheinende Materialien ausgewählt [3]. Die Auswahl und Aufbereitung der Lerninhalte zu den einzelnen Themengruppen war Aufgabe eines Teams, das sich aus fünf Diplompsychologen mit unterschiedlicher fachlicher Orientierung zusammensetzte. Das Team wurde durch einen Pädagogen ergänzt, der als Spezialist bei der Bearbeitung didaktischer Probleme hinzugezogen wurde. Dies war insofern notwendig und nützlich, als auf den Einsatz aktiver Lernmethoden besonderer Wert gelegt wurde. Gruppenarbeit, Rollenspiel, Fallmethode, Problemlösungsgespräch, Kurzreferate, vortragsbegleitende Lückentexte, Experimente und andere praktische Übungen sollten als didaktische Hauptformen die passiven Lernmethoden, wie Vorträge mit und ohne optische Verdeutlichungen, Tonbildschauen oder Tonbandeinspielungen, überwiegen.

Ein erstes Konzept wurde während zweier Testläufe mit den Teilnehmern, den Lehrgangsleitern und den eingesetzten Dozenten ausführlich diskutiert. Von den Beteiligten vorgebrachte Verbesserungsvorschläge wurden aufeinander abgestimmt und entsprechend berücksichtigt.

Diese Bemühungen führten zu einer Lehrgangskonzeption, die in der anschließenden zweiten Erprobungsphase nur noch geringfügig modifiziert und in einigen Punkten durch neuentwickelte Unterrichtshilfen ergänzt werden mußte. Sie wird im folgenden abschnittweise vorgestellt und kommentiert.

1. *Aspekte praktischen Führungsverhaltens*

Gegenstand	*Lehrform*	*Stunden*
a. Einführende Diskussion	Gruppengespräch	1
b. Psychologie und Management	Lehrgespräch mit begleitender Programmierter Unterweisung	2
c. Individuelles Führungsverhalten	Praktische Übung	1
d. Komplexität des Führungsverhaltens	Filmfallstudie, schriftliche Abweichungsanalyse, gemeinsame Diskussion der Ergebnisse	2
	Summe:	6

Der erste Hauptteil dient im wesentlichen dazu, die Teilnehmer mit den Lerninhalten vertraut zu machen und ihnen die Ziele darzulegen, die mit diesem Lehrgang erreicht werden sollen.

In der einführenden Diskussion werden die Teilnehmer zunächst darum gebeten, ihre Vorstellungen, Erwartungen, eventuelle Vorbehalte und Befürchtungen zu äußern, die sie an den Lehrgang knüpfen. Danach werden die Probleme zusammen-

[3]) Geeignete unterrichtstechnische Medien („soft-ware") zur Führungskräfteschulung finden sich z. B. in den Programmen des DVA-Lehrmittelrings (Stuttgart), des Verlags Moderne Industrie (München), der Optaktik GmbH (München), der Polymedia GmbH (Hamburg) oder des Instituts für den Wissenschaftlichen Film IWF (Göttingen).

getragen, die nach ihrer Auffassung behandelt werden sollen. Hierbei haben die Teilnehmer Gelegenheit, bereits vorhandene psychologische Kenntnisse zu zeigen, die man bei Gruppen mit dieser Vorbildung durchaus erwarten darf. Dann folgt ein Überblick über die Inhalte und den Aufbau der Lehrgangskonzeption anhand der vier Themenschwerpunkte, die den Teilnehmern schriftlich vorgelegt werden. Dabei können die bis dahin geäußerten Wünsche und Meinungen aufgegriffen und miteinbezogen werden.

Nach dieser Phase des gegenseitigen Kennenlernens folgt ein Gruppengespräch, das über die geschichtliche Entwicklung, die Arbeitsmethoden und die Anwendungsfelder der Psychologie allgemein orientiert. Ein begleitendes Arbeitspapier nach Art einer Programmierten Unterweisung mit Fragen, die die Teilnehmer an bestimmten Punkten des Gesprächs schriftlich zu beantworten haben, dient als Instrument zur Hinlenkung der Diskussion auf die psychologischen Aspekte des Vorgesetzten-Mitarbeiter-Verhältnisses. Es ist gleichzeitig ein Mittel zur Selbstkontrolle eines jeden Teilnehmers, der seine individuellen Antworten mit den in der Arbeitsunterlage enthaltenen Lösungen vergleichen und gegebenenfalls korrigieren kann. Außerdem enthält das Arbeitspapier eine Übersicht über die verschiedenen Teilgebiete der Psychologie mit Kurzbeschreibungen der jeweiligen Aufgaben und Ziele sowie eine abschließende Zusammenfassung der bisher erarbeiteten Inhalte [4]. Durch die aktive Auseinandersetzung mit den aufgeworfenen Fragen, sei es schriftlich oder mündlich, soll der Informationsstand des Teilnehmerkreises vereinheitlicht, Problembewußtsein geweckt, und ein erstes Umgehen mit bislang vielleicht weniger geläufigen psychologischen Begriffen geübt werden.

Eine erste praktische Übung soll die Teilnehmer mit dem weiten Spektrum von Verhaltensweisen konfrontieren, wie sie Vorgesetzte gegenüber ihren Mitarbeitern zeigen. Zu diesem Zweck charakterisieren die Teilnehmer das Führungsverhalten ihres derzeitigen Vorgesetzten mit Hilfe des „Fragebogens zur Vorgesetzten-Verhaltens-Beschreibung“ von Fittkau-Garthe und Fittkau (1971). In einem zweiten Durchgang beschreiben sie dann anhand des gleichen Fragebogens, wie sie sich selbst als Vorgesetzte zu verhalten beabsichtigen, wenn ihnen einmal Führungsaufgaben übertragen sein werden. Die Auswertung und Besprechung der Befragungsergebnisse wird den Teilnehmern für den vierten Hauptteil angekündigt [5].

Zum Abschluß des einführenden Lehrgangsabschnitts wird den Teilnehmern Führungsverhalten als Bestandteil eines komplexen dynamischen Interaktionsprozesses zwischen Vorgesetzten und Mitarbeitern verdeutlicht. Dies geschieht anhand der ersten von insgesamt sechs Fallstudien des Lehrfilms „Führungspraxis“, der in realitätsnah gespielten Situationen typische Verhaltensfehler von Vorgesetzten und Mitarbeitern aufzeigt [6]. In diesem Beispiel geht es um eine Mitarbeiterbesprechung, wo ein Vorgesetzter bemängelt, daß die Prinzipien Sauberkeit - Ordnung - Sicherheit („SOS“) nicht eingehalten werden. Er sucht im Gespräch mit drei Mitarbeitern zu befriedigenden Lösungen zu kommen. Die Teilnehmer notieren, nachdem sie die Filmszene gesehen haben, auf der linken Seite eines Arbeitsblatts (DIN A 4, Querformat)

---

[4]) Die schriftlichen Begleitmaterialien werden, soweit es sich um eigene Entwicklungen handelt, die nicht bereits anderweitig zugänglich sind, separat veröffentlicht.

[5]) Diese Fragebogenaktion ist zugleich ein wichtiger Teil des wissenschaftlichen Begleitprogramms (vgl. dazu 4. Kapitel, S. 115 ff.).

[6]) Der Film „Führungspraxis“ und Diskussionsleitfäden für den Ausbilder sind über den DVA-Lehrmittelring Stuttgart zu beziehen.

unter der Rubrik „Ist-Verhalten“ die verbalen und nichtverbalen Verhaltensweisen, die ihnen bei den Akteuren der Fallstudie aufgefallen sind; auf der rechten Seite sollen sie dann unter „Soll-Verhalten“ darlegen und begründen, wie sie sich selbst in der Rolle des Vorgesetzten oder der einzelnen Mitarbeiter verhalten hätten. Diese Aufzeichnungen dienen den Teilnehmern als Unterlagen für die anschließende Diskussion, die außer der gemeinsamen Analyse des konkreten Falles die Erarbeitung eines Katalogs der wissensmäßigen und verhaltenstechnischen *Grundlagen* einer sowohl leistungs- als auch mitarbeiterorientierten Personalführung zum Ziel hat, um die es in den folgenden Lehrgangsabschnitten geht.

2. *Allgemeinpsychologische Grundlagen der Personalführung*

Gegenstand	*Lehrform*	*Stunden*
a. Einführender Überblick	Vortrag mit Dias	1
b. Wahrnehmung, Beobachtung, Beurteilung	Kurzvorträge mit Dias und Folien, Filme, Experimente, Gruppengespräche	6
c. Lernen und Gedächtnis	Orientierungsvortrag, Programmierte Unterweisung, praktische Übungen, Experimente	6
d. Denken und Problemlösen	Lehrgespräch mit eingestreuten Problemlösungsaufgaben, Experiment, Literaturstudium, Arbeitsgruppen	5
e. Intelligenzforschung	Orientierungsvortrag mit Anschauungsmaterialien	2
f. Tests im Rahmen der Personalauslese	Kurzvorträge, Selbsterfahrungen	4
g. Motivation	Orientierungsvortrag, Programmierte Unterweisung, Lehrgespräch	6
	Summe:	30

Im zweiten Lehrgangsteil geht es in erster Linie um die Vermittlung allgemeinpsychologischen Grundlagenwissens. In einem einführenden Überblick werden die wichtigsten Problemkreise gestreift und gelegentlich durch Dias veranschaulicht.

Der erste größere Abschnitt widmet sich den physiologischen und psychologischen Bedingungen der Wahrnehmung in ihrer wechselseitigen Abhängigkeit, wobei das Schwergewicht auf der Darstellung der optischen als der wichtigsten Wahrnehmungsfunktion liegt. So werden Tag- und Nachtsehen, Farbwahrnehmung, Bewegungssehen, räumliches Sehen und die verschiedenen Wahrnehmungsstörungen aufgrund von Beeinträchtigungen des optischen Apparats beschrieben, um daran anknüpfend auf die

Bedeutung der psychologischen Komponenten des Wahrnehmungsprozesses ausführlicher einzugehen, so z. B. auf die Prinzipien der Gestaltwahrnehmung (Gestaltgesetze), die Selektivität der Wahrnehmung und die wahrnehmungsverändernden Einflüsse, die von Gefühlen, Affekten, Einstellungen, Erwartungen und anderen psychischen Gegebenheiten ausgehen können. Der Film „Wahrnehmung und Phantasie“ [7] gibt nach einer kurzen Zusammenfassung der physiologischen Grundlagen der Wahrnehmung einen eindrucksvollen Einblick in die Welt der Trugwahrnehmungen, der Halluzinationen und Illusionen und informiert über die Auswirkungen von halluzinogenen und epileptogenen Drogen bei normalen Versuchspersonen im Vergleich zu den Wahrnehmungsveränderungen, wie sie bei Psychotikern und Epileptikern auftreten. Die Unvollkommenheit der Wahrnehmung und deren Sinnhaftigkeit wird an den sog. „Optischen Täuschungen“ mit Hilfe von Dias und einem weiteren Lehrfilm [8] demonstriert.

Individuelle Unterschiede der Beobachtungsfähigkeit illustriert ein Experiment, bei dem eine Minute lang das Dia einer Bankraubszene gezeigt wird. Danach werden die Teilnehmer um eine „Zeugenaussage“ durch Beantwortung von zwanzig Fragen nach beobachtbaren Einzelheiten gebeten. Die Auswertung erfolgt nach richtigen, falschen und offengelassenen Antworten.

Welche Fehlerquellen bei der Wahrnehmung und Beurteilung zu beachten sind und wie unzuverlässig Urteile aufgrund des „ersten Eindrucks“ sein können, soll ein weiteres Experiment zeigen. Die Teilnehmer sehen drei Ausschnitte aus einer Filmdokumentation über typische Verhaltensweisen blinder Kinder [9]. Die Information über das körperliche Gebrechen der Kinder bleibt ihnen vorenthalten. Auf einem vorbereiteten Antwortbogen sollen sie die Kinder hinsichtlich ihrer Ansprechbarkeit, ihrer Kontaktfähigkeit, ihrer Intelligenz, ihres körperlichen und geistigen Entwicklungsstands und weiterer Merkmale beurteilen und gleichzeitig die Anhaltspunkte aufschreiben, auf die sie ihre Urteile stützen. Die Ursachen der mit hoher Wahrscheinlichkeit bei der Auswertung anzutreffenden Fehlurteile sind in einer gemeinsamen Diskussion zu analysieren, die mit einer Systematik möglicher Beurteilungsfehler schließt, deren Kenntnis im Hinblick auf die später zu behandelnden Probleme der dienstlichen Beurteilung von Wichtigkeit ist.

Nach diesem wie nach jedem der folgenden Abschnitte erhalten die Teilnehmer ein ausführliches Arbeitspapier, das den behandelten Stoff noch einmal im Zusammenhang darstellt und zum nächsten Thema überleitet.

Der Abschnitt „Lernen und Gedächtnis“ informiert über wichtige Lerntheorien, wie die des klassischen und operanten Konditionierens oder das Lernen am Modell. Die Erörterungen werden zuweilen unterbrochen, um den Teilnehmern Gelegenheit zu geben, operantes Konditionieren an sich selbst zu erfahren, indem sie eine nach diesen Lernprinzipien aufgebaute Programmierte Unterweisung bearbeiten. Diese hat ein Teilproblem des Lernvorgangs, nämlich die Wirkung von Verhaltensverstärkern bei der Entwicklung von Fähigkeiten und Fertigkeiten zum Inhalt. Die beim Erlernen neuer Verhaltensweisen wichtigen Elemente werden anhand einer Reihe von Ver-

---

[7]) Der Film „Wahrnehmung und Phantasie“ (16 mm, Farbfilm, Lichtton) von Leroy et al. ist über Sandoz AG Nürnberg entleihbar.

[8]) Der Film „Optische Täuschungen“ (16 mm, schwarz-weiß, stumm) von Rohracher ist über das IWF Göttingen entleihbar.

[9]) Der Film „Verhaltensweisen blinder Kinder“ (16 mm) von Mackensen ist über das IWF Göttingen entleihbar.

suchen am „Wiener Determinationsgerät“ [10] demonstriert, wo die Versuchspersonen auf verschiedene optische und akustische Reize in genau vorgeschriebener Weise reagieren lernen müssen. Bei dieser Gelegenheit werden auch Fragen der Konzentrationsfähigkeit angeschnitten und anhand der Ergebnisse einer praktischen Übung, dem Aufmerksamkeits- und Belastungstest d 2 von Brickenkamp (1970), näher erläutert. In Verbindung mit der Darstellung klassischer und neuerer Gedächtnisexperimente werden dann verschiedene Methoden der Aneignung von Lernstoffen erläutert und die für optimale Behaltenswerte notwendigen Bedingungen dargelegt.

Das Thema „Denken und Problemlösen“ wird eingeleitet durch grundlegende Informationen über die Struktur, die Phänomenologie und den Ablauf von Denkprozessen. Die drei Hauptarten des Problemlösens als einer speziellen kognitiven Leistung, nämlich Erklärung, Vorhersage und Erfindung, werden durch ein Experiment verdeutlicht, das bei Krech und Crutchfield (1973, S. 295 ff.) genauer beschrieben ist. Die vier typischen Stadien des Problemlöseprozesses, Vorbereitung, Inkubation, Einsicht und Verifizierung werden an weiteren Beispielen erläutert. Die Bedeutung der Kreativität als der Fähigkeit, von herkömmlichen logischen Denkschemata abweichend neue und ungewohnte Einfälle zur Lösung von Problemen zu produzieren, und zwar zunächst ohne Rücksicht auf ihre Brauchbarkeit, ist Gegenstand der folgenden Diskussion. Sie soll zum Selbststudium ausgewählter Abschnitte aus de Bonos Buch „Laterales Denken für Führungskräfte“ (1972) und zur weiteren Beschäftigung mit der Problematik in Arbeitsgruppen anregen.

Ein Orientierungsvortrag über Probleme und Ergebnisse der Intelligenzforschung geht von den Schwierigkeiten aus, die sich bei der Definition des Begriffs „Intelligenz“ ergeben. Nach der Darstellung der Methoden der Intelligenzmessung kommen die wichtigsten Intelligenztheorien zur Sprache, an die sich für den Teilnehmerkreis wissenswerte Ergebnisse aus der Intelligenzforschung anschließen. So wird z. B. über die Veränderungen der intellektuellen Leistungsfähigkeit bei fortschreitendem Alter, die Bedeutung von Erbfaktoren und Umwelteinflüssen für die Intelligenzentwicklung (Anlage-Umwelt-Problem), die Bedeutung der Intelligenz für das berufliche Weiterkommen und über Möglichkeiten des Intelligenztrainings berichtet.

Als Überleitung zum Thema „Tests im Rahmen der Personalauslese“ werden an dieser Stelle ein standardisierter Intelligenztest (IST oder LPS, vgl. S. 78 ff.) und kurz danach der „Fragebogen zur direktiven Einstellung“ (FDE) (vgl. S. 117 f.) als praktische Übungen durchgeführt. Anhand dieser beiden Beispiele werden die Testgütekriterien Objektivität, Reliabilität, Validität und weitere Probleme der Testkonstruktion verdeutlicht, um im Anschluß daran die Aussagemöglichkeiten und Grenzen der Anwendung psychodiagnostischer Verfahren in der Arbeitswelt zu besprechen.

Der zweite Hauptteil endet mit der Erörterung motivationspsychologischer Probleme. Nach der Klärung terminologischer Fragen werden ausgehend von der kritischen Betrachtung der sehr anschaulichen Bedürfnishierarchie nach Maslow (1943, 1960) weitere motivationstheoretische Ansätze skizziert. Informationen über Frustrationsquellen, Motivkonflikte und die möglichen destruktiven aber auch konstruktiven Auswirkungen von Frustrationen gewinnen die Teilnehmer im Selbststudium durch die Bearbeitung einer Programmierten Unterweisung. Fragen der Motivation im

---

[10]) Herstellung: Dr. G. Schuhfried, Entwicklung und Erzeugung wissenschaftlicher Aparate, Mödling (Österreich). Bezugsquelle in der Bundesrepublik Deutschland: Testzentrale, Abt. Apparatezentrum, Stuttgart.

Betrieb und insbesondere der Leistungsmotivation sind Gegenstand eines anschließenden Lehrgesprächs.

Schließlich werden die Inhalte des zweiten Hauptteils in Frage und Antwort kurz rekapituliert und die Teilnehmer auf den Nutzen einer zusammenhängenden Durchsicht der zu den einzelnen Abschnitten ausgegebenen Arbeitsmaterialien hingewiesen.

3. *Soziologische und sozialpsychologische Grundlagen der Personalführung*

Gegenstand	*Lehrform*	*Stunden*
a. Einführender Überblick	Kurzvorträge mit Dias, Programmierte Unterweisung, Gruppendiskussion, Gruppenarbeit, Kurzreferate	7
b. Sozialwahrnehmung	Kurzvorträge mit Dias, Experiment, Gruppendiskussion	6
c. Information	Kurzvortrag mit Dias, Experiment, Betriebshörspiel mit Diskussion, Programmierte Unterweisung	4
d. Kommunikation	Kurzvortrag mit Dias, Diskussion von Arbeitspapieren, Programmierte Unterweisung	3
e. Autorität	Experiment, Lehrgespräch	2
f. Gruppendynamik	Vortrag mit begleitender Programmierter Unterweisung, Experimente, Gruppendiskussion	8
	Summe:	30

Während der zweite Hauptteil den Menschen in seiner Individualität betrachtet, wendet sich der dritte Hauptteil den sozialen Bedingungen menschlichen Verhaltens zu.

Nach einem kurzen Überblick über die wichtigsten Arbeitsfelder und die Forschungsmethoden der Sozialwissenschaften, die an Dias und für die Overheadprojektion vorbereiteten Transparentfolien erläutert werden, klärt ein Vortrag mit begleitender Programmierter Unterweisung die Grundbegriffe der Sozialpsychologie. Lerntheoretische und instinkttheoretische Ansätze, wie sie im voraufgehenden zweiten Hauptteil besprochen sind, werden zur Erklärung des grundlegenden Bedürfnisses nach mitmenschlichem Kontakt herangezogen. Die Anpassung des Individuums an die soziale Umwelt wird als „Sozialisationsprozeß" beschrieben im Vergleich zum „Individuationsprozeß", der die Entwicklung des Menschen zu einem unverwechselbaren, einzigartigen Individuum meint, das sich von seiner sozialen Umwelt auch zu distanzieren vermag. Sozialisation und Individuation bilden in ihrer wechselseitigen Verflechtung die Grundkomponenten der sich über das ganze Leben hinziehenden

Persönlichkeitsentwicklung, was an einer Reihe von Beispielen gezeigt wird. Einstellungs- und Verhaltensänderungen können von außen, aber auch durch im Individuum selbst liegende Faktoren bewirkt werden. Die Beeinflussung des Verhaltens durch andere wird am Beispiel der sog. „Vertretermethode" erklärt, die darin besteht, jemanden um eine kleine Gefälligkeit zu bitten, die anscheinend keine Konsequenzen nach sich zieht; indem die Gefälligkeit erwiesen wird, werden offensichtlich Widerstandsmechanismen abgebaut, denn es fällt dem Individuum schwerer, einen dann erbetenen größeren Gefallen abzulehnen. Mit Hilfe Festingers Theorie der „Kognitiven Dissonanz" (1957), einer der wichtigsten Theorien der modernen Sozialpsychologie, werden Veränderungen des Erlebens und Verhaltens, die primär durch im Individuum liegende Bedingungen verursacht werden, ausführlich erklärt.

Im Anschluß daran faßt ein Kurzvortrag Forschungsergebnisse der Ethologie anhand einer Diaserie zusammen, die für das Verständnis sozialer Beziehungen beim Menschen von Bedeutung sind. Die *Ethologie* ist der Zweig der Zoologie, der das Verhalten von Tieren und Tiergesellschaften in ihrer natürlichen Umgebung untersucht, nicht zu verwechseln mit der *Ethnologie* als der beschreibenden und vergleichenden Wissenschaft von den menschlichen Kulturen, zumeist von sogenannten Primitivkulturen, deren Beitrag zum Problem der Kulturspezifität von Sozialverhalten in einem zweiten Vortrag kurz dargestellt wird. Anschließend diskutieren die Teilnehmer, aufgeteilt in Arbeitsgruppen, geschlechtstypisches Rollenverhalten in verschiedenen Kulturen anhand von Auszügen aus den klassischen Feldstudien Margret Meads (1935), nachdem sie durch einen Film auf diese Thematik vorbereitet worden sind [11]. Die Ergebnisse werden in einer Plenumssitzung in Form von Kurzreferaten der Gruppensprecher zusammengetragen und gemeinsam erörtert.

Der Abschnitt „Sozialwahrnehmung" beginnt mit der Schilderung klassischer Experimente zum Thema der Wahrnehmungsbeeinflussung durch soziale Determinanten. Die Bedeutung der Zugehörigkeit zu einer bestimmten sozialen Schicht erhellt z. B. der Münz-Versuch von Bruner und Postman (1947), der zeigt, daß Kinder aus armen Familien die tatsächliche Größe von Geldstücken signifikant deutlicher überschätzen als Kinder aus reichen Familien. Die Versuche von Rosenthal (1964) weisen im Tierversuch die Abhängigkeit des Lernerfolgs von Erwartungshaltungen des Instruktors nach: Er übergab einer Gruppe von Versuchsleitern angeblich besonders „intelligente", einer anderen Gruppe angeblich besonders „dumme" Ratten zur Durchführung von Lernexperimenten; die erstaunliche Tatsache, daß die willkürlich als „intelligent" bezeichneten Ratten ihre Aufgaben besser erlernt hatten, konnte auf die unterschiedlichen Verhaltensweisen der Versuchsleiter zurückgeführt werden, die diese als Folge positiver bzw. negativer Erwartungshaltungen den Tieren gegenüber gezeigt hatten. Die Bildung sozialer Normen wird am Beispiel des „autokinetischen Effekts" verdeutlicht (vgl. Hofstätter 1973, S. 219 f.). Dann werden die theoretischen Ansätze und Modelle der Social-Perception-Forschung systematisch dargestellt und daran anschließend Wesen, Entstehung und Wandel von Einstellungen sowie die Bedeutung von Stereotypen und Vorurteilen diskutiert. Der Abschnitt wird beendet mit einer Selbsterfahrung zur Social Perception in Form eines Experiments mit dem mehrdeutigen Bild „Frau-und-Schwiegermutter":

---

[11]) Der Film „Kwaiwut (Neuguinea, Mittlerer Sepik) — Zubereiten eines Gerichtes (Sago, Gemüse, Käferlarven)" (16 mm, schwarz-weiß, stumm) von Kaufmann ist über das IWF Göttingen entleihbar.

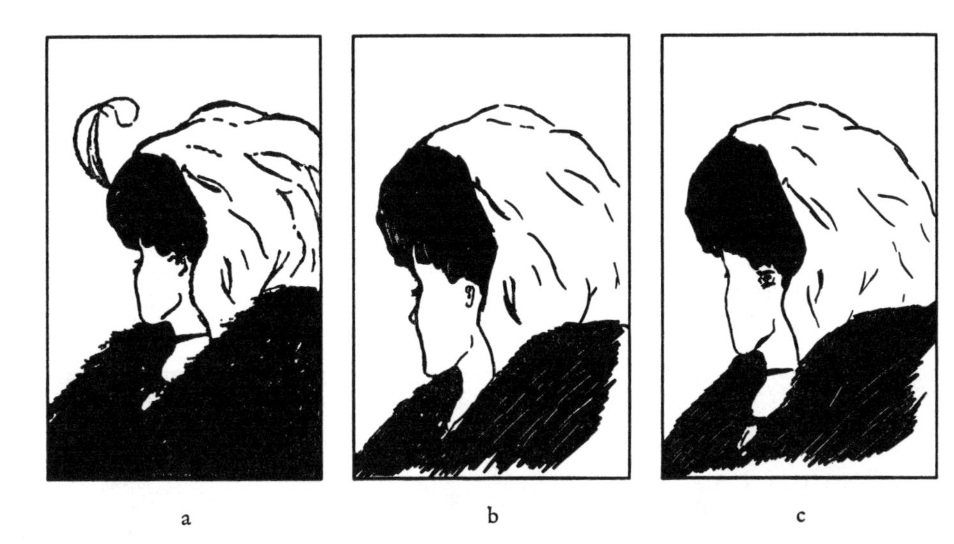

Abbildung 1: „Frau-Schwiegermutter-Bild“ mit Auflösung

Betrachtet man *Abb. 1 a,* so erkennt man entweder eine junge Frau oder auch eine alte; beide Wahrnehmungsorganisationen kann man nach kurzer Zeit miteinander abwechseln lassen. In Versuchen hat man festgestellt, daß rund 60 % der Versuchspersonen zuerst die junge Frau (*Abb. 1b*) und 40 % zuerst die alte Frau (*Abb. 1c*) sehen. Um deutlich zu machen, wie sich vorhergehende Einstellungen auf die Wahrnehmung einer mehrdeutigen Situation auswirken, wird folgender Versuchsplan gewählt: Die Teilnehmer trennen sich in zwei Gruppen, A und B. Gruppe A wird eine Serie von zehn Diapositiven gezeigt, unter denen sich an zweiter Stelle *Abb. 1b* befindet. In Gruppe B steht an gleicher Stelle *Abb. 1c. Beide* Gruppen sehen an neunter Stelle die mehrdeutige Figur von *Abb. 1a.* Aufgabe der Teilnehmer ist es, jedes Bild durch ein Substantiv mit adjektivischer Ergänzung schriftlich zu benennen, z. B. rote Blume, häßliche Maske, elegant gekleidetes Paar. Die Expositionszeit beträgt drei Sekunden pro Bild. Die Ergebnisse dürften denen der Vorversuche sehr ähnlich sein, wo alle Versuchspersonen der Gruppen nach Version A im als vorletztes gezeigten „Frau-Schwiegermutter-Bild“ die „junge Frau“ angeben gesehen zu haben, 95 % der Versuchspersonen in Gruppen nach Version B dagegen die „alte Frau“. Abschließend erhalten die Teilnehmer neben weiteren Arbeitspapieren einen bebilderten Aufsatz zum individuellen Nachstudium des Abschnitts über die Wahrnehmungsgestaltung durch soziale Einflüsse (vgl. v. Uslar 1973).

Der Abschnitt „Information“ wird durch einen Kurzvortrag eingeleitet, der über das Wesen der Information, Informationsbedürfnisse, Informationsträger sowie über Probleme der Informationssuche, -auswertung und -aufbewahrung orientiert. Anhand von Experimenten zum Neugierverhalten, zur Monotonie und Langeweile, zum sensorischen und sozialen Reiz- und Informationsentzug werden die Kenntnisse der Teilnehmer über die bereits im zweiten Hauptteil besprochenen elementaren Prozesse der Wahrnehmung, der Motivation und des Lernens um weitere sozialpsychologische Gesichtspunkte ergänzt. Schlußfolgerungen, die sich aus dem ausgebreiteten Wissen für die Belange des Arbeitslebens ergeben, werden am Beispiel der betrieblichen Fortbildung dargelegt. Weitere Anwendungsbeispiele finden die Teilnehmer in einer selbständig durchzuarbeitenden Programmierten Unterweisung. Ein Experiment zur Informationsverzerrung schließt sich als praktische Übung an:

Sechs Teilnehmer fungieren als Versuchspersonen. Fünf von ihnen werden gebeten, den Raum zu verlassen. Die sechste Person sieht zusammen mit den verbleibenden Teilnehmern ein sogenanntes „Tabu-Bild", also ein Bild, dessen Inhalt Dinge anspricht, über die sich unbefangen zu äußern schwerfällt, weil soziale Normen dem hinderlich entgegenstehen (vgl. *Abb. 2*). Sie erhält zusätzlich ein Papier mit acht Aussagen über den Bildinhalt, die sie sich genau merken soll (vgl. *Übersicht 3*).

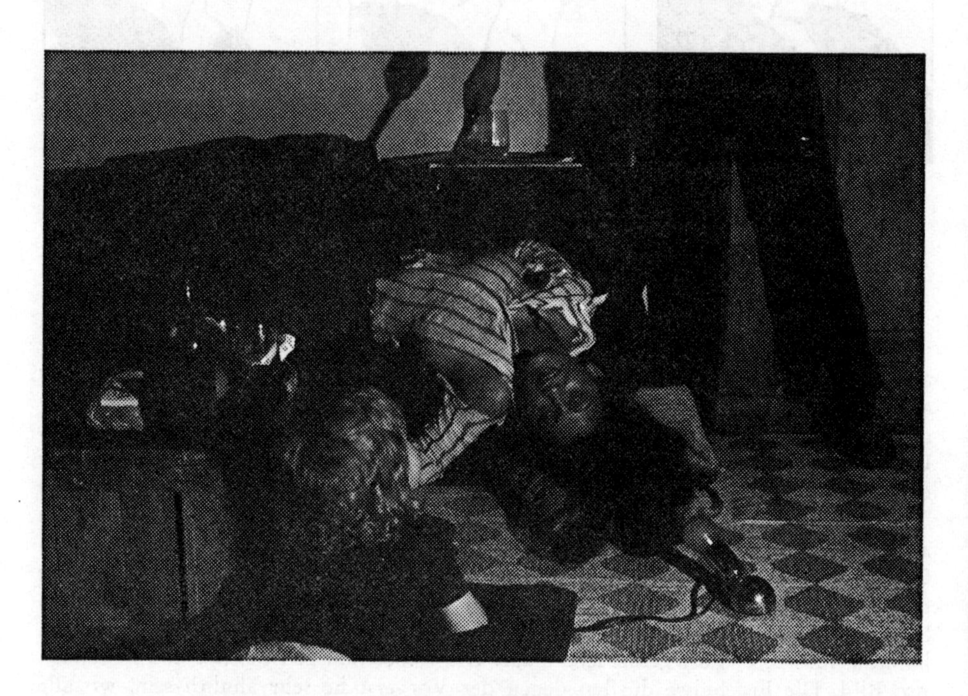

Abbildung 2: „Tabu-Bild" (Original in Farbe)

Die erste Versuchsperson beschreibt der zweiten, die nun hereingebeten wird, was sie auf dem Bild gesehen hat. Die zweite soll diese Informationen an die dritte weitererzählen und so fort. Die letzte Versuchsperson richtet ihre Beschreibung des Bildinhalts an das Plenum. Eine von drei Teilnehmergruppen protokolliert während des Versuchs anhand eines Beobachtungsbogens (vgl. *Übersicht 3*), welche Informationsteile bei welcher Versuchsperson noch vorhanden sind; eine zweite hält Informationsveränderungen und eine dritte neu auftauchende Informationen schriftlich fest. Die anschließende Diskussion interpretiert die aufgetretenen Phänomene.

Die Gerüchtebildung ist nicht nur in der Arbeitswelt eine besonders häufig vorkommende Form der Informationsverzerrung. Auf welche Weise Gerüchte zustandekommen und welche Möglichkeiten es gibt, ihnen wirksam zu begegnen, wird an

Beispielen aus einem Betriebshörspiel demonstriert [12]. Auch zu diesem Teilaspekt der Informationsweitergabe bearbeiten die Teilnehmer ein programmiertes Arbeitspapier. Dieses leitet fließend zu den Problemen des Informationsaustauschs über, denen unter dem Stichwort „Kommunikation" ein eigener Programmabschnitt gewidmet ist.

Übersicht 3: Beobachtungsbogen zum „Tabu-Bild"

Aussagen über den Bildinhalt	1.	2.	3.	4.	5.	6.
1. Auf dem Bild sind drei Personen zu sehen.	☐	☐	☐	☐	☐	☐
2. Eine Person ist eine Frau, die andere ein Mann oder eine Frau, die dritte ein kleines Kind.	☐	☐	☐	☐	☐	☐
3. Die Person im Hintergrund ist nur teilweise sichtbar; in der rechten Hand hält sie ein Messer.	☐	☐	☐	☐	☐	☐
4. In der Mitte des Bildes liegt eine Frau, ihr Kopf hängt nach hinten herab.	☐	☐	☐	☐	☐	☐
5. Sie hat eine helle, gestreifte Bluse an; die Bluse ist zerrissen.	☐	☐	☐	☐	☐	☐
6. In der Höhe der rechten Schulter ist Blut zu sehen.	☐	☐	☐	☐	☐	☐
7. Links im Vordergrund liegt ein kleines Kind am Boden.	☐	☐	☐	☐	☐	☐
8. Im Vordergrund: eine Lampe, eine Handtasche, eine Kiste, ein Korb, eine Flasche, Gläser, Apfelsinen.	☐	☐	☐	☐	☐	☐

Die verschiedenen Determinanten des Kommunikationsprozesses werden in einem Kurzvortrag anhand graphischer Darstellungen erörtert, wobei auch das nicht-verbale Ausdrucksverhalten besondere Berücksichtigung findet. Die Störanfälligkeit dieses Prozesses wird an Beispielen veranschaulicht, die in einem begleitenden Arbeitspapier abgedruckt sind. Ein weiteres Arbeitspapier bildet die Grundlage zur Diskussion der Frage des Einflusses von Massenmedien auf die Meinungsbildung im Vergleich zum personalen Einfluß bei Kontakten von Mensch zu Mensch. Eine Programmierte Unterweisung zum Selbststudium gibt eine Zusammenfassung und ermöglicht die Überprüfung des eigenen Kenntnisstandes.

Informationen über das Problem der „Autorität" sind für die Teilnehmer als künftige Führungskräfte von besonderer Wichtigkeit. Um den Teilnehmern die unangenehmen Folgen zu starker Autoritätsgläubigkeit auf der einen und die Möglichkeiten, Autorität zu mißbrauchen, auf der anderen Seite an einem Beispiel sozusagen „hautnah" evident zu machen, erhält jeder ein mit seinem Vor- und Zunamen versehenes Persönlichkeitsgutachten, das die Dozenten, so wird behauptet, auf Grund der bisherigen Zusammenarbeit mit dem Teilnehmerkreis gemeinschaftlich erstellt haben. Der Hinweis, daß es sich hierbei um ganz individuelle Charakterprofile handle,

[12]) Das Betriebshörspiel „Es sind Gerüchte im Umlauf" von S c h e i t l i n ist über den DVA-Lehrmittelring Stuttgart erhältlich.

soll jeden Teilnehmer veranlassen, dafür zu sorgen, daß kein anderer Einblick in sein Gutachten nehme. In Wahrheit handelt es sich jedoch um ein bis auf die Namenseintragung für alle völlig gleiches Einheitsgutachten, das neben vielen „positiven", sozial erwünschten Charakterisierungen auch ein paar unbedeutende Kavaliersfehler enthält (vgl. dazu Hartmann 1973, S. 86 ff. und S. 120). Nachdem jeder sein Gutachten zur Kenntnis genommen hat, wird beiläufig angeregt, quasi als feed-back für die Gutachter, ein Meinungsbild über den Grad der Zustimmung zu erheben. Die Ergebnisse werden in der Regel immer in die gleiche Richtung gehen: Das willkürliche Einheitsgutachten wird von fast allen akzeptiert oder sogar als „völlig zutreffend" bezeichnet. An die Aufklärung der Angelegenheit schließt sich ein Lehrgespräch an, das neben begrifflichen Klärungen die Diskussion der emotionalen und kognitiven Voraussetzungen zum Inhalt hat, die gegeben sein müssen, damit man eine andere Person als Autorität akzeptieren kann. Konkrete Möglichkeiten, wie man sich Autorität im Sinne von Achtung und Anerkennung durch andere erwerben kann, werden an Beispielen aus verschiedenen Lebensbereichen aufgezeigt.

Der letzte Abschnitt soll einen systematischen Einblick in die „Gruppendynamik" geben unter Miteinbeziehung aller bis hierher vermittelten Erkenntnisse. Ein Vortrag mit begleitender Unterweisung geht von terminologischen Klärungen aus, um dann Fragen der Gruppenbildung, der Entwicklung von Gruppennormen, der Rollendifferenzierung, der Gruppenkohäsion und -lokomotion, der Entstehung und Lösung von Konflikten, der Gruppenleistung gegenüber der Einzelleistung und anderen zu besprechen. Die Methoden zur psychodiagnostischen Erfassung von Gruppenphänomenen werden am Beispiel des Soziogramms illustriert, mit dessen Hilfe die sozioemotionalen Beziehungen in vier aus dem Teilnehmerkreis ad hoc gebildeten Gruppen transparent gemacht werden. Die Anonymität des einzelnen ist durch die Verwendung von Decknamen zu wahren, die bei der Auswertung willkürlich durch Buchstaben ersetzt werden. Nach der Interpretation der Ergebnisse werden die Teilnehmer gebeten, in Arbeitsgruppen ein schriftlich vorgelegtes Fallbeispiel, bei dem es um die Lösung eines innerbetrieblichen Sicherheitsproblems geht, daraufhin zu analysieren, welche informellen Gruppenbeziehungen zwischen den beteiligten Akteuren herrschen und wie sie sich auf die Zusammenarbeit zwischen ihnen auswirken. In einem letzten Experiment (nach Leavitt 1951), das auf die Vor- und Nachteile bestimmter Gruppenstrukturen hinweisen soll, geht es um die Darstellung der Effekte von vorgegebenen Kommunikationsmustern (Kreis, Kette, Stern, Gabel) auf die Erfüllung einer Aufgabe und auf die sozioemotionalen Beziehungen der Gruppenmitglieder (ausführliche Versuchsbeschreibung siehe bei Antons 1973, S. 77 ff.). Der Verlauf des Experiments und dessen Ergebnisse werden im Plenum diskutiert.

Der dritte Hauptteil endet mit einer zusammenfassenden Tonbildschau „Einführung in die Sozialpsychologie" [13].

Der vierte und letzte Lehrgangsteil hat die Vermittlung speziellen Führungswissens, das auf den allgemeinpsychologischen und sozialpsychologischen bzw. soziologischen Grundkenntnissen der Teilnehmer aufbaut, und ein erstes Verhaltenstraining in simulierten Führungssituationen zum Inhalt.

---

[13]) Die Veröffentlichung der Tonbildschau „Einführung in die Sozialpsychologie" von Liebel und Poppe ist in Vorbereitung.

4. *Psychologische Führungslehre und praktisches Führungstraining*

Gegenstand	*Lehrform*	*Stunden*
a. Vorgesetztenverhalten — Erfahrungen und Meinungen	Gruppengespräch mit anschließender Tonbildschau	2
b. Die klassischen Führungsstile und moderne Führungstheorien	Orientierungsvortrag mit Illustrationen und Arbeitspapieren, Gruppendiskussion	4
c. Spezielle Managementtechniken	Arbeitsblätter zum Selbststudium und Diskussion	1
d. Auswertung des Fragebogens zur Vorgesetzten-Verhaltens-Beschreibung FVVB aus Teil 1c.	Praktische Übung mit Erläuterungen	2
e. Verhaltenstechniken erfolgreichen Führens	Lehrgespräche mit begleitenden Programmierten Unterweisungen, Betriebshörspiel, Filmfallstudie	4
f. Technik des Kritikgesprächs	Lehrgespräch mit begleitender Programmierter Unterweisung, Filmfallstudien mit Abweichungsanalysen, Gruppendiskussion	5
g. Führungsverhalten bei Mitarbeiterbesprechungen	Filmfallstudie, Rollenspiel, Gruppenarbeit mit Supervision, Podiumsdiskussion	3
h. Psychologische Grundlagen der Mitarbeiterbeurteilung	Arbeitspapier zum Selbststudium, Gruppendiskussion, Tonbildschau	1
i. Abschlußklausur zur Überprüfung des Lehrgangserfolgs	Fragebogen in Mehrfachwahlform	1
j. Kritische Stellungnahme zum Inhalt und Verlauf des Lehrgangs	Schriftliche Befragung mit abschließender Diskussion	1
	Summe:	24

In einem Gruppengespräch werden Erfahrungen der Teilnehmer zusammengetragen, die diese im Umgang mit verschiedenen „Führungspersonen", angefangen von den Eltern bis hin zu den Dienstvorgesetzten, gesammelt haben. Das Äußern der subjektiven Meinungen über die Vor- und Nachteile der zur Sprache kommenden Führungsformen soll die Bedeutung von Führungsverhalten auf das Erleben und das Verhalten der Geführten deutlich machen. Dann werden einige Führungsdefinitionen zur Diskussion gestellt, wie sie in der Arbeitswelt gebräuchlich sind. Führung wird schließlich als ein Interaktionsprozeß definiert, dessen psychologische Analyse nicht nur eine Betrachtung der Führungsphänomene aus der Sicht der Vorgesetzten erfordert, sondern ebenso die Perspektiven der Mitarbeiterseite mit einschließen muß. Die Notwendigkeit zu dieser Doppelperspektive ergibt sich auch aus der Tatsache, daß die Zielgruppen dieses Lehrgangs aufgrund ihrer Stellung in einer hierarchisch strukturierten Organisation insofern eine Doppelrolle spielen, als die künftigen Beamten des gehobenen Dienstes Vorgesetzte mit Blick auf ihre Nachgeordneten und Nachgeordnete mit Blick auf ihre eigenen Vorgesetzten sind. Nach der Erörterung der vielfältigen Aufgaben, die die Vorgesetzten auf den verschiedenen Ebenen einer Organisation zu erfüllen haben, werden die Einstellungen der Mitarbeiter zu den in einer Organisation herrschenden Verhältnissen unter dem Stichwort „Betriebsklima" besprochen und realistische Möglichkeiten, „Betriebsklima" diagnostisch zu erfassen und gegebenenfalls gezielt zu verändern, aufgezeigt. Dieser betriebspraktische Ansatz wird durch eine Tonbildschau zusätzlich erläutert [14].

Ein Orientierungsvortrag behandelt die Kennzeichen und Auswirkungen der klassischen Führungsstile (autoritär, demokratisch, laissez-faire) einschließlich der dazwischenliegenden Varianten und gibt einen systematischen Überblick über die führungstheoretischen Ansätze, wie sie in den Arbeiten von Taylor, Maslow, McGregor, Likert, Blake & Mouton und Fiedler zu finden sind. Besonders ausführlich wird auf die modernen kooperativen Formen der Zusammenarbeit und deren Auswirkungen auf die Arbeitsmoral einerseits und die Arbeitsleistung andererseits eingegangen. Die anschließende Gruppendiskussion stellt die Vorteile und Risiken der verschiedenen Führungsformen kritisch einander gegenüber. Ziel dabei ist zu zeigen, daß es heute nicht mehr darum gehen kann, der einen oder anderen Führungstechnik das Wort zu reden, vielmehr daß es darauf ankommt, die Palette der Verhaltensmöglichkeiten genau zu kennen, um das eigene Führungsverhalten situations- und mitarbeitergerecht bewußt zu gestalten. Im Zusammenhang mit Fragen der Eignung und der Erstellung eines Katalogs von Anforderungen, die an Vorgesetzte gestellt werden, erfolgt die Mitteilung und Besprechung der Ergebnisse des Fragebogens zur direktiven Einstellung (FDE) aus Teil 2 f. (vgl. S. 50).

Der systematische Überblick über das psychologische Führungswissen wird durch ein Arbeitspapier zum Selbststudium ergänzt, das genauere Beschreibungen der aus verschiedenen führungstheoretischen Ansätzen abgeleiteten Managementprinzipien beinhaltet. Ein zweites Arbeitspapier informiert über das sog. „Harzburger Modell", in dem eine Reihe dieser Prinzipien zu einem umfassenden Führungskonzept integriert sind (vgl. Höhn 1974). Eine kurze Diskussion dient der Klärung während des Selbststudiums aufgetauchter Fragen.

Die Erörterung führungstheoretischer Probleme findet ihren Abschluß in der Auswertung und Interpretation der Ergebnisse des Fragebogens zur Vorgesetzten-Verhaltens-Beschreibung (FVVB) aus Teil 1 c. durch die Teilnehmer selbst. Sie sollen dadurch einen konkreten Einblick in die Konstruktion dieses Fragebogens bekommen, in welchem sich sowohl das Gedankengut der klassischen Führungsstile, die Führungsdimensionen der Mitarbeiter- und der Leistungsorientierung wie auch Aspekte der Mitbestimmung am Arbeitsplatz wiederfinden lassen.

In einem zu praktischen Führungsfragen zurückleitenden Lehrgespräch werden gemeinsam mögliche Führungsmaßnahmen, wie z. B. mündliche und schriftliche Anordnungen, Kontrolle und Überwachung, Anerkennung, Kritik und andere zusammengetragen, um dann anhand einer das Lehrgespräch begleitenden Programmierten Unterweisung Wege aufzuzeigen, wie man als Vorgesetzter seine Mitarbeiter zu

---

[14]) Die Tonbildschau „Müssen Vorgesetzte so sein?" ist über den DVA-Lehrmittelring Stuttgart erhältlich.

selbständigem, erfolgreichem Arbeiten führen kann, das eine permanente Kontrolle weitgehend überflüssig macht. Erste Schritte zur Erreichung dieses Zieles, nämlich die Vermittlung subjektiven Erfolgsgefühls durch sachliche und soziale Bestätigung des Mitarbeiters, werden anhand konkreter Beispiele verdeutlicht (vgl. Schubert und Schubert 1969). Dabei darf allerdings nicht verschwiegen werden, daß hier Gefahren des Autoritätsmißbrauchs liegen, dergestalt, daß Vorgesetzte statt aus einer humanen Grundhaltung heraus diese Verhaltenstechniken auch als Instrumente zur Durchsetzung eigennütziger Interessen mißbrauchen können. Dazu ist allerdings festzustellen, daß Mitarbeiter derartige unlautere Absichten in der Regel bald durchschauen und sich nur bis zu einem gewissen Grad erwartungskonform verhalten.

Die soziale Bestätigung, das gelegentliche Gespräch zwischen gleichwertigen Partnern, wird an Beispielen aus einem Betriebshörspiel verdeutlicht, in dem es um Gespräche zwischen Mitarbeitern und ihren Vorgesetzten in persönlichen Angelegenheiten geht[15]. Schließlich soll die Filmfallstudie „Keiner ist perfekt" aus dem erwähnten Lehrfilm „Führungspraxis" (vgl. S. 47) Antworten auf die Frage nach der Art und Weise geben, wie man als Vorgesetzter Anerkennung und Bestätigung dem konkreten Fall angemessen zum Ausdruck bringen kann.

Der nächste Abschnitt beschäftigt sich mit der gemeinsamen Erarbeitung einer psychologisch begründeten Technik, andere, wann immer es sich als notwendig erweist, so zu kritisieren, daß diese Kritik eine langfristig anhaltende Verhaltensänderung bei gleichzeitiger Minimierung negativer Emotionen oder Affekte bewirkt, die wohl jede Kritik, auch wenn sie noch so behutsam vorgebracht wird, hervorruft. Ein Lehrgespräch mit begleitender Programmierter Unterweisung (vgl. Schubert und Schubert 1969, S. 127 ff.) wird durch die beiden Filmfallstudien „Bart und keine Brille" sowie „Verhalten und Organisation" aus dem Lehrfilm „Führungspraxis" erweitert, die anhand von Beispielen für Kritikgespräche im Produktionsbereich und im Bürobereich die Anwendung der gemeinsam erarbeiteten Konzeption am konkreten Fall zu reflektieren ermöglichen. Die Teilnehmer fertigen vor der Besprechung jeweils eine schriftliche Abweichungsanalyse an, wie sie im Teil 1d. bereits vorgeübt wurde, als Grundlage für die nachfolgende Diskussion (vgl. dazu S. 47 f.).

Die Mitarbeiterbesprechung als gemeinsame Aussprache des Vorgesetzten mit seinen Mitarbeitern dient der Behandlung außergewöhnlicher Fälle im Arbeitsablauf. Sie soll das Mitdenken und die Initiative der Mitarbeiter für die Entscheidungsfindung fördern und gewährleisten, daß die Argumente der Mitarbeiter bei der endgültigen Entscheidung, die der Vorgesetzte zu treffen hat, mitberücksichtigt werden. Um die Teilnehmer für die bei Mitarbeiterbesprechungen ablaufenden gruppendynamischen Prozesse etwas zu sensibilisieren, sehen diese eine weitere Filmfallstudie aus dem bereits mehrfach genannten Lehrfilm „Führungspraxis" mit dem Titel „Rauchopfer". Sie handelt von einem Konflikt, der sich zwischen zwei Mitarbeitern und einer Mitarbeiterin an der Frage „rauchen oder nicht rauchen in den Diensträumen" entzündet hat. In einer an eine Dienstbesprechung anschließenden Aussprache kommt es zu keinem für alle annehmbaren Vorschlag. Daraufhin entscheidet der Vorgesetzte autoritär. Zur Bearbeitung dieses Beispiels werden die Teilnehmer in Arbeitsgruppen zu sechs bis acht Personen eingeteilt. Vier Mitglieder jeder Gruppe übernehmen die Rollen der vier Akteure der Fallstudie. Sie sollen versuchen, sich mit diesen zu identifizieren und die Filmszene, zur Erleichterung anhand des Textmanuskripts, möglichst original-

---

[15]) Das Betriebshörspiel „Ein Mitarbeiter hat persönliche Sorgen" ist über den DVA-Lehrmittelring Stuttgart zu beziehen.

getreu, also auch was Mimik, Gestik, Tonfall bsw. betrifft, nachzuspielen. Die restlichen Gruppenmitglieder halten stichwortartig alle Besonderheiten auf einem dafür speziell vorbereiteten Protokollblatt schriftlich fest. Dann erfolgt eine Bestandsaufnahme dessen, was den einzelnen Gruppenmitgliedern in der Originalszene und deren Wiederholung im Rollenspiel als einwandfrei bzw. kritikwürdig erschienen ist, wobei auch das nicht-verbale Verhalten berücksichtigt werden soll (*Ist-Verhalten*). Alle Einzelbeiträge sind in einem gemeinsamen Arbeitsblatt zusammengetragen. Dann sollen die Gruppen die Möglichkeiten diskutieren, wie sich der Vorgesetzte, aber auch dessen Mitarbeiter geschickter hätten verhalten können (*Soll-Verhalten*). Dabei hat jede Arbeitsgruppe das Verhalten *eines* der an der Szene beteiligten Akteure mit besonderer Aufmerksamkeit zu analysieren. Im Anschluß daran wird die Szene noch einmal gespielt und zwar so, wie sie nach den Vorstellungen der jeweiligen Arbeitsgruppe günstiger hätte ablaufen können. Die Gruppenarbeit findet unter Anleitung statt, das heißt, unter wenigstens zeitweiliger Anwesenheit von Lehrpersonen, die, wo nötig, um Rat gefragt werden können. Jede Gruppe erhält am Ende der vorgegebenen Arbeitszeit schriftlich den Auftrag, ein Mitglied als Sprecher zu delegieren, der die Ergebnisse der Arbeitsgruppe in der anschließenden Podiumsdiskussion vorzutragen und zu vertreten hat. Nach den Kurzberichten der Gruppensprecher über die inhaltlichen Ergebnisse der Gruppenarbeit wird der Schwerpunkt der Podiumsdiskussion von der Analyse des Falles weg auf die dynamischen Prozesse verlagert, die in den Arbeitsgruppen selbst wirksam geworden sind. So kommen Fragen der Organisation, der Zusammenarbeit, des Arbeitsklimas, der Herausbildung verschiedener Rollen, der Bestimmung des formellen Vertreters der Arbeitsgruppe und dergleichen zur Sprache. Die Mitglieder des Plenums haben ständig Gelegenheit in die Diskussion kommentierend und korrigierend einzugreifen.

Über die psychologischen Grundlagen der Mitarbeiterbeurteilung als einem wichtigen Führungsmittel informiert ein mehrseitiges Arbeitspapier, das den Teilnehmern zum Selbststudium ausgehändigt wird. Darin sind die allgemeinpsychologischen und sozialpsychologischen Beiträge zum Problem der Beurteilung anderer Personen auf den speziellen Fall der dienstlichen Beurteilung bezogen und ausführlich erläutert. So werden unter anderem die Ziele aufgezeigt, die mit der standardisierten Mitarbeiterbeurteilung verfolgt werden. Weiter werden die unterschiedlichen Fehlerquellen dargestellt, die den Beurteilungsprozeß beeinflussen, die sowohl beim Beurteiler, beim Beurteilten, im Interaktionsprozeß beider, im Beurteilungsverfahren und in den Bedingungen der äußeren Situation liegen können. Schließlich werden Kriterien zur Entwicklung neuer und zur Verbesserung gebräuchlicher Beurteilungsverfahren aufgestellt und erläutert. Die an diese Ausführungen anknüpfende Diskussion soll die persönlichen Voraussetzungen klären, die beim Beurteiler, das ist in der Regel der direkte Dienstvorgesetzte, gegeben sein müssen, damit er eine möglichst sachliche Beurteilung der fachlichen und persönlichen Qualitäten seiner Mitarbeiter zu geben vermag. Dieser Problemkreis wird abgeschlossen durch eine das Thema zusammenfassende Tonbildschau [16].

Nachdem den Teilnehmern hinreichend Zeit zur persönlichen Durchsicht der Arbeitsunterlagen gegeben ist, findet eine Abschlußklausur in erster Linie zur Selbstkontrolle des Lehrgangserfolgs statt. Sie bezieht sich auf den Aspekt des Wissenszuwachses

[16]) Die Tonbildschau „Nach bestem Wissen und Gewissen" ist über den DVA-Lehrmittelring Stuttgart erhältlich.

als einem der möglichen Effekte, die ein derartiger Lehrgang zeitigen kann. Nach der Klausur werden die richtigen Lösungen bekanntgegeben.

Zum Abschluß des Lehrgangs werden die Teilnehmer über ihre subjektive Einschätzung des Lehrgangserfolgs befragt. Dies geschieht anonym in schriftlicher Form, so daß wirklich jeder seine persönlichen Ansichten frei äußern kann. Trotzdem haben alle am Lehrgang Beteiligten die Möglichkeit, sich in einer letzten „Manöverkritik" zu dem angebotenen Stoff, zum äußeren Ablauf und zu weiteren Aspekten dieser Ausbildungsmaßnahme auch mündlich zu äußern. Der Lehrgang endet mit Hinweisen auf die vielfältigen Anwendungsmöglichkeiten des Gelernten im inner- und außerdienstlichen Bereich sowie Hinweisen auf Vertiefungsmöglichkeiten der erworbenen Kenntnisse durch weiterführende Literatur.

Für die Weiterbildung der Beamten des gehobenen Post- und Fernmeldedienstes in führungspsychologischen Fragen war ebenfalls ein Programm zu entwerfen, wie es im Rahmen des Stoffplans zum Führungslehrgang „Mitarbeiterführung und Betriebslenkung" grob vorstrukturiert ist (vgl. *Übersicht 2*, S. 44). Dabei war zu berücksichtigen, daß die Zielgruppe in ihrer bisherigen Aus- und Weiterbildung noch nicht mit psychologischem Wissen konfrontiert worden war, was ja auch bereits für den Laufbahnnachwuchs zutraf.

Der Lehrgangsteil „Mitarbeiterführung" soll den Beamten des gehobenen Dienstes Gelegenheit geben, hinsichtlich neueren Führungswissens das gleiche Informationsniveau wie der Laufbahnnachwuchs zu erreichen. Allerdings steht dafür nicht einmal ein Drittel der Zeit, die bei der Schulung des Laufbahnnachwuchses aufgewendet wird, zur Verfügung. Um das Ziel des vereinheitlichten Informationsstands wenigstens annähernd zu erreichen, wurde zur Ausgestaltung der 23 Lehrstunden zum Thema „Mitarbeiterführung" eine Kurzfassung des für den Laufbahnnachwuchs entwickelten Lehrprogramms erstellt. Der Zeitnachteil wurde dadurch zu verringern gesucht, indem der Vermittlung reinen Grundlagenwissens weniger Raum gegeben wurde zugunsten des eigentlichen Führungstrainings, bei dem die umfangreichen betrieblichen Erfahrungen der Zielgruppe der gehobenen Beamten sinnvoll miteinzubeziehen sind. Der Erwerb theoretischen Führungswissens wurde verstärkt auf das Selbststudium ausführlicher Informationspapiere verlagert. *Übersicht 4* enthält den differenzierten Programmentwurf mit Angaben zu den gewählten Lehrformen, zur Aufteilung der 23 Lehrstunden und Hinweise auf die entsprechenden Abschnitte im Programm des Laufbahnnachwuchses.

Übersicht 4: Differenzierter Stoffplan zum Thema „Mitarbeiterführung" im Lehrgang „Mitarbeiterführung und Betriebslenkung" für Beamte des gehobenen Post- und Fernmeldedienstes *

Gegenstand	*Lehrform*	*Std.*	*Entsprechende Abschnitte im Programm des Laufbahnnachwuchses*
1. *Psychologische Grundlagen kooperativer Mitarbeiterführung* (Erwerb psychologischen Grundlagenwissens)			
a. Einführung in das Stoffgebiet	Gruppengespräch	1/2	1a.
b. Psychologie und Management	Überblicksinformation mit begleitender Programmierter Unterweisung	1	1b.
c. Individuelles Führungsverhalten	Praktische Übung	1/2	1c. (FVVB)
d. Komplexität des Führungsverhaltens	Diskussion einer Filmfallstudie	1	1d. ohne Abweichungsanalyse
e. Allgemeinpsychologische Grundlagen des Führens	Orientierungsvortrag mit Anschauungsmaterialien, Arbeitspapier zum Selbststudium, praktische Übungen	2 1/2	Überblick über Teil 2. mit den Schwerpunkten Wahrnehmung, Beurteilung und Motivation (2b. und 2g.); Beobachtungsübung Bankraubfoto (aus 2b.); Konzentrationsübung Test d2 (aus 2c.)
f. Führungsverhalten und Persönlichkeit	Kurzvortrag, praktische Übungen	2	Kurzvortrag aus 2e. und 2f.; IST bzw. LPS; FDE
g. Sozialpsychologische Grundlagen des Führens	Lehrgespräch mit begleitender Programmierter Unterweisung (PU), Experiment	2	Kurzfassung des gesamten 3. Teils, insbesondere 3a., 3b. und 3f.; PU Gruppendynamik; Experiment „Tabu-Bild" (aus 3c.)
h. Klassische und moderne Führungsmodelle	Überblick anhand vorbereiteter Folien, Arbeitspapier zum Selbststudium	1	Auszug aus 4b. und 4c.
2. *Angewandte Motivations- und Konfliktpsychologie* (Führungstechniken kennenlernen)			
a. Verhaltenstechniken kooperativen Führens	Lehrgespräch mit begleitender Programmierter Unterweisung	2	Teil 4e. ohne Betriebshörspiel und Filmfallstudie
b. Technik des Kritikgesprächs	Lehrgespräch mit begleitender Programmierter Unterweisung, Diskussion einer Filmfallstudie	3	4f. gekürzt um die Filmfallstudie „Bart und keine Brille"
c. Mitarbeiterbeurteilung als Führungsmittel aus psychologischer Sicht	Arbeitspapier zum Selbststudium, Gruppendiskussion, Tonbildschau	1	4h.

3. *Fallstudien zur Gruppendynamik* (Führungstechniken anwenden)			
a. Verhaltenskorrektur durch Kritik und Bestätigung	Filmfallstudie, schriftliche Abweichungsanalyse, Diskussion	2	Filmfallstudie aus 4e.
b. Führungsverhalten bei Mitarbeiterbesprechungen	Filmfallstudie, Rollenspiel Gruppenarbeit mit Supervision, Podiumsdiskussion	3	4g.
c. Abschlußarbeit zur Überprüfung des Lernerfolgs	Problemfall zur schriftlichen Bearbeitung	1	anstelle der Wissensklausur 4i. (vgl. dazu auch S. 66 ff.)
d. Kritische Stellungsnahme der Teilnehmer zum Lehrgangsteil „Mitarbeiterführung“	Schriftliche Befragung mit abschließender kurzer Diskussion	1/2	4j.

* Vgl. dazu *Übersicht 2*, S. 44.

3.2 Durchführung

Der Teilnehmerkreis, in der Regel 25-30 Personen, wird durch die Oberpostdirektionen bestimmt, die für die Organisation der genannten Aus- und Fortbildungslehrgänge zuständig sind. Für die Durchführung der Maßnahmen werden postinterne Lehrgangsleiter und Dozenten sowie externe Spezialisten eingesetzt, in der Regel Diplompsychologen mit mehrjährigen Erfahrungen auf dem Gebiet der Weiterbildung von Führungskräften.

Zu Beginn jeden Lehrgangs legt ein Vertreter des zuständigen Ausbildungsreferats die Ziele dar, die mit der Aus- oder Weiterbildungsmaßnahme für die Organisation wie für jeden Teilnehmer erreicht werden sollen. Er hält die Teilnehmer an, die Gelegenheit zu nützen, neues Wissen und neue Verhaltenstechniken zu erlernen und übergibt dann formell die Leitung des Lehrgangs an den dazu beauftragten Beamten. Daran anschließend formulieren die Teilnehmer in einem ersten Gruppengespräch mit dem Lehrgangsleiter und den Dozenten ihre persönlichen Vorstellungen und Erwartungen, die sie an den Lehrgang herantragen. Mit diesem Vorgehen wird versucht erste Maßnahmen wirksamen Motivierens einzuleiten, wie sie eingangs erwähnt sind (vgl. S. 28 ff.).

Zur Aufrechterhaltung der Motivation zur Mitarbeit während des Weiterbildungszeitraumes dient eine Reihe verschiedener Maßnahmen. Da sind einmal die offiziellen und persönlichen Kontaktmöglichkeiten zwischen den Teilnehmern und dem Lehrgangsleiter zu nennen, wo Teilnehmerwünsche artikuliert oder auftauchende Organisationsprobleme diskutiert werden können; darüberhinaus ist den Teilnehmern in der freien Zeit Gelegenheit zu persönlichen Aussprachen mit den Dozenten gegeben. Wer den persönlichen Kontakt scheut, hat die Möglichkeit, ohne Nennung seines Namens schriftlich Fragen zu stellen, die, sofern sie sich dafür eignen, im Plenum zur Sprache gebracht werden. Durch den verstärkten Einsatz aktiver Lernmethoden, eine weitgehende Auflockerung von Vorträgen durch audio-visuelle Medien und eingestreute

Selbstkontrollen des individuellen Lernfortschritts durch Programmierte Unterweisungen soll auch von der didaktischen Seite her ein Beitrag zur Lernmotivation geleistet werden. Um zu einer Beschäftigung mit den angeschnittenen Problemen über den Unterricht hinaus anzuregen, werden den Teilnehmern zusammenfassende Arbeitspapiere zu jedem Abschnitt ausgehändigt; im Lehrraum ausgelegte Bücher, darunter auch einige Nachschlagewerke, können zur weiteren Auseinandersetzung mit dem Lernstoff entliehen werden.

Spätestens am Ende jedes Lehrgangs werden die Teilnehmer darüber informiert, daß auch ihre Dienstvorgesetzten, wenn nicht schon geschehen, so doch in absehbarer Zeit, ebenfalls mit den Inhalten, die sie nun kennengelernt haben, konfrontiert werden, so daß einer erfolgreichen Anwendung der erworbenen Kenntnisse über kooperative Formen der Zusammenarbeit auf längere Sicht wohl weniger Hindernisse entgegenstehen (vgl. dazu S. 28 f.).

Das den ersten Aus- und Weiterbildungsmaßnahmen parallel laufende wissenschaftliche Begleitprogramm bezog sich vor allem auf die Weiterentwicklung und Kontrolle der inhaltlichen Lehrgangsgestaltung durch Befragung der Teilnehmer, des Lehrgangsleiters und der Dozenten sowie auf die Erhebung von Testdaten zur empirischen Klärung führungspsychologischer Fragen (vgl. dazu die Kapitel 3 bis 5). Die Teilnehmer wurden von vornherein über den Sinn und Zweck dieser Maßnahmen aufgeklärt. Da nur solche Tests, die in direktem Zusammenhang mit den behandelten Themen standen, verwendet wurden, waren diese als praktische Übungen zur Selbsterfahrung in das Unterrichtsprogramm integriert. Die Freiwilligkeit der Teilnahme wurde so geregelt, daß zwar jeder an diesen Übungen teilnahm, nach deren Beendigung aber selbst darüber entscheiden konnte, ob er sein Formular zur Auswertung abgeben oder es lieber vernichten wollte. Für den Fall der Abgabe wurde die Wahrung völliger Anonymität des einzelnen zugesichert, die durch die Verwendung eines selbstgewählten Codenamens als individuelle Kennzeichnung der Testformulare erreicht wurde, und die Nichtweitergabe individueller Testergebnisse an Dritte garantiert. Es wurde vereinbart, lediglich die Gruppendurchschnittswerte dem Veranstalter und gegebenenfalls der Fachöffentlichkeit zur Kenntnis zu bringen. Als Äquivalent für die Teilnahme wurden die Testergebnisse, in der Regel außerhalb der offiziellen Unterrichtszeit, unter Benutzung der Codenamen mitgeteilt und individuelle Einzelergebnisse auf Wunsch in einem Gespräch unter vier Augen interpretiert. Das Gleiche galt auch für die Behandlung der Ergebnisse der Erfolgskontrollen, die am Ende der Aus- und Weiterbildungsmaßnahmen standen.

3.3 Erfolgskontrollen

Die Versuche, den Wirkungsgrad der aufgestellten Programme zu erfassen, stießen wie jede Erfolgskontrolle von Aus- und Weiterbildungsmaßnahmen auf Schwierigkeiten grundsätzlicher Art, wie sie eingangs ausführlich diskutiert wurden (vgl. 2.3.1, S. 33 ff.). Im vorliegenden Fall kamen verschiedene Überprüfungsmethoden zur Anwendung. So wurden bei allen Lehrgangsteilnehmern *subjektive Meinungsbilder* erhoben, die vor allem zuverlässige Anhaltspunkte für solche Teilaspekte der Schulungsmaßnahmen erbringen sollten, die auf Ablehnung stoßen und infolgedessen den Lernerfolg möglicherweise beeinträchtigen. Dies geschah zum einen durch mündliche Befragung der Teilnehmer während des Aus- und Weiterbildungszeitraums durch den Lehrgangsleiter und die Dozenten, zum anderen schriftlich am Ende der Schulungsmaßnahme mit Hilfe des in *Übersicht 5* mitgeteilten Fragebogens. Bei der Auswertung der Ergebnisse waren die unter 2.3.2.1 (S. 35 ff.) besprochenen Fehlerquellen zu beachten.

Übersicht 5: Kritische Stellungnahme zum Lehrgang „Grundlagen der Personalführung“ (Laufbahnnachwuchs) bzw. zum Kursabschnitt „Mitarbeiterführung“ (gehobener Dienst)

Zum Abschluß des Lehrgangs/des Kursabschnitts sei Ihnen Gelegenheit gegeben, kritisch zu dem Ihnen Gebotenen Stellung zu nehmen.

Ihre Meinung ist wichtig, weil sie zeigt, worin Sie die positiven Seiten des Programms sehen und an welchen Punkten Sie Verbesserungen und Änderungen im Hinblick auf weitere Lehrgänge für notwendig halten. Sagen Sie frei, was Ihnen gut und was Ihnen weniger gefallen hat.

Konstruktive sachliche Kritik ist mit die wichtigste Grundlage kooperativen Verhaltens!

1. Der Kursteil „Mitarbeiterführung“ gefiel mir

   ☐ überhaupt nicht ☐ gut

   ☐ weniger gut ☐ besonders gut

   Kreuzen Sie das Zutreffende bitte an!

   Geben Sie zu 2. bis 5. jeweils eine kurze Begründung!

2. Folgende für die Mitarbeiterführung wichtige Themen kamen *überhaupt nicht* zur Sprache:
3. Folgende Themen kamen meiner Meinung nach *zu kurz:*
4. Folgende Themen schienen mir zu *ausführlich* behandelt:
5. Folgende Themen fand ich *überflüssig:*
6. Worin sehen Sie die *positiven Seiten* des Lehrprogramms?
7. Was halten Sie von den zum Einsatz gebrachten *didaktischen Hilfsmitteln?*
8. Wie fanden Sie das Verhältnis von Praxisbezug zu theoretischer Erörterung

   ☐ zu praxisbezogen ☐ ausgewogen ☐ zu theoretisch

9. Für künftige Lehrgänge „Grundlagen der Personalführung“/Kurse zum Thema „Mitarbeiterführung“ mache ich folgende *konkrete Verbesserungsvorschläge:*
10. Ich bin mit dem Lehrgang „Grundlagen der Personalführung“/dem Kursteil „Mitarbeiterführung“ im groß und ganzen

    ☐ unzufrieden ☐ eher unzufrieden ☐ eher zufrieden ☐ zufrieden

11. Ergänzende Bemerkungen:

Codenamen: ....

Zur Überprüfung des *Wissenszuwachses* wurde unter Berücksichtigung der unter 2.3.2.2 (S. 38 f.) angestellten Überlegungen eine Anonymklausur entwickelt, die einen repräsentativen Querschnitt durch den gesamten Unterrichtsstoff des Lehrgangs für den Laufbahnnachwuchs abfragt. Sie soll den Teilnehmern zur Selbstkontrolle dienen und gleichzeitig dem Veranstalter Anhaltspunkte für die Effektivität der Gesamtmaßnahme und für Intergruppenvergleiche liefern. Außerdem gibt die Fehleranalyse Aufschluß darüber, an welchen Stellen des Programms weitere Verbesserungen notwendig sind.

Die Klausur enthält neben einer relativ leichten Einleitungsfrage zur Definition von Psychologie je zehn Fragen zum allgemeinpsychologischen und zum soziologisch-sozialpsychologischen, sowie neun Fragen zum speziell führungspsychologischen Teil. Die Teilnehmer haben für jede der 30 Fragen vier Alternativen auf ihr Zutreffen hin zu überprüfen und die ihnen jeweils optimal erscheinende Lösung anzukreuzen. Für jede richtige Lösung gibt es einen Punkt. Die Klausur liegt in zwei gleichwertigen Parallelformen vor. *Übersicht 6* enthält Form A. Form B unterscheidet sich von Form A dadurch, daß alle Fragen mit Ausnahme der ersten in leicht veränderter Reihung angeordnet sind, und daß die richtige Lösung innerhalb der vier Alternativen pro Item an einer anderen Stelle steht. Indem man die Formen A und B abwechselnd verteilt, kann man der Versuchung nachbarschaftlicher Kontaktaufnahme während der Klausur entgegenwirken. Eine Zeitbegrenzung ist nicht vorgesehen. Die Bearbeitungsdauer liegt in der Regel zwischen 20 und 45 Minuten.

Übersicht 6: Fragen zur Kontrolle des Lehrgangserfolgs beim Laufbahnnachwuchs (Form A)

Abschlußklausur

Finden Sie bitte aus den vorgegebenen Lösungsmöglichkeiten diejenige heraus, die am ehesten zutrifft. Es gibt für jede Frage nur *eine* optimale Lösung!
Kreuzen Sie den entsprechenden Buchstaben an. Lassen Sie bitte keine Frage aus!

1. Psychologie ist
   a) ... die Wissenschaft vom Verhalten
   b) ... die Lehre von den außergewöhnlichen Erlebnissen (Spuk, Hellsehen, Telepathie)
   c) ... die Wissenschaft vom Erleben und Verhalten einschließlich der Anwendung ihrer Erkenntnisse
   d) ... eine bestimmte unter vielen anderen Seelenlehren

2. Die Genauigkeit der Personenbeurteilung kann durch eine Reihe von systematischen Urteilsfehlern beeinträchtigt werden. Einer von diesen, der „halo-effect" liegt vor, wenn
   a) ... der Beurteiler generell und ohne Rücksicht auf die Person des Beurteilten schlechte Urteile vermeldet
   b) ... der Beurteiler generell und ohne Rücksicht auf die Person des Beurteilten sowohl schlechte als auch gute Urteile vermeidet
   c) ... der Beurteiler sich von einem hervorstechenden Merkmal leiten läßt, das auf die anderen Merkmale abfärbt
   d) ... der Beurteiler die Tendenz hat, eigene Schwächen und Schwierigkeiten anderen Leuten wahrnehmungsmäßig in die Schuhe zu schieben

3. Das Erlernen neuer Verhaltensweisen nach dem Modell der klassischen Konditionierung setzt immer die Existenz von
   a) ... unbedingten Reflexen
   b) ... bedingten Reflexen
   c) ... Instinkten
   d) ... adäquaten Verstärkern

   voraus.

4. Bei der operanten Konditionierung führen die auf eine bestimmte Verhaltensweise folgenden positiven Konsequenzen dazu, daß dieses Verhalten in Zukunft öfter auftritt. Man nennt diese Verhaltenskonsequenzen deshalb
   a) ... bedingte Reize
   b) ... unbedingte Reize
   c) ... Verstärker
   d) ... unbedingte Reaktionen

5. Zur Lösung von Problemen können unterschiedliche Strategien angewendet werden. Eine von den angeführten Strategien liegt den meisten Problemlösungsprozessen zugrunde
   a) ... verstandesmäßig kontrolliertes Versuchs- und Irrtumsverhalten
   b) ... reines Versuchs- und Irrtumsverhalten
   c) ... instinktives Erahnen der richtigen Lösung
   d) ... die Anwendung von Erfahrungen mit gleichen oder ähnlichen Problemsituationen

6. Intelligenz ist
   a) ... die Fähigkeit, Probleme zu lösen und die erworbenen Kenntnisse auf neue Probleme anzuwenden
   b) ... die Fähigkeit zu lernen, Beziehungen zu verstehen und logische Schlüsse zu ziehen
   c) ... die Fähigkeit, Erfindungen zu machen
   d) ... ein Sammelbegriff für a) und b)

7. Die Untersuchungen über intellektuelle Leistungsfähigkeit und Zufriedenheit im Beruf haben zu der wichtigen Erkenntnis geführt, daß
   a) ... Arbeitszufriedenheit und intellektuelle Leistungsfähigkeit nichts miteinander zu tun haben
   b) ... die Arbeitszufriedenheit wächst, wenn die Berufsanforderungen die intellektuelle Leistungsfähigkeit übersteigen
   c) ... die Arbeitszufriedenheit wächst, wenn die intellektuelle Leistungsfähigkeit die Berufsanforderungen übersteigt
   d) ... jede Diskrepanz zwischen Berufsanforderungen und intellektueller Leistungsfähigkeit die Arbeitszufriedenheit herabsetzt

8. Motivation ist die Frage nach
   a) ... den Beweggründen des Verhaltens
   b) ... der Gefühlswelt des Menschen
   c) ... der Sexualität des Menschen
   d) ... dem Instinktverhalten der Tiere

9. Welche der folgenden Aussagen über die Frustrations-Aggressions-Hypothese ist *nicht* richtig?
   a) ... Auf Frustration folgt immer Aggression
   b) ... Aggression setzt immer Frustration voraus
   c) ... Aggression ist eine mögliche Folge von Frustration
   d) ... Frustration führt zu einer Triebspannung, die beseitigt werden muß

10. Tiefenpsychologie ist die Lehre von
   a) ... den Träumen
   b) ... der Sexualität
   c) ... dem Wesen und der Wirkung des Unbewußten
   d) ... den Geisteskrankheiten und ihrer Behandlung

11. Welche der folgenden Aussagen über den Wert von Bestrafung und Belohnung ist richtig?
   a) ... Bestrafung ist in jedem Fall so gut wie Belohnung, da beide als Verstärker wirksam sind

b) ... Bestrafung ist der Belohnung in jedem Fall vorzuziehen, da Bestrafung schneller zum gewünschten Erfolg führt
c) ... Belohnung ist der Bestrafung vorzuziehen, da Bestrafung nicht immer den gewünschten Effekt hat und außerdem nichts zum Aufbau erwünschter Verhaltensweisen beiträgt
d) ... Der Vorteil der Bestrafung gegenüber der Belohnung liegt darin, daß Bestrafung die Autorität aufrechterhält

12. Festingers Theorie der „kognitiven Dissonanz" beinhaltet
a) ... die Konkurrenz von zwei verschiedenen Normsystemen
b) ... das Bedürfnis nach Ausgleich und Harmonie
c) ... die Nichtübereinstimmung von Urteilen in einer Gruppe
d) ... den intrapsychischen Vergleich verschiedener Sinneswahrnehmungen

13. Um herauszufinden, ob bestimmte Verhaltensweisen des Menschen vererbt (angeboren) sind, ist man angewiesen auf:
a) ... Kulturvergleich
b) ... Intelligenztests
c) ... Projektion
d) ... Parapsychologie

14. „Auf einer Linie liegende" Meinungen und Überzeugungen eines Individuums, die sein Verhalten maßgeblich beeinflussen, nennt man
a) ... bedingte Reflexe
b) ... Motive
c) ... Frustrationen
d) ... Einstellungen

15. Beständige, grob verallgemeinernde Globalcharakterisierungen von Gruppen oder Nationen — wobei die kritische Überprüfung an der Realität weitgehend vernachlässigt wird — nennt man
a) ... Kippreaktionen
b) ... Stereotype
c) ... Halo-Effekte
d) ... Social Perception

16. Welche der folgenden Beschreibungen von „Sozialer Wahrnehmung" ist am ehesten *falsch?* „Soziale Wahrnehmung" ist
a) ... eine Wahrnehmung, die durch soziale Bedingungen modifiziert wird
b) ... durch soziale Faktoren gesteuerte Wahrnehmung
c) ... durch Motivationen und Erwartungen beeinflußte Wahrnehmung
d) ... durch Altersabbau eingeschränkte Wahrnehmung

17. Welche der folgenden Behauptungen über die Entstehung und die Verbreitung von Gerüchten ist *nicht* richtig?
a) ... Eine große Intensität von Hoffnungen und Befürchtungen fördert die Entstehung von Gerüchten
b) ... Bleiben Informationswünsche unerfüllt, dann laufen Gerüchte um
c) ... Je ausgelasteter und frei von affektiven Spannungen eine Gruppe ist, desto eher können Gerüchte entstehen
d) ... Langeweile, Eintönigkeit und erzwungene Inaktivität sind ein guter Nährboden für Gerüchte

18. Welcher der folgenden Begriffe stellt *kein* Kommunikationsmittel dar?
a) ... Mimik

b) ... Verkehrszeichen
c) ... Sprache
d) ... Motive

19. Der Unterschied zwischen dem, was ein Kommunikator kommunizieren will und zwischen dem, was er unbeabsichtigt kommuniziert, nennt man
a) ... Interaktion
b) ... Kommuniqué
c) ... Verzerrungswinkel
d) ... Identifikation

20. Manche Vorgesetzte sind zu keiner Selbstkritik fähig, ihre Abneigung gegen Kritik geht soweit, daß sie eigene Fehler weder einsehen noch zugeben.
Das kann ein Zeichen sein für
a) ... Selbstsicherheit
b) ... Minderwertigkeitskomplexe
c) ... Autorität
d) ... persönliche Unabhängigkeit

21. Bei welcher der folgenden Strukturtypen einer Gruppe ist eine hohe Kooperation am ehesten möglich?
a) ... Kreis
b) ... Hierarchische Struktur
c) ... Dreieck
d) ... Kette

22. Welche der nachfolgenden Behauptungen ist *falsch*?
a) ... Mitarbeiterführung ist mit wissenschaftlichen Methoden erfaßbar
b) ... Führungsverhalten ist der Selbst- und Fremdbeobachtung zugänglich
c) ... Personalführung ist eine Wissenschaft
d) ... Führungsverhalten ist durch geeignete Trainingsmethoden erlernbar

23. Warum ist sachliche, aber auch soziale Bestätigung eines Mitarbeiters wichtig?
a) ... Weil man sich den Mitarbeiter dadurch verpflichtet
b) ... Weil Mitarbeiter, die in ihrem positiven Arbeitsverhalten nicht bestätigt und als Persönlichkeit wichtig genommen werden, in ihrem Bemühen nachlassen können
c) ... Weil die Mitarbeiter dann eher bereit sind, Fehler des Vorgesetzten zu tolerieren
d) ... Weil man den Mitarbeitern das Gefühl vermittelt, daß sie ihre Arbeit richtig ausführen

24. Ein vorwiegend mitarbeiterorientierter Führungsstil
a) ... fördert in erster Linie die Leistung, in zweiter Linie die Zufriedenheit der Mitarbeiter
b) ... erhöht die Leistung, senkt aber die Zufriedenheit der Mitarbeiter
c) ... erhöht die Zufriedenheit, senkt aber die Arbeitsleistung
d) ... fördert in erster Linie die Zufriedenheit, in zweiter Linie die Arbeitsleistung

25. Hauptsächlich aufgabenorientierte Vorgesetzte
a) ... werden von ihren Mitarbeitern besonders geschätzt
b) ... verringern die Beschwerdehäufigkeit bei ihren Mitarbeitern
c) ... werden vom oberen „Management" meist für besonders tüchtig gehalten
d) ... sind fast immer zugleich auch mitarbeiterorientiert

26. Welches der vier Merkmale ist ein Zeichen guten Betriebsklimas?
a) ... Machthungrige und Geltungsbedürftige in der Führung

b) ... taktisch kluges Verhalten des Vorgesetzten
c) ... soziales Gleichgewicht
d) ... gute informelle Kanäle

27. Eines der typischen Kennzeichen eines autoritären Führungsstils ist
a) ... die zielstrebige Überwachung jedes Arbeitsabschnitts
b) ... die selbständige Lösung von Arbeitsproblemen durch die Mitarbeiter
c) ... die Beachtung der dynamischen Prozesse in der Gruppe
d) ... eine Führungshaltung, die weitgehend passiv alles geschehen läßt, ohne einzugreifen

28. Welche der vier Kurzbeschreibungen gilt für kooperatives Führungsverhalten?
a) ... Sorgfältige Beachtung der zwischenmenschlichen Beziehungen führt zu einer bequemen und freundlichen Atmosphäre und zu einem entsprechenden Arbeitstempo
b) ... Eine zumindest durchschnittliche Arbeitsleistung wird durch das Ausbalancieren der Notwendigkeit zur Arbeitsleistung und durch Berücksichtigung der sozialen Bedürfnisse erreicht
c) ... Wirksame Arbeitsleistung wird erzielt, ohne daß viel Rücksicht auf zwischenmenschliche Beziehungen genommen wird
d) ... Eine möglichst geringe Einwirkung auf die Arbeitsleistung und auf die Menschen erhöht die Arbeits- und Berufszufriedenheit der Mitarbeiter

29. Welcher der folgenden Aussagen zum Führungsverhalten eines Vorgesetzten während einer Dienstbesprechung würden Sie *nicht* zustimmen?
a) ... Er äußert seine eigenen Meinungen nicht, bevor er die seiner Mitarbeiter gehört hat
b) ... Er stellt Vorschläge der einzelnen Mitarbeiter zur Diskussion
c) ... Er verhindert, daß ein Mitarbeiter in eine für diesen persönlich unangenehme Lage gebracht wird
d) ... Er ordnet die Vorschläge der Mitarbeiter nach guten und schlechten, um die Diskussion nicht ausufern zu lassen

30. Sie haben die Psychodynamik des Kritikgesprächs kennengelernt. Bei welcher der vier Aussagen würden Sie Bedenken anmelden?
a) ... Unangemessen harte Kritik führt zu negativen Gefühlen
b) ... Ein psychologisch richtig geführtes Kritikgespräch hinterläßt beim Mitarbeiter keine unangenehmen Gefühle
c) ... Kritik der Arbeitsleistung ist besser als Kritik an der Person
d) ... Kritik unter vier Augen ist besser als Kritik vor Augen der gesamten Mitarbeitergruppe

---

Lösungsschlüssel:

1	2	3	4	5	6	7	8	9	10	11	12	13	14	15
c	c	a	c	a	d	d	a	a	c	c	b	a	d	b

16	17	18	19	20	21	22	23	24	25	26	27	28	29	30
d	c	d	c	b	c	c	b	d	c	c	a	b	d	b

Die Klausur war ursprünglich als Prä- und Posttest zur Quantifizierung der Zuwachsrate an psychologischem Führungswissen geplant. Eine Zufallsstichprobe von 25 potentiellen Schulungsteilnehmern, denen die Klausur vorgelegt wurde, erreichte im Durchschnitt 12 richtige Antworten, ein Ergebnis, das nur unwesentlich höher liegt als die reine Zufallsquote, die bei vier Wahlalternativen pro Frage 25 % beträgt, was bei 30 Fragen sieben bis acht Zufallstreffern entspricht. Die durchschnittliche Abweichung vom Mittelwert lag bei zwei Treffern nach beiden Richtungen. Die Verteilung der Ergebnisse wies eine leicht negative Schiefe auf. Die Testpersonen erwiesen sich mit diesen Aufgaben als erheblich überfordert und sie brachten ihren Unmut darüber auch unmißverständlich zum Ausdruck. Die Klausur kam als Prätest wegen ihrer demotivierenden Wirkung also nicht in Frage. Die Aufgaben zu erleichtern, hätte keine Lösung des Problems bedeutet, da die Klausur, als Posttest eingesetzt, den Lernfortschritt der Schulungsteilnehmer nicht mehr hinreichend zu differenzieren imstande wäre. So wurde die Klausur ausschließlich als Posttest verwendet. Die Ergebnisse der Voruntersuchungen wurden als Vergleichsmaßstab für die Bewertung der individuellen Klausurleistungen herangezogen.

Nachdem sich 150 Lehrgangsteilnehmer an der Abschlußklausur beteiligt hatten, ergab sich die in *Abbildung 3* graphisch dargestellte Ergebnisverteilung.

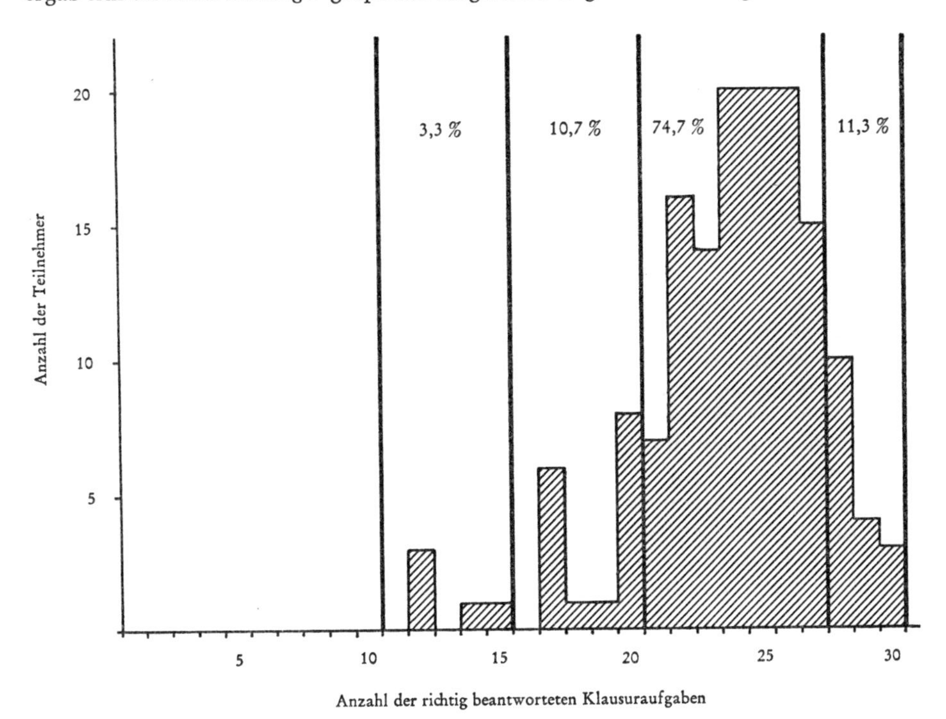

Abbildung 3: Ergebnisse der Abschlußklausur von N = 150 Laufbahnnachwuchskräften

Die erzielten Werte reichen von 12 bis 30 Punkten. Sie gruppieren sich um den Mittelwert von 24 Punkten. Die durchschnittliche Abweichung vom Mittelwert beträgt s = ± 3,5 Punkte. Die Verteilungsform ist leicht linksschief. In die Gesamtverteilung sind kritische Grenzlinien zur Klassifikation der Einzelergebnisse eingetragen. Dabei bedeuten

15 Punkte: Kursziel nicht erreicht,
16-20 Punkte: Kursziel bedingt erreicht,
21-27 Punkte: durchschnittlicher Kurserfolg,
28-30 Punkte: überdurchschnittlicher Kurserfolg.

Erinnern wir uns an das Ergebnis der Voruntersuchung, wo eine vergleichbare Stichprobe durchschnittlich 10 bis 14 Treffer erzielte, auch ohne einen Lehrgang dieser Art durchlaufen zu haben, so sprechen Ergebnisse, die diese Werte nicht deutlich übersteigen, kaum für eine erfolgreiche Teilnahme an der Schulung. Die Werte zwischen 16 und 20 Punkten markieren den Bereich bis zur unteren Grenze der empirisch ermittelten Durchschnittswerte, die zwischen 21 und 27 Punkten liegen. Die Werte von 28 bis 30 Punkten sind entsprechend als überdurchschnittlich zu klassifizieren.

Jeder Teilnehmer findet in der ausgelegten Ergebnisliste unter seinem Codenamen die von ihm erreichte Punktezahl. Anhand der Gesamtverteilung der Ergebnisse kann er seinen Leistungsstand im Vergleich zu dem seiner Kollegen selbst einstufen. Das Klausurergebnis kann auf Wunsch des Teilnehmers in einem abschließenden Beratungsgespräch erörtert werden.

Unabhängig von den erreichten Ergebnissen wird allen Teilnehmern eine gelegentliche Nacharbeit der Kursunterlagen in regelmäßigen Zeitabständen empfohlen, damit das erworbene Wissen bis zu dem Zeitpunkt, wo dem Laufbahnnachwuchs Führungsaufgaben übertragen werden, und selbstverständlich auch darüber hinaus, möglichst weitgehend verfügbar bleibt. Längerfristige Erfolgskontrollen sind zwar noch nicht vorgesehen; dennoch wäre eine Nachbefragung mit der gleichen Klausur zu einem späteren Zeitpunkt, etwa zu Beginn eines weiterführenden Lehrgangs, durchaus erwägenswert.

Bei den Lehrgängen für den Laufbahnnachwuchs liegt der Akzent auf der Vermittlung von Führungswissen. Die primäre Erfassung des Wissenszuwachses entspricht dieser Zielsetzung. Bei der Weiterbildung des gehobenen Dienstes dagegen finden die Anwendungsgesichtspunkte des Führungswissens stärkere Beachtung, insbesondere deshalb, weil die meisten dieser Beamten bereits mit Führungsaufgaben betraut sind. Für die Überprüfung des Weiterbildungserfolgs kam daher eine spezifische Wissensklausur weniger in Frage. Vielmehr wurde nach einer Möglichkeit gesucht, das vorhandene Führungswissen unter für alle einheitlichen Bedingungen zur Anwendung kommen zu lassen. Hierfür wurde ein Problemfall aus dem Lehrfilm „Führungspraxis“ [17], nämlich die Studie „Bart und keine Brille“ ausgewählt. In dieser Studie geht es um ein Kritikgespräch im Produktionsbereich, wo ein Vorgesetzter sicherheitswidriges Verhalten beanstandet; die Unterredung findet teilweise im Beisein eines Dritten statt. Nachdem die Teilnehmer die Filmszene verfolgt haben, wird ihnen das zugehörige Textmanuskript vorgelegt. Es ist an verschiedenen Stellen durch Fragen unterbrochen, bei deren schriftlicher Beantwortung die Teilnehmer ihr Führungswissen in Kombination mit ihren bisher gesammelten Führungserfahrungen unter Beweis stellen sollen. Dabei müssen sie sich auf eine Situation einstellen, die sich in ihrem eigenen Arbeitsbereich, wenn auch mit anderem fachlichem Inhalt, so oder so ähnlich abspielen könnte (vgl. *Übersicht 7*).

[17]) Vgl. Fußnote 6 S. 47.

Übersicht 7: Fragen zur Selbstkontrolle im Lehrgang „Mitarbeiterführung und Betriebslenkung" des gehobenen Post- und Fernmeldedienstes

---

Abschlußfragebogen zur Praktischen Übung „Bart und keine Brille"

1. Vormann: Was machen Sie denn da?
(Cemann unterbricht, reibt sich ein Staubteilchen aus dem Auge)
Cemann: Ach, wir erweitern doch die Stellage, damit wir mehr Platz bekommen.

Wie beurteilen Sie die Einleitungssituation?

a) Wie tritt Vormann an den Arbeitsplatz Cemanns (Ist-Verhalten)?

....

....

b) Sucht Vormann bewußt einen Anlaß zur Kritik (Ist-Verhalten)?

....

....

c) Wie hätten Sie sich als Vormann verhalten (Soll-Verhalten)?

....

....

---

2. Vormann: Und da legen Sie selbst mit Hand an?
Cemann: Wenn man eine Sache vorantreiben will, muß man mit gutem Beispiel vorangehen und auch mal selbst mit anpacken. Gleich kommt der Junge wieder — dann macht der weiter.
Vormann: Sie wissen, daß ich Einsatzbereitschaft zu schätzen weiß — aber Sie gehen nicht mit gutem Beispiel voran.
Cemann: Wie meinen Sie das?

Halten Sie die Kritikweise Vormanns für richtig?

Ja ☐ Warum? ....

....

Nein ☐ Warum? ....

....

---

3. Vormann: Wie ein Fachmann arbeiten Sie nicht, mein Lieber. Das ist schlichte Stümperei, was Sie da machen (auf den Meißel zeigend)
'nen Bart (auf Cemann's Auge zeigend)
und keine Brille. Und das nennen Sie mit gutem Beispiel vorangehen.

Indem Vormann zwischen ....

(ohne Brille arbeiten) und ....

Cemanns (mit gutem Beispiel vorangehen) eine unzulässige Verbindung herstellt, entwertet er

....

---

4. Cemann: Aber ich habe doch eben die Brille aufgehabt.
Vormann: Mann, versuchen Sie doch nicht, sich aus der Sache herauszureden. Haben Sie nicht eben das Auge gerieben? Weil Staub reingekommen ist.

Weil Sie keine Brille aufhatten.
(zieht ihm die Schutzbrille aus der Tasche)
Bitteschön!
(nimmt ihm den Meißel aus der Hand)
Und so einen Meißel dulden Sie — arbeiten sogar noch selbst damit!

Welche Möglichkeiten sehen Sie, an dieser Stelle moralische Vorwürfe und inquisitorische Überführungsfragen zu vermeiden?

....

....

5.

Cemann:	(Will etwas sagen)
Vormann:	Ach, seien Sie doch ruhig. Dafür gibt es überhaupt keine Entschuldigung.
Cemann:	Die Werkzeugausgabe ...
Vormann:	Keine Ausflüchte bitte ...
Cemann:	Man wagt ja nicht ...
Vormann:	Hören Sie auf, die Schuld bei anderen zu suchen.

Richtig wäre es, wenn Vormann Cemann Gelegenheit geben würde

....

6.

	(Cemanns Mitarbeiter tritt hinzu. Vormann hält ihm den Meißel vor:)
Vormann:	Was macht man denn mit so einem Meißel?
Mitarbeiter:	Kann man nicht mit arbeiten.
Vormann:	Und warum nicht?!
Mitarbeiter:	Der Bart. Springt ab. Kann ins Auge gehen.
Vormann:	Und was machen wir da?
Mitarbeiter:	Schutzbrille aufsetzen beim Stemmen.

V = Vormann
C = Cemann
M = Mitarbeiter

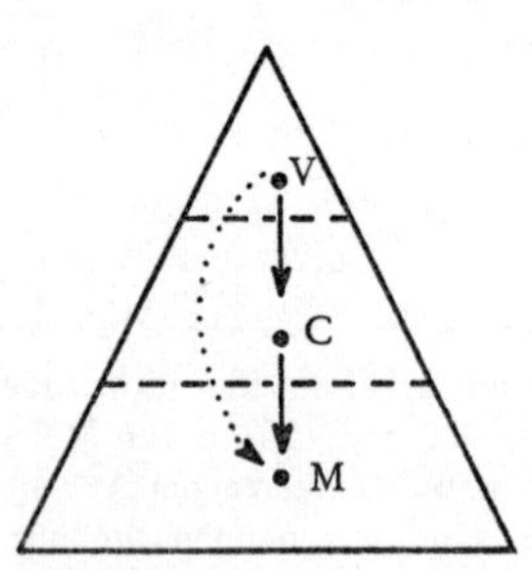

Nehmen Sie zu diesem Abschnitt unter Einbeziehung der in das hierarchische System eingezeichneten Kommunikationswege Stellung!

....

....

7.

Vormann:	Siehst Du, er weiß es. Macht Ihr das denn auch immer, junger Freund? (Mitarbeiter blickt fragend auf Cemann. Cemann nickt. Mitarbeiter nickt auch.)

Handelt es sich hier um a) eine gelungene Bestätigung ☐

b) keine gelungene Bestätigung ☐

---

8. Vormann: Und was machen wir mit dem Meißel?
   Mitarbeiter: Wegtun.
   Vormann: ... damit ihn ein anderer nimmt!
   Cemann: Der Bart muß abgeschliffen werden.
   Vormann: Der Bart muß ab. Richtig.
   (zum Mitarbeiter:)
   Junge, nun geh mal und schleif den Bart ab.
   (Mitarbeiter mit Meißel ab)

Vormann greift in den Entscheidungs- und Verantwortungsbereich Cemanns ein.

Ist dies generell richtig: ja ☐ nein ☐

Wenn Sie „nein" angekreuzt haben: Finden Sie es in diesem speziellen Fall richtig:

ja ☐ nein ☐

Begründung: ....

....

---

9. Vormann: Sie haben sich vor dem Jungen ganz schön blamiert. Wenn der Vorgesetzte selbst mit schlechtem Werkzeug arbeitet, was ist dann die Folge?
   Cemann: (eingeschüchtert)
   ... dann tun's die Leute auch.

Vormann führt mit Absicht die Blamage Cemanns herbei.
Besser wäre es, die Funktion eines Vorgesetzten als gutes Vorbild sachlich zu diskutieren.
Welche Argumente könnte Vormann dabei vorbringen?

....

---

10. Vormann: Und was folgt daraus?
    Cemann: Unfälle.
    Vormann: Nicht nur Unfälle. Die Leute liefern auch schlechte Arbeit. Das ist eine Erziehungssache, mein Lieber. Ein Vorgesetzter, der ein schlechtes Vorbild gibt und selbst mit solchen Brocken arbeitet, (intensiv zu Cemann) na, was wird der?!
    Cemann: (kleinlaut)
    nicht mehr ...
    Vormann: ... ernst genommen. Keine Autorität.

Vormann nimmt das Fehlverhalten von Cemann zum Anlaß, ihn in demütigender Weise zu belehren. Maßregelnde Fragen sollen Cemann zur Einsicht führen.
Wird Vormann damit Cemann nachdrücklich positiv beeinflussen:

Ja ☐ Warum? ....

....

Nein ☐ Warum? ....

....

---

11. (Nach einigen Sekunden betretenen Schweigens, begütigend:)

Vormann: Na, nun lassen Sie mal nicht die Schulter hängen. So ein schlechter Vorgesetzter sind Sie nun auch wieder nicht.

Handelt es sich hier um a) eine gelungene Bestätigung ☐

b) keine gelungene Bestätigung ☐

Bitte kurze Begründung: ....

....

---

12. Vormann: Wissen Sie was? Wir vereinbaren folgendes:
In der nächsten Zeit achten Sie besonders darauf, daß die Leute mit einwandfreiem Werkzeug arbeiten. Nicht nur wegen Unfallschutz. Mir geht es auch um die Qualität. Und daß die Leute die Körperschutzmittel tragen. Die Leute müssen sich in allen Dingen an Exaktheit gewöhnen.

Vormann gibt eine konkrete Zielsetzung und macht Vorschläge, wie sie zu erreichen ist.

a) Istverhalten = Sollverhalten ☐

b) Istverhalten ≠ Sollverhalten ☐

---

13. Vormann: Es ist wie mit dem Bettenbauen beim Kommiß. Ist an sich auch nicht wichtig. Aber die Leute müssen sich schon beim Bettenbauen an Genauigkeit gewöhnen, damit sie dann auch beim Richten der Geschütze genau sind. Also eine klare Führungsaufgabe.

Wie beurteilen Sie das von Vormann benutzte Beispiel „Bettenbauen beim Kommiß"?

....

....

---

14. Vormann: Wissen Sie was wir machen? So eine Art „Aktion" — Aktionen sind ja jetzt modern.

Cemann: Aktion „Bart und Brille".

Vormann: Ja klar — und vielleicht macht Ihr „Künstler" auch wieder ein Plakat.

Vormann gibt sich gönnerhaft. Er redet von oben herab. Statt dessen sollte er Cemann für die Zielsetzung motivieren, indem er ....

....

* * * *

Ergebnis:

....

....

....

....

Abdruck des Textes der Filmfallstudie mit freundlicher Genehmigung des DVA-Lehrmittelrings Stuttgart.

Die Antworten können nach Belieben mit Punkten bewertet werden. Auch die Bildung eines Gesamtwerts wäre denkbar. Doch muß dabei auf die naheliegende Gefahr einer Überbewertung derartiger Ansätze zur Anwendungserfolgskontrolle aufmerksam gemacht werden. Sie liefern nur indirekte Anhaltspunkte für ein tatsächliches Umsetzen von Führungswissen in die Realität des Arbeitsalltags. Es scheint daher zweckmäßiger, die Antworten bei der Auswertung lediglich zu kommentieren, zu bestätigen oder zu korrigieren. Der eigentliche Sinn dieser Abschlußarbeit liegt dann weniger darin, unter Angabe von Zahlenwerten dennoch fehlerhafte Prognosen künftig zu erwartenden Führungsverhaltens der Teilnehmer zu wagen. Vielmehr will sie als ein pädagogisches Mittel verstanden sein, mit dessen Hilfe jedem einzelnen am Ende der Weiterbildungsmaßnahme erfahrbar gemacht werden kann, inwieweit er in der Lage ist, aufgezeigte Verhaltensperspektiven auf eine konkrete Situation hin zu reflektieren. Führungssituationen psychologisch stimmig analysieren zu können, ist immerhin eine unbestrittene Grundvoraussetzung für einen *möglichen* Anwendungserfolg. Ein *tatsächlicher* Anwendungserfolg kann erst nach der Rückkehr der Schulungsteilnehmer zu ihren Arbeitsgruppen eintreten und ist dort mit den unter 2.3.2.3 (S. 39 f.) genannten Methoden bis zu einem gewissen Grade nachprüfbar.

4. Zusammenfassung

In diesem Kapitel wurde über die Entwicklung und Erprobung eines Weiterbildungsprogramms zur psychologischen Führungskräfteschulung berichtet. Zielgruppen waren Beamte des gehobenen Post- und Fernmeldedienstes der Deutschen Bundespost und die Nachwuchskräfte dieser Berufslaufbahn. Ein differenziertes Schulungsprogramm wurde ausführlich dargestellt und um eine Kurzfassung ergänzt. Beide Formen sind als Anregung zur Entwicklung neu einzureichender oder zur Modifikation bestehender Weiterbildungseinheiten für vergleichbare Zielgruppen gedacht.

Der Beschreibung und Erörterung dieses Schulungsprogramms, bei dem es sich selbstverständlich nur um eine von mehreren denkbaren Alternativen handelt, sind einige Überlegungen grundsätzlicher Art vorangestellt. Sie beziehen sich insbesondere auf Fragen der Optimierung von Aus- und Weiterbildungsmaßnahmen und auf die Problematik der Erfolgskontrolle von Programmen zur Führungskräfteschulung.

3. Kapitel

Zur Psychodiagnostik der Leistungsstruktur von Führungskräften

Hermann Liebel und Rudolf Luhr

1. Zielsetzungen

Im Rahmen der Entwicklung von Ausbildungscurricula für die Schulung von Führungskräften interessieren unter anderem die intellektuelle Leistungsfähigkeit sowie die Dauerbelastbarkeit der Zielgruppen. Die Informationen darüber können Anhaltspunkte für das anzusteuernde Unterrichtsniveau und die zeitliche Gestaltung der Schulungsmaßnahmen liefern. Gleichzeitig lassen sich mit Hilfe der Tests, die bei derartigen Untersuchungen verwendet werden, typische Gruppenprofile für die Zielpopulationen aufstellen, die ihrerseits zur Lösung von Problemen bei der Berufswahl, der Eignungsprognose, der Auslese von potentiellen Führungskräften, bei Beförderungsfragen usw. beitragen. Darüber hinaus gestattet die methodische Auswertung der Daten eine empirische Überprüfung der Testinstrumente selbst. Für den Psychodiagnostiker sind Kenntnisse über die formalen Zusammenhänge innerhalb und zwischen den einzelnen Tests bei spezifischen Stichproben sowie über die den Tests impliziten Faktorenmuster für eine adäquate zielgruppenorientierte Interpretation der Testergebnisse von Bedeutung.

2. Durchführung der Untersuchung

2.1 Beschreibung der Intelligenztests

Der *Intelligenz-Struktur-Test (IST)* von Amthauer (1955, 1970) und das *Leistungsprüfsystem (LPS)* von Horn (1962) zählen zu den bekanntesten deutschsprachigen Intelligenztests, die in der psychodiagnostischen Praxis angewandt werden. Beide können sowohl als Einzel- wie auch als Gruppentests durchgeführt werden. Die Durchführungszeit beträgt jeweils etwa neunzig Minuten. Es liegen je zwei Parallelformen A und B vor. Für den IST gibt es seit der dritten Auflage (Amthauer 1970) unter der Bezeichnung „IST 70" noch zwei weitere, voll maschinell auswertbare Parallelfassungen.

Der *Intelligenz-Struktur-Test (IST)* besteht aus neun Untertests mit insgesamt 176 Einzelaufgaben. Sie prüfen folgende Einzelfähigkeiten der Intelligenz: Abstraktionsfähigkeit, induktives Denken mit Zahlen, induktives sprachliches Denken, Kombinationsfähigkeit, Merkfähigkeit, praktisch-rechnerisches Denken, räumliches Vorstellen-Können, Urteilsbildung und Vorstellungsfähigkeit.

Nach der Testdurchführung werden die Testbogen mit Hilfe von Schablonen ausgewertet. Die Rohwerte der neun Untertests sowie deren Gesamtrohwerte werden an Hand von Normentabellen für verschiedene Altersklassen in Standardwerte (SW) umgerechnet, wodurch eine direkte Vergleichbarkeit zwischen den Leistungen von Probanden unterschiedlichen Alters erreicht wird. Die Standardwerte der neun Untertests werden anschließend in ein Diagramm eingezeichnet und durch eine Linie miteinander verbunden. Diese Kurve, das sogenannte *Intelligenzprofil*, gibt Hinweise über die individuelle Eigenart der Intelligenzstruktur, über Begabungsschwerpunkte wie auch über eventuelle Schwächen. Aus dem Gesamtstandardwert wird das allgemeine *Intelligenzniveau* des Probanden in IQ-Punkten errechnet. Über den sogenannten „Schul"-Standardwert kann das Leistungsniveau von Probanden mit gleichem Schulabschluß (Sonderschule, Hauptschule ohne und mit Abschluß, Realschule ohne und mit Abschluß, Höhere Schule mit Abschluß, Universität ohne Hochschulabschluß) verglichen werden.

Nach Angaben des Testautors ermöglicht der IST nicht nur einen zuverlässigen Befund über das allgemeine *Intelligenzniveau* (IQ) einer Person, er vermittelt darüberhinaus auch einen Einblick in die individuelle *Intelligenzstruktur* des Probanden. Das Spektrum der intellektuellen Möglichkeiten, das mit dem IST erfaßt wird, reicht vom Schwachsinn bis zur Spitzenbegabung. In den beiden Extrembereichen differenziert er allerdings nicht mehr hinreichend genau.

Obwohl der IST nicht auf faktorenanalytischer Basis konstruiert wurde, entspricht sein theoretischer Hintergrund weitgehend dem Faktorenmodell von Thurstone (1931, 1938). Er versucht die Intelligenz oder allgemeiner die Leistungsvielfalt des Menschen auf möglichst wenige, voneinander unabhängige Primärfähigkeiten oder Faktoren zu reduzieren (dazu auch Jäger 1967, S. 76 ff.). Faktoren sind hypothetische Größen, die aus beobachtbaren Variablen abgeleitet werden. Das Modell mehrerer gemeinsamer Faktoren, auch *multiples Faktorenmodell* genannt, stellt eine Weiterentwicklung des *Gruppenfaktormodells* von Burt (1909) dar, der das *Generalfaktormodell* von Spearman (1904) als zu eng erachtete. Bei diesem ersten faktorenanalytischen Modell postulierte Spearman einen Generalfaktor und einen spezifischen Faktor. Mit diesen beiden Faktoren sollten die beobachtbaren Intelligenzleistungen dargestellt werden.

Die Faktorentheoretiker stellen sich die Persönlichkeit als einen mehrdimensionalen Raum vor. Sie versuchen mit Hilfe mathematischer Methoden — den Verfahren der Faktorenanalyse (vgl. z. B. Überla 1971 oder Pawlik 1976) — die vielfältigen menschlichen Fähigkeiten durch eine begrenzte, überschaubare Anzahl von Elementarfaktoren zu beschreiben. Alle beobachtbaren Leistungen des Menschen lassen sich aus dem Zusammenspiel einiger oder aller dieser Faktoren vorstellen. Auf diesem Hintergrund faßt Amthauer die Intelligenz als eine Sonderstruktur innerhalb der Gesamtpersönlichkeit auf, genauer als „eine strukturierte Ganzheit von seelisch-geistigen Fähigkeiten, die in Leistungen wirksam werden und den Menschen befähigen, als Handelnder in seiner Welt bestehen zu können" (1973, S. 7). Alle Fähigkeiten und Leistungen des Menschen sind seiner Auffassung nach hierarchisch angeordnet. Begabungen und Fähigkeiten der Persönlichkeit beeinflussen und prägen als Schwerpunkte andere Elemente dieser Struktur. Zur Messung der Intelligenz werden die intellektuellen Fähigkeiten als besonders wichtige Sonderstruktur kurzfristig aus dem Gesamtverband herausgelöst und einer Analyse unterzogen.

Das *Leistungsprüfsystem (LPS)* umfaßt vierzehn Untertests mit insgesamt 560 Einzelaufgaben. Ähnlich wie beim IST liegt die Hauptaufgabe dieses Tests in der Feststellung der Begabungsstruktur des Probanden. Intellektuelle Fähigkeiten, die mit dem LPS gemessen werden, sind: Allgemeinbildung, räumliches Vorstellungsvermögen, Ratefähigkeit, schlußfolgerndes Denken, technische Begabung, verbale Leistungsfähigkeit, Wahrnehmungstempo.

Die Entwicklung des LPS basiert weitgehend auf den Arbeitsergebnissen des Faktorentheoretikers Thurstone (vgl. Horn 1962, S. 5), die er als PMA-Tests (Primary Mental Abilities Tests) vorstellte. Thurstone und andere Faktorenanalytiker kamen zu dem Ergebnis, daß Intelligenzleistungen aus dem Zusammenspiel der verschiedensten elementaren Grundfähigkeiten entstehen, die selbst voneinander weitgehend unabhängig sind. So können beispielsweise Personen mit dem gleichen Intelligenzniveau (IQ) eine völlig andersartige Struktur ihrer intellektuellen Fähigkeiten aufweisen. Das Ziel des LPS ist es, den Ausprägungsgrad dieser differentiellen Leistungen festzustellen und sie in ihrem Zusammenwirken zu analysieren. Der Test ermöglicht einen Einblick in die Intelligenzartung, die allgemeine Leistungsfähigkeit und die Arbeitsweise des Probanden.

Das LPS wird mit Schablonen ausgewertet. Die erhaltenen Rohwerte werden in altersentsprechende Centil-Werte (C-Werte) umgewandelt. Auch eine Umrechnung in Standardwerte ist möglich. Anschließend läßt sich ähnlich wie beim IST ein Leistungsprofil erstellen. Das LPS-Profil soll bei spezifischen Fragestellungen, wie zum Beispiel der Eignung für eine weiterführende Schule oder bei arbeits- und berufsspezifischen Problemen genauere Aussagen über differentielle Fähigkeiten zulassen, als dies mit anderen Tests möglich ist (vgl. Horn 1962, S. 24 ff.).

2.2 *Beschreibung des Aufmerksamkeits- und Belastungstests*

Zur Überprüfung der Konzentrationsleistungsfähigkeit wurde in vorliegender Untersuchung der *Test d2* von Brickenkamp (1970) herangezogen.

Die Entwicklung dieses Aufmerksamkeits-Belastungs-Tests geht auf Forschungsarbeiten von Lauer (1955) zurück, der sich mit dem Problem der Prognose, ob ein Prüfling in Zukunft ein guter Kraftfahrer sein wird oder nicht, eingehend beschäftigte. Er kam unter anderem zu dem Ergebnis, daß der gute Fahrer im Gegensatz zu dem, der besonders häufig verursachend an Unfällen beteiligt ist, den Details seine besondere Aufmerksamkeit widmet. Er nimmt visuell ähnliche Merkmale rascher und genauer wahr. Von gleichartigen Befunden berichtete Jenkins (1956, 1961), der feststellte, daß unabhängig vom Arbeitsplatz Arbeitnehmer, die auffallend oft an Betriebsunfällen verursachend beteiligt sind, besonders unaufmerksam und leicht ablenkbar sind. Lauer konnte in seiner Untersuchung zusätzlich den Nachweis erbringen, daß zur Vorhersage „guter Kraftfahrer — schlechter Kraftfahrer" den biotischen und psychophysiologischen Tests, die bis dahin verwendet wurden, besonders bestimmte Papier-und-Bleistift-Tests überlegen sind, welche die Aufmerksamkeit und die Wahrnehmung von einander ähnlichen Umweltreizen in hohem Maße berücksichtigen.

Auf diesen Erkenntnissen aufbauend, konstruierte Brickenkamp den Test d2, der eine Weiterentwicklung des „Durchstreichetests ohne Modell" von Meili (1956) darstellt.

Der Test d2 besteht aus insgesamt vierzehn Zeilen, die jeweils 47 Kleinbuchstaben d und p in bunter Reihung enthalten, wobei jedes dieser Zeichen oben und/oder unten mit einem oder zwei zusätzlichen Strichen versehen ist, so daß sich sechzehn Kombinationen ergeben. Eine Zeile als Beispiel:

”	”	’		”		”	’		’		”		’	’	”		”	”			’
d	p	d	d	d	d	p	d	d	p	d	d	d	d	p	p	d	d	d	p	d	d
		’	’		”		”	”	’	’		”	”	”		”	’		’	’	’

Die Aufgabe des Probanden besteht darin, innerhalb von zwanzig Sekunden Bearbeitungszeit pro Zeile so schnell wie möglich und dabei möglichst fehlerfrei nur die d zu durchstreichen, die mit insgesamt zwei Strichen markiert sind, also

”		’
d,	d und	d.
	”	’

Mit Hilfe von Schablonen werden die Gesamtzahl der bearbeiteten Zeichen (GZ = Mengenleistung), die absolute Fehlerzahl (F = Summe sowohl falsch angestrichener Zeichen wie auch übersehener d2), die um die gemachten Fehler verminderte Mengenleistung (GZ-F = Gesamtleistung), die Schwankungsbreite (SB = die Differenz zwischen der Maximal- und Minimalleistung in den 14 Zeilen) und die Fehlerverteilung (Leistungsverlauf) ermittelt. Zur Berechnung eines weiteren Testkennwertes, dem Fehlerprozent, wird die absolute Fehlerzahl in Relation zur Mengenleistung gesetzt (F % = 100 x F/GZ). In altersspezifischen Normentabellen lassen sich die entsprechenden Prozentränge (PR) oder Standardwerte ablesen.

Der Test d2 ist sowohl als Einzel- wie auch als Gruppentest anwendbar. Seine Durchführungszeit liegt bei etwa acht bis zehn Minuten.

Der Test d2, der zunächst zur Überprüfung der Kraftfahreignung entwickelt wurde, hat sich sehr bald auch in anderen Bereichen der Psychologie, vor allem in der Arbeits- und Betriebspsychologie, als ein nützliches Instrument zur Prüfung und Beurteilung der Aufmerksamkeits- und Konzentrationsleistung erwiesen. Er wird im Rahmen von arbeits- und leistungspsychologischen Untersuchungen in der Industrie, bei Fragen der Berufsberatung, der Rehabilitation und im klinischen Bereich angewandt.

2.3 Stichproben

244 Beamte des gehobenen Dienstes und 253 Anwärter für die Laufbahn des gehobenen Dienstes bei der Deutschen Bundespost unterzogen sich einer testpsychologischen Untersuchung. Sie wurden unter anderem [1] mit dem Test d2, dem IST oder dem LPS in je zehn Gruppen untersucht. Da die Durchführung der Untersuchung zu Forschungszwecken erfolgte, war die Teilnahme freiwillig. Den Teilnehmern wurde absolute Anonymität zugesichert. Anstelle einer namentlichen Kennzeichnung markierte jeder seinen Testbogen mit einem selbstgewählten Codenamen. Aus auswertungstechnischen Gründen wurde lediglich eine Altersangabe entsprechend der in den Tests geforderten Altersintervallen erbeten. Als Äquivalent für die freiwillige Mitarbeit wurde den Teilnehmern Einblick in ihre individuellen Testergebnisse gewährt. Auf Wunsch wurden die erbrachten Testleistungen dem Probanden erläutert.

---

[1]) Vgl. Kapitel 4 und 5.

Die 244 Beamten des gehobenen Dienstes, deren Durchschnittsalter innerhalb des Intervalls von 34 bis 39 Jahren lag, stellen eine ausgelesene Stichprobe dar. Es handelt sich dabei vorwiegend um Beamte, die, durch ihr Arbeitsverhalten als für Führungsaufgaben besonders geeignet erachtet, von den zuständigen Mittelbehörden (Oberpostdirektionen) für Führungslehrgänge abgeordnet worden waren. Sie kamen etwa zu gleichen Teilen aus dem Postbereich (CP) und dem Fernmeldesektor (CF).

Die Gruppe des Laufbahnnachwuchses erfaßt sämtliche männlichen Anwärter für die Laufbahn des gehobenen Postdienstes aus dem Zuständigkeitsbereich der Oberpostdirektionen Freiburg, Karlsruhe, Stuttgart und (vormals) Tübingen. Für diesen Bereich ist die Gruppe der Laufbahnanwärter Population. Sie darf nach Auffassung der Oberpostdirektionen als für den bundesweiten Laufbahnnachwuchs repräsentative Stichprobe angesehen werden. Der Laufbahnnachwuchs setzt sich aus Aufstiegsbeamten aus der Laufbahn des mittleren Dienstes und aus Postinspektoranwärtern (PIAw) zusammen, die mit Schulabschluß Abitur ihre Ausbildung für die Laufbahn des gehobenen Dienstes begonnen hatten. Sämtliche untersuchten Anwärter für die Laufbahn des gehobenen Dienstes befanden sich zum Zeitpunkt der testpsychologischen Untersuchung im letzten Vorbereitungsjahr für die Laufbahneingangsprüfung. Ihr Durchschnittsalter betrug 21-24 Jahre.

Der prozentuale Anteil des weiblichen Laufbahnnachwuchses zwischen 1973 und 1976 lag bei 22 %. Der Anteil weiblicher Beamten des gehobenen Dienstes bei der Deutschen Bundespost beträgt etwa 7 %. Beide Gruppen wurden in den hier vorgelegten Untersuchungen wegen zu niedriger Stichprobengrößen nicht berücksichtigt.

2.4 *Datenerhebung*

Die Tests wurden während eines Zeitraumes von drei Jahren zwischen 1973 und 1976 erhoben. 103 Beamte des gehobenen Dienstes und 105 Laufbahnanwärter beteiligten sich am LPS und am Test d2. Bei den anderen Probanden wurde anstelle des LPS der IST durchgeführt. Da es aus organisatorischen Gründen nicht immer möglich war, sowohl den IST als auch den Test d2 bearbeiten zu lassen, fehlen vom gehobenen Dienst 76 Tests d2 und vom Laufbahnnachwuchs 27 IST (vgl. *Übersicht 1*).

Übersicht 1: Stichprobenverteilungen

Stichproben	Tests IST	LPS	Test d2
Beamte des gehobenen Post- und Fernmeldedienstes	141	103	168
Anwärter für die Laufbahn des gehobenen Postdienstes	121	105	253

Insgesamt standen für eine statistische Auswertung von 244 Beamten des gehobenen Dienstes 103 LPS, 141 IST und 168 Tests d2 zur Verfügung, vom Laufbahnnachwuchs (253 Anwärter) 105 LPS, 121 IST und 253 Tests d2.

3. Ergebnisse der Untersuchung

3.1 Intellektuelle Leistungsfähigkeit

3.1.1 Intelligenzniveau

Sowohl die Beamten des gehobenen Dienstes wie auch die Anwärter für die Laufbahn des gehobenen Dienstes zeigten in beiden Intelligenztests überdurchschnittliche intellektuelle Leistungen (s. *Tabellen 1* und 2). In beiden Tests wurde für die Beamten des gehobenen Dienstes ein allgemeines Intelligenzniveau festgestellt, das noch etwas über dem des Laufbahnnachwuchses liegt. Die Frage der Bedeutsamkeit dieser Unterschiede wurde durch den statistischen Vergleich der Durchschnittswerte der beiden Untersuchungsgruppen sowohl mit dem t-Test für unabhängige Stichproben als auch durch die Überprüfung der kritischen Differenzen nach Lienert, berechnet nach *Formel 162* (1969, S. 460), geklärt. Für den IST ergab sich ein Wert von t = 4.43, für den LPS wurde ein t-Wert von 4.77 errechnet. Beide Werte sind deutlich größer als der t-Wert von 2.63, der als Mindestmaß für das Ein-Prozent-Niveau der Signifikanz bei df = 100 Freiheitsgraden gefordert wird (vgl. Guilford 1965, S. 581). Dies bedeutet, daß sich die beiden Gesamttestresultate der Stichprobe des gehobenen Dienstes von denen des Laufbahnnachwuchses signifikant unterscheiden bei einer Irrtumswahrscheinlichkeit von unter einem Prozent. Lienert gibt für die Differenz zwischen zwei IST-Durchschnittsniveaus (Profilhöhen) als kritischen Wert 3.3 Standardwertpunkte (5 %-Niveau) an (1969, S. 462). Die Differenz beträgt in unserem Falle 3.6 Punkte. Für den LPS wurde ein kritischer Differenzenwert von 3.6 Standardwertpunkten (1 %-Niveau) errechnet. Die Differenz zwischen den LPS-Gesamtergebnissen unserer Stichproben liegt bei 3.9 Punkten. Auch nach Lienerts Berechnungsmethode können die Unterschiede als gesichert gelten.

*Tabelle 1 *:* IST: Mittelwerte und Varianzen in Standardwerten, IQ-Werte, IQ-Streubreiten und Stichprobengrößen (N)

Stichproben	Mittelwerte	Varianzen	Intelligenzquotienten (IQ)	IQ-Streubreiten	N
gehobener Dienst (Liebel/Luhr 1978)	112.7	38.3	118.8	94 — 136	141
Laufbahnnachwuchs (Liebel/Luhr 1978)	109.1	47.2	113.5	87 — 137	121
Studenten einer Wirtschaftshochschule (Groffmann/Schneevoigt 1964)	111.1	57.1	116.5	88 — 139	37
Psychologiestudenten (Kury 1973)	111.5	55.4	117.0	84 — 145	187

*) Die Berechnungen erfolgten auf der Rechenanlage Univac 1106 des Rechenzentrums der Universität Freiburg i. B.

Tabelle 2: LPS: Mittelwerte und Varianzen in Standardwerten, IQ-Werte, IQ-Streubreiten und Stichprobengrößen (N)

Stichproben	Mittelwerte	Varianzen	Intelligenz-quotienten (IQ)	IQ-Streubreiten	N
gehobener Dienst (Liebel/Luhr 1978)	114.3	35.2	121.2	103 — 145	103
Laufbahnnachwuchs (Liebel/Luhr 1978)	110.4	34.3	115.4	93 — 140	105
Studenten einer Wirtschaftshochschule (Groffmann/Schneevoigt 1964)	112.5	33.9	118.5	104 — 139	37
Psychologiestudenten (Kury 1973)	115.3	50.0	122.7	103 — 145	187

Die Anwärter für die Laufbahn des gehobenen Dienstes erreichen mit ihrer Gesamtleistung teils die Obergrenze des Durchschnittsbereiches der allgemeinen intellektuellen Leistungsfähigkeit, teils übersteigen sie ihn. Im IST wurden knapp darunterliegende, im LPS dagegen leicht überdurchschnittliche Leistungen erzielt.

Es liegt nahe, die Ergebnisse dieser beiden Gruppen mit Stichproben gleicher Vorbildung, die sowohl mit dem IST wie auch mit dem LPS untersucht worden sind, zu vergleichen. Von diesen bieten sich diejenigen von Groffmann und Schneevoigt (1964) und Kury (1973) an. Bei der ersten Stichprobe handelt es sich um 37 Studenten einer Wirtschaftshochschule mit einem Durchschnittsalter von 24 Jahren. Die 187 Psychologiestudenten von Kurys Stichprobe waren durchschnittlich 22 Jahre alt.

Eine Gegenüberstellung des intellektuellen Leistungspotentials der Studenten mit den Beamten des gehobenen Dienstes und des Laufbahnnachwuchses ist insofern gerechtfertigt, als es sich mit Ausnahme einiger Laufbahnanwärter durchgehend um Personen mit Schulabschluß Abitur handelt. Hinsichtlich der Gruppe des Laufbahnnachwuchses besteht direkte Vergleichbarkeit auch in bezug auf das Durchschnittsalter, was vor allem beim Vergleich der Intelligenzprofile des LPS von Bedeutung ist (vgl. 3.1.2). Die Anwärter für die Laufbahn des gehobenen Dienstes erzielen in beiden Intelligenztests zwar eine um drei bis sieben IQ-Punkte niedrigere Gesamtleistung im Vergleich zu den Studentenstichproben von Groffmann und Schneevoigt und Kury. Das intellektuelle Leistungsniveau unterscheidet sich aber nur in bezug auf die Untersuchung von Kury statistisch bedeutsam. Während mit dem t-Test für unabhängige Stichproben für den IST-Vergleich der t-Wert 2.90 beträgt, wurde bei der Gegenüberstellung der Mittelwerte des LPS ein t-Wert von 6.36 errechnet. Beide Werte gelten auf dem 1 %-Niveau als signifikant (Mindestwert $t = 2.6$ bei $df = 150$, vgl. Guilford 1965, S. 581). Legt man Lienerts kritischen Differenzenwert zugrunde, so unterscheidet sich das Intelligenzniveau des Laufbahnnachwuchses von dem der Psychologiestudentenstichprobe von Kury im LPS, nicht aber im IST.

Die Beamten des gehobenen Dienstes erreichen von allen vier Stichproben im IST den höchsten Wert (s. *Tabelle 1*), ihr durchschnittliches Intelligenzniveau unterscheidet sich aber statistisch nicht von dem der beiden Studentenstichproben. Im LPS dagegen liegen sie mit ihrem Gesamtresultat hinter der Studentenstichprobe von K u r y auf Platz zwei (s. *Tabelle 2*). Auch hier erbrachte der statistische Mittelwertsvergleich keinen signifikanten Unterschied. Das Gleiche gilt auch bei Anwendung von L i e - n e r t s Berechnungsmethode der kritischen Differenzen.

3.1.2 Intelligenzprofil

Bei der Beurteilung der Intelligenzstruktur mit Hilfe eines Intelligenztests spielt die Interpretation des ermittelten Intelligenzprofils eine wichtige Rolle. Erst die Analyse dieses Profils erlaubt eine differenzierte Beurteilung der intellektuellen Fähigkeiten nach besonderen Stärken oder auch Schwächen. Man kann das individuelle Profil unter anderem mit dem Durchschnittsprofil erfolgreicher Vertreter jener Berufsgruppen vergleichen, welcher der Proband angehört oder künftig angehören soll. Daraus ergeben sich Anhaltspunkte für seine zu erwartende zukünftige berufliche Entwicklung. Weiter dienen solche Gegenüberstellungen als Hilfen bei der Auswahl geeigneter Bewerber für die Neu- oder Wiederbesetzung offener Stellen. Eine andere Anwendungsmöglichkeit dieser Methode besteht darin, aus den ermittelten Anforderungsprofilen verschiedener Berufsgruppen diejenigen herauszusuchen, denen ein individuelles Profil am nächsten kommt. Unter Berücksichtigung zusätzlicher Eignungsfaktoren, wie zum Beispiel der speziellen Interessenlage, der physischen und psychischen Belastbarkeit, der Leistungsmotivation oder anderer, nicht in der Persönlichkeit des Probanden begründeter Komponenten, wie beispielsweise der Situation am Arbeitsmarkt, können Hinweise für eine psychologisch sinnvolle Berufsempfehlung, für gezielte Umschulungsmaßnahmen oder dergleichen getroffen werden.

3.1.2.1 Formaler Vergleich der Intelligenzprofile

Die in der vorliegenden Untersuchung ermittelten Intelligenzprofile können auf Grund der Stichprobenauswahl als Durchschnittsprofile *erfolgreicher* Verwaltungsbeamten betrachtet werden, soweit es die Ergebnisse des gehobenen Dienstes betrifft (vgl. 2.3). Diese Profile sind sozusagen die Vorgaben, anhand derer die Durchschnittsprofile des Laufbahnnachwuchses aber auch individuelle Anwärterprofile verglichen und interpretiert werden können. Den bedenkenswerten Einwand, ein berufstypisches Profil könne sich erst im Verlauf von Ausbildung und Berufsausübung formen, entkräftete A m t h a u e r , der in einer Reihe von Fällen bereits vor Beginn der Ausbildung entsprechende Profile nachweisen konnte (1973, S. 34).

Für derartige ‚berufstypische' Profile stellt W e i s e folgenden Anforderungskatalog auf (1975, S. 211):

1. Die Stichprobe, auf der das Profil beruht, muß repräsentativ und ausreichend groß sein (mindestens $N = 100$, möglichst $N \geq 250$).
2. Alle Pbn, auf denen das Profil beruht, müssen für den Beruf gut geeignet sein.
3. Alle im Testprofil enthaltenen Untertests müssen für den Beruf bedeutungsvolle Faktoren repräsentieren.
4. Im Testprofil sollten alle bedeutsamen Faktoren enthalten sein.
5. Die Validität der Untertests eines Testprofils sollte bekannt sein.
6. Die Interkorrelationen der Untertests eines Testprofils sollten bekannt sein.
7. Die Varianz innerhalb der berufstypischen Profile sollte klein, zwischen ihnen groß sein.

Die Stichprobengrößen betragen im Falle des IST N = 141, des LPS N = 103. Beide Stichproben sind repräsentativ für die Population *geeigneter* Beamten des gehobenen Post- und Fernmeldedienstes. Das Spektrum der konkreten beruflichen Tätigkeiten dieser Personengruppe ist derart breit, daß eigentlich alle erfaßten Intelligenzfaktoren je nach Dienstposten von Bedeutung sein können. Ob in den hier verwendeten Intelligenztests allerdings alle bedeutsamen Faktoren enthalten sind, kann nicht mit Sicherheit behauptet werden, da ein differenziertes Anforderungsprofil für den gehobenen Dienst fehlt. Informationen über die Validität der verwendeten Tests finden sich in der speziellen Testliteratur (vgl. Brickenkamp 1975, Weise 1975, Hiltmann 1977). Die Interkorrelationen der Untertests sind in den *Tabellen 9, 10* und *11* enthalten. Die siebte und letzte der obengenannten Anforderungen ergibt sich aus dem Vergleich mit anderen berufstypischen Profilen, wie sie zum Beispiel bei Amthauer (1973, S. 22 ff.), Horn (1962, S. 25), Kettel und Simmat (1969), Klippstein und Steller (1970), Marschner (1966) oder Noppeney (1968) mitgeteilt sind.

Tabelle 3: Mittelwerte der IST-Untertestergebnisse in Standardwerten

Stichproben	SE	WA	AN	GE	ME	RA	ZR	FA	WÜ	N
gehobener Dienst (Liebel/ Luhr 1978)	113	113	112	109	111	110	107	110	108	141
Laufbahnnachwuchs (Liebel/ Luhr 1978)	108	109	105	107	107	107	109	105	104	121
Studenten einer Wirtschaftshochschule (Groffmann/ Schneevoigt 1964)	107	109	107	108	108	110	110	106	107	37
Psychologiestudenten (Kury 1973)	109	111	111	109	106	107	107	106	107	187
Beamte des gehobenen Postdienstes (Amthauer 1955, S. 21)	110	107	108	110	107	104	105	104	105	94

Legende: SE = Satzergänzung, WA = Wortauswahl, AN = Analogien, GE = Gemeinsamkeiten, ME = Merkaufgaben, RA = Rechenaufgaben, ZR = Zahlenreihen, FA = Figurenauswahl, WÜ = Würfelaufgaben

Zuerst sollen die Intelligenzprofile des IST betrachtet werden, wie sie in *Tabelle 3* und in *Abbildung 1* mitgeteilt sind. Ein Vergleich der Intelligenzleistungen, die in den einzelnen Untertests des IST erbracht worden sind, zeigt, daß auch bei dieser Gegenüberstellung die Beamten des gehobenen Dienstes in fast allen Untertests signifikant höhere Leistungen als die Anwärter für die Laufbahn des gehobenen Dienstes erreichen. Eine Ausnahme bildet der Untertest ZR (Zahlenreihen → induktives Denken mit Zahlen), wo der Laufbahnnachwuchs die Ergebnisse des gehobenen Dienstes erreicht. Der Untertest ZR ist auch der einzige Subtest, bei dem kein statistisch bedeutsamer Unterschied zum gehobenen Dienst besteht.

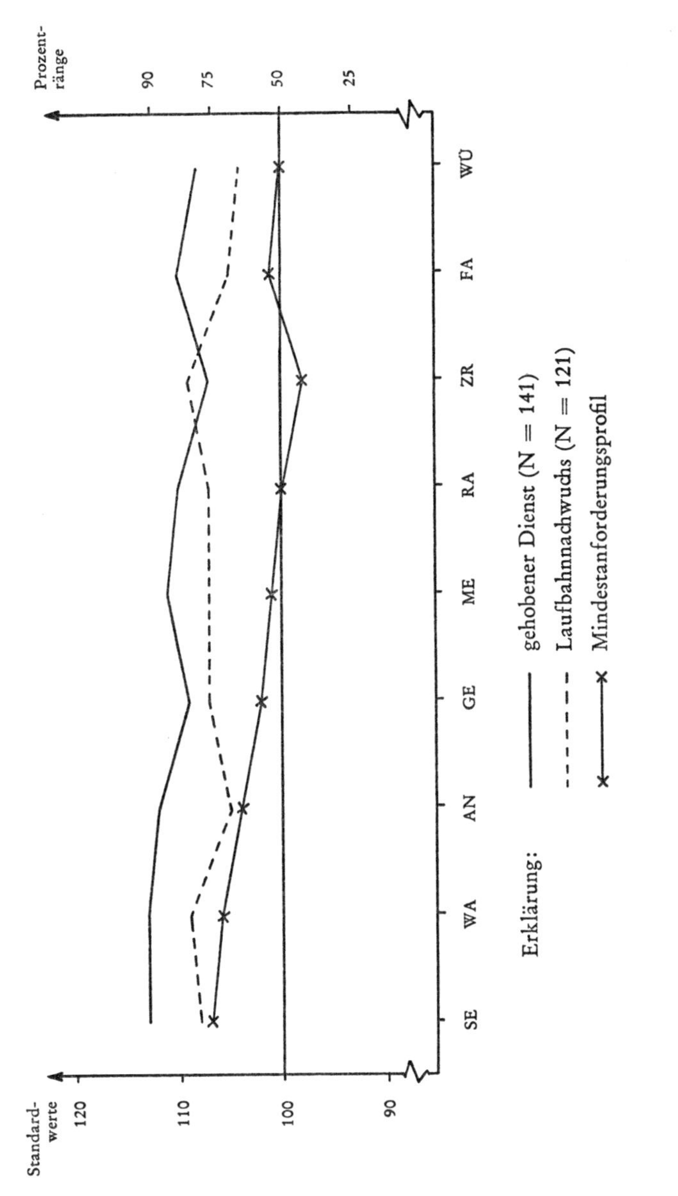

Abbildung 1: IST-Profile in Standardwerten und Prozenträngen

Die von Groffmann und Schneevoigt (1964) und Kury (1973) für Studentenstichproben ermittelten Intelligenzprofile sind zusammen mit den Daten einer weiteren Vergleichsstichprobe, die bei Amthauer (1955, S. 21) mitgeteilt wird, ebenfalls in *Tabelle 3* enthalten. Leider versäumten die Autoren, die für statistische Zwecke notwendigen Streuwerte für die einzelnen Subtests ebenso anzugeben, wie sie dies für das Intelligenzniveau getan haben. Die Varianzen für unsere Stichproben sind, soweit nicht in anderen Tabellen vermerkt, in *Tabelle 7* zusammengefaßt. Die Verlaufskurven der Intelligenzprofile sind in *Abbildung 2* dargestellt.

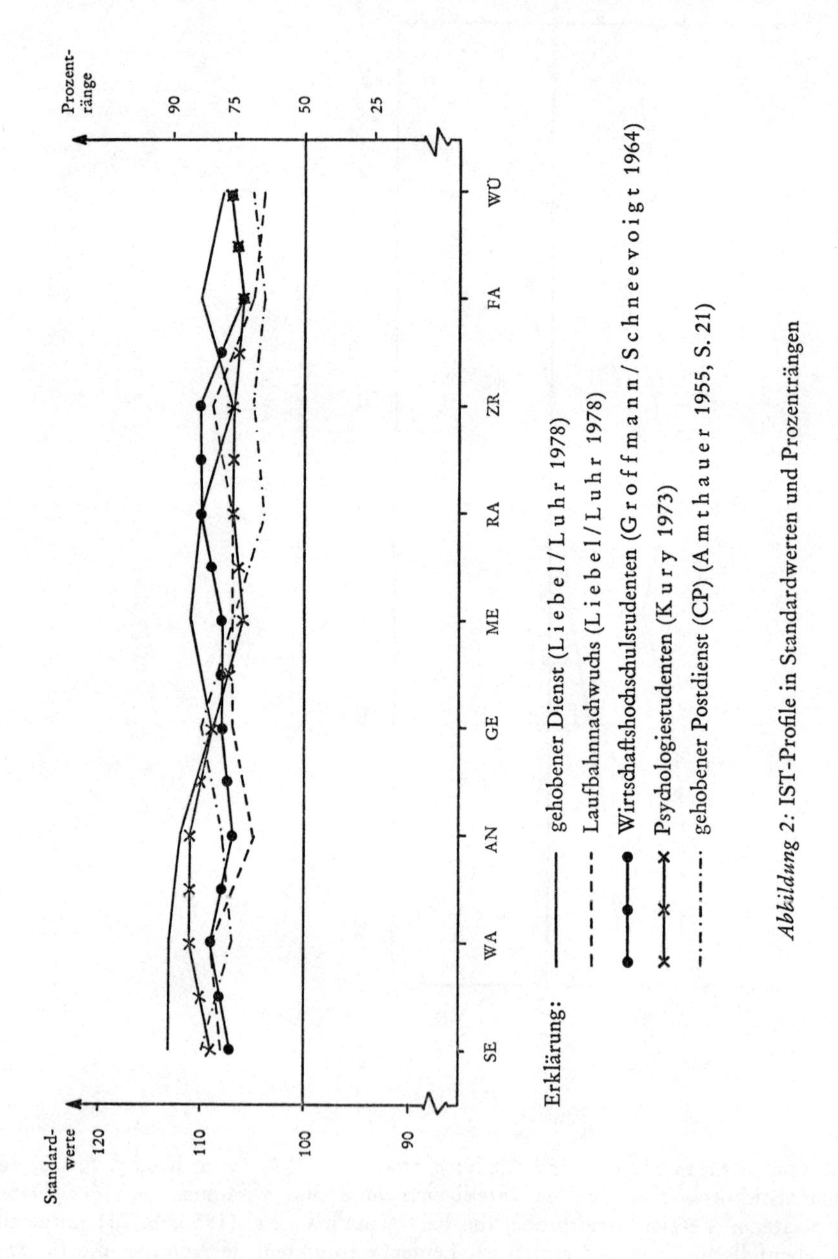

Abbildung 2: IST-Profile in Standardwerten und Prozenträngen

Der Verlauf der Intelligenzprofile der Stichproben von G r o f f m a n n und S c h n e e v o i g t und die des Laufbahnnachwuchses sind einander sehr ähnlich.

Das Profil des Laufbahnnachwuchses liegt knapp unter dem der Studentengruppe. Da in keinem der Subtests eine signifikante Differenz vorliegt, kann man die Intelligenzstruktur dieser beiden Stichproben als einander gleich bezeichnen. Die Profile der drei anderen Stichproben unterscheiden sich deutlich sowohl untereinander als auch von den beiden genannten. Insgesamt gesehen erreichen die Beamten des gehobenen

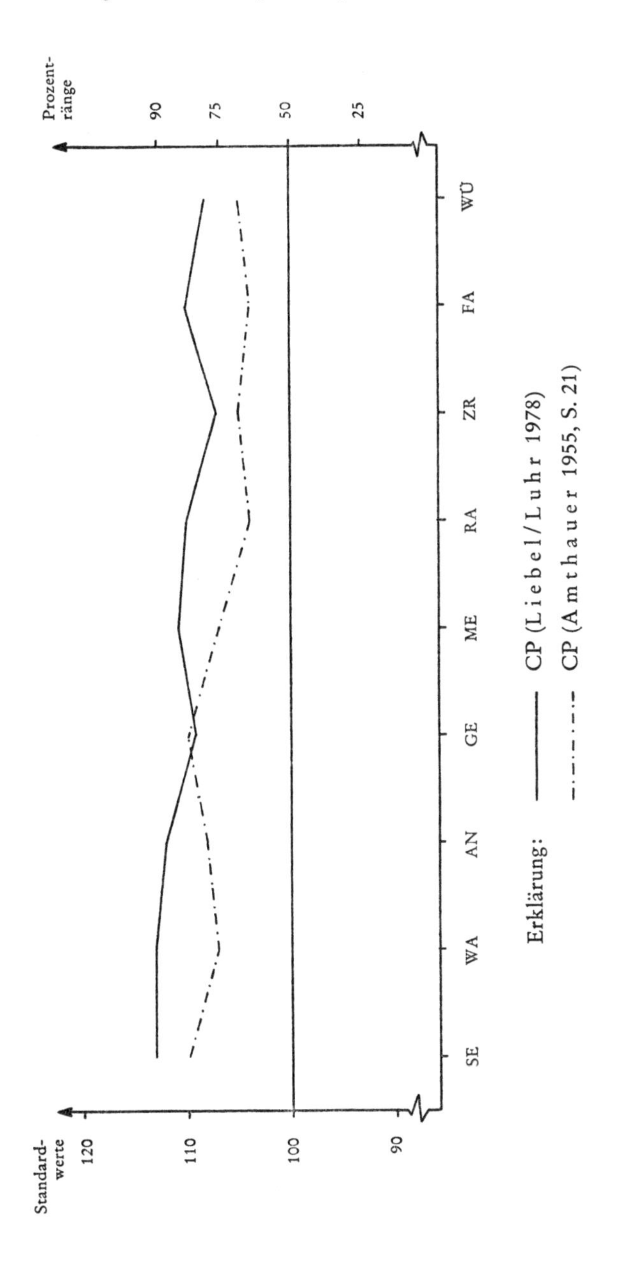

Abbildung 3: IST-Profile zweier CP-Stichproben in Standardwerten und Prozenträngen

Dienstes in ihrem Durchschnittsprofil die höchsten Werte, abgesehen von ihrer bereits erwähnten relativen Schwäche im Untertest ZR. Ihre Intelligenzstruktur weicht in einigen Punkten von der der beiden Studentengruppen ab. Es bestehen signifikante Unterschiede in den Subtests SE (Satzergänzung → Urteilsbildung), ME (Merkaufgaben → Merkfähigkeit) und FA (Figurenauswahl → Vorstellungsfähigkeit) zu den beiden Studentenstichproben und zusätzlich im Untertest AN (Analogien → Kombinationsfähigkeit) zu der Stichprobe von Groffmann und Schneevoigt.

Amthauer teilte 1955 (S. 21) Untersuchungsergebnisse einer Stichprobe von N = 94 Beamten des gehobenen Postdienstes (CP) mit, die als Vergleich zu den Ergebnissen unserer Stichprobe von N = 141 Beamten herangezogen wurden. Die Profile der beiden Stichproben sind in *Tabelle 3* eingetragen und in *Abbildung 3* graphisch dargestellt.

Die beiden Kurven weisen eine gegenläufige Bewegung auf. Insgesamt gesehen erreichen die Beamten des gehobenen Dienstes unserer Stichprobe außer in Subtest GE (Gemeinsamkeiten → sprachliche Abstraktionsfähigkeit) in allen Untertests höhere Leistungswerte. Bei den meisten der neun Untertests sind die Unterschiede bedeutsam. Diese Diskrepanz könnte zum einen auf die Stichprobenauswahl zurückzuführen sein. Bei Amthauer fehlen Angaben darüber, ob es sich bei seiner Stichprobe wie in unserem Fall um besonders geeignete Beamten oder um eine reine Zufallsauswahl von Probanden handelte. Die dargestellte Diskrepanz könnte aber auch bedeuten, daß sich im Verlauf der letzten 20 Jahre strengere Auswahlkriterien hinsichtlich der intellektuellen Leistungsfähigkeit bei der Bewerberauswahl durchgesetzt haben. Über den Zusammenhang von Eignungsurteilen und dem allgemeinen Leistungsniveau bei potentiellen Führungskräften berichten beispielsweise Dreyer und Grabitz Korrelationen zwischen r = .75 und .88 (1971, S. 194).

Die Intelligenzprofile des LPS sind aus *Tabelle 4* (Standardwerte) beziehungsweise *Tabelle 5* (Rohwerte) sowie aus den *Abbildungen 4* und *5* zu ersehen.

Tabelle 4: Mittelwerte der nach den hypothetischen LPS-Faktoren zusammengefaßten Untertestergebnisse in Standardwerten

Stichproben	1+2	3+4	5+6	7−10	11+12	13+14	N
gehobener Dienst	109	109	109	114	110	113	103
Laufbahnnachwuchs	111	107	108	109	106	106	105

Legende: 1+2 = Allgemeinbildung; 3+4 = Denkfähigkeit; 5+6 = Worteinfall; 7−10 = Technische Begabung; 11+12 = Ratefähigkeit; 13+14 = Wahrnehmungstempo

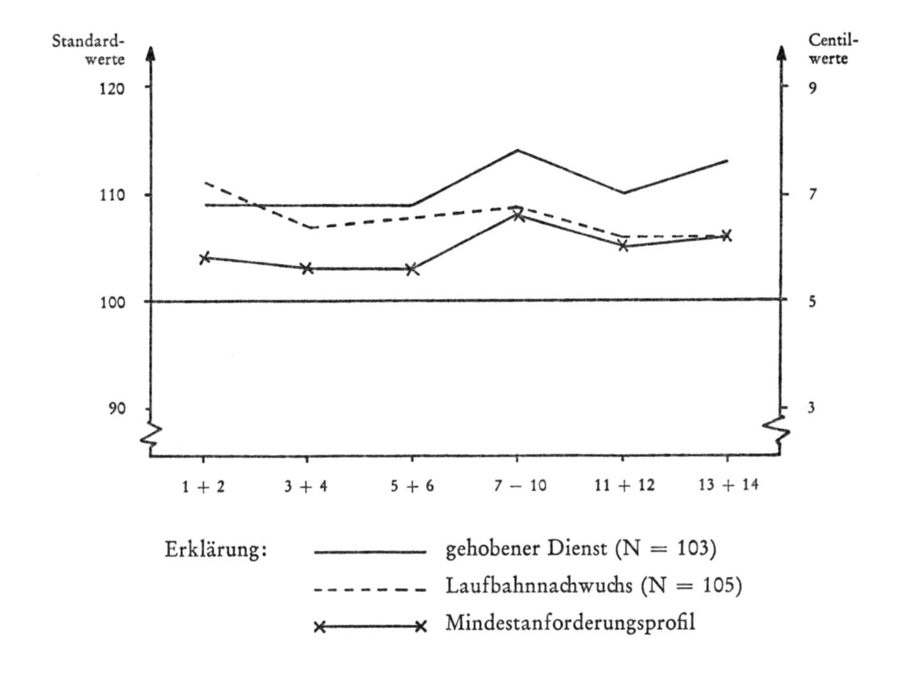

Abbildung 4: LPS-Profile in Standard- und Centilwerten

Tabelle 5: Mittelwerte der nach den hypothetischen LPS-Faktoren zusammengefaßten Untertestergebnisse in Rohwerten

Stichproben	1+2	3+4	5+6	7–10	11+12	13+14	N
gehobener Dienst (Liebel/Luhr 1978)	58	55	60	113	58	49	103
Laufbahnnachwuchs (Liebel/Luhr 1978)	58	54	63	97	55	43	105
Studenten einer Wirtschaftshochschule (Groffmann/Schneevoigt 1964)	59	59	66	107	57	42	37
Psychologiestudenten (Kury 1973)	61	60	73	112	58	42	187
Psychologiestudenten (Horn 1962, S. 25)	59	56	71	99	52	37	115

Legende: 1+2 = Allgemeinbildung; 3+4 = Denkfähigkeit; 5+6 = Worteinfall; 7–10 = Technische Begabung; 11+12 = Ratefähigkeit; 13+14 = Wahrnehmungstempo

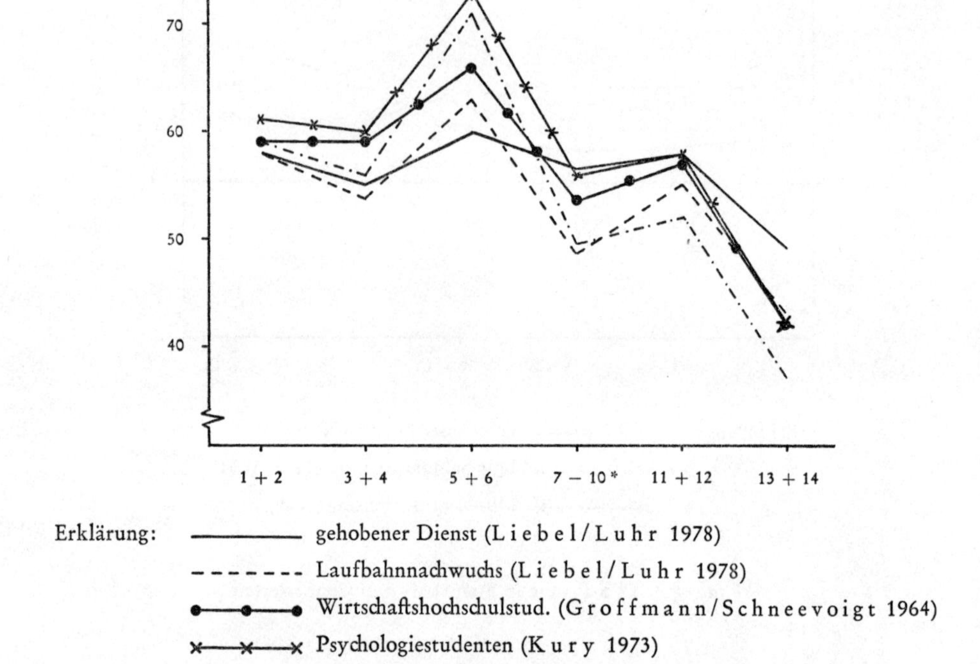

*) Die Summe der Rohwerte des Faktors 7—10 wurde zu Vergleichszwecken halbiert, da sich dieser als einziger aus vier anstatt aus zwei Einzeltests zusammensetzt.

Abbildung 5: LPS-Profile in Rohwerten

Ein Vergleich zweier LPS-Intelligenzprofile anhand von Rohwerten ist nur dann möglich, wenn beide Probanden oder bei Durchschnittsprofilen beide Probandengruppen das gleiche Alter beziehungsweise den gleichen Altersdurchschnitt aufweisen, denn gleiche Rohwerte führen bei verschiedenem Alter der Probanden zu unterschiedlichen Centil- bzw. Standardwerten. Korrekte Vergleiche lassen sich aber nur mit standardisierten Werten durchführen. Die Tatsache, daß der Altersunterschied zwischen unserer Stichprobe des gehobenen Dienstes und der des Laufbahnnachwuchses etwa fünfzehn Jahre beträgt, erfordert für die direkte Vergleichbarkeit die Umrechnung der ermittelten Rohwerte des Intelligenzprofils in altersadäquate Standardwerte. Dies ist sowohl in *Tabelle 4* als auch in *Abbildung 4* berücksichtigt worden. Da beim LPS Centilwerte anstelle der gebräuchlicheren Standardwerte bnützt werden, sind in *Abbildung 4* beide Werte eingezeichnet.

Das Intelligenzprofil der Beamten des gehobenen Dienstes verläuft mit Ausnahme des Untertests 1+2 (Rechtschreibung → Allgemeinbildung) oberhalb des Profils des Laufbahnnachwuchses. Statistisch bedeutsame Unterschiede zwischen den Subtests gibt es in je zwei Fällen. Bei den Untertests 7-10 (Spiegelbilder, Abwicklungen, Körperflächen, „Gottschaldt"-Figuren → technische Begabung) und 13+14 (Nullen zählen, Druckfehler → Wahrnehmungstempo) ergaben sich signifikante Unterschiede mit einer Irrtumswahrscheinlichkeit von unter einem Prozent und bei den Untertests 3+4 (Figurenreihen, Zahlenreihen → Denkfähigkeit) und 11+12 (Bilder-, Worterkennen → Ratefähigkeit) unter fünf Prozent.

Um eine Gegenüberstellung der verschiedenen Stichproben wie beim IST zu ermöglichen, sind ähnlich wie dort die Testwerte der beiden Studentenstichproben von Groffmann und Schneevoigt und Kury in *Tabelle 5* eingetragen. Zusätzlich wurde eine Stichprobe von 115 Psychologiestudenten von Horn (1962, S. 25) einbezogen. Bei dieser sind ebenso wie bei den übrigen Studentenstichproben nur Rohwerte angegeben. Da mit Ausnahme der Stichprobe der Beamten des gehobenen Dienstes alle Probanden der gleichen Altersgruppe (21-24 Jahre) angehören, können die Ergebnisse des Laufbahnnachwuchses mit denen der drei Studentenstichproben direkt verglichen werden. Wie ein Blick auf *Abbildung 5* zeigt, verlaufen diese vier Profile fast parallel. Außer in den Untertests 13+14 und teilweise in 11+12 erzielen die Studenten ein besseres Ergebnis. Bei den Untertests 5+6 (Anagramme, Wortfinden → Worteinfall) divergieren die intellektuellen Leistungen am stärksten. Nicht in jedem Subtest wird der höchste Wert von derselben Stichprobe erzielt; das Gleiche gilt auch für den niedrigsten Wert. Auffällige Differenzen bestehen zwischen dem Laufbahnnachwuchs und der Stichprobe von Groffmann und Schneevoigt in den Subtests 3+4 und 7-10. Im Vergleich zu der Stichprobe von Horn liegen die Leistungen des Laufbahnnachwuchses in Untertest 5+6 deutlich unter denen der Studenten, im Untertest 13+14 deutlich darüber. Die Leistungskurve des Laufbahnnachwuchses verläuft mehr oder weniger unterhalb derjenigen der Stichprobe von Kury bis auf den Untertest 13+14, wo praktisch gleiche Leistungen erzielt werden.

Ein laufbahnintern mehr oder weniger offen diskutiertes Thema ist ein vielfach vermutetes Gefälle der intellektuellen Leistungsfähigkeit zwischen dem Fernmelde- und dem Postsektor, wobei als Begründung die unterschiedliche Ausbildung ins Feld geführt wird. Um Klarheit über dieses Problem zu erhalten, wurden aus dem vorliegenden Datenmaterial zwei Teilstichproben mit je vierzig Beamten des Postsektors (CP) und zwei mit je 40 Beamten des Fernmeldesektors (CF) durch Zufallsauswahl zusammengestellt. Für jede der vier Teilstichproben wurde das Leistungsniveau und das Leistungsprofil für beide Intelligenztests berechnet.

Die Leistungsprofile des IST sind in der *Tabelle 6* dargestellt, in der auch die Gesamttestwerte (GL) mit aufgenommen sind. Da sich die Profile kaum unterscheiden, sind auf Zehntelstelle genaue Standardwerte angegeben.

Die Abweichung im Intelligenzniveau der beiden Stichproben beträgt lediglich 0.3 IQ-Punkte, eine Differenz, die absolut vernachlässigt werden kann: die Höhen der Intelligenzniveaus sind identisch. Bei der Gegenüberstellung der beiden Leistungsprofile gelangt man zum gleichen Ergebnis. Die größten Differenzen finden sich in Untertest AN (Analogien → Kombinationsfähigkeit), wo die Stichprobe des Fernmeldesektors (CF) einen um 2.2 Punkte höheren Standardwert als die Stichprobe des Postsektors (CP) erreicht. Dafür erzielt aber letztere in Untertest RA (Rechenaufgaben → praktisch-rechnerisches Denken) einen um 2.3 Punkte höheren Standardwert. Eine Differenz von mehr als einem Standardwert wird in den Untertests ME (Merkaufgaben → Merkfähigkeit) und WÜ (Würfelaufgaben → räumliches Vorstellen-Kön-

Tabelle 6: IST: Intelligenzprofile und Intelligenzniveaus für Zufallsstichproben des gehobenen Dienstes

Stichproben	SE	WA	AN	GE	ME	RA	ZR	FA	WÜ	GL	N
Postbereich (CP)	113.0	113.4	109.6	108.1	111.1	109.4	105.8	108.0	105.9	111.8	40
Fernmeldesektor (CF)	113.2	113.8	111.8	108.4	109.6	107.1	105.0	109.3	106.5	112.0	40

Legende: SE = Satzergänzung, WA = Wortauswahl, AN = Analogien, GE = Gemeinsamkeiten, ME = Merkaufgaben, RA = Rechenaufgaben, ZR = Zahlenreihen, FA = Figurenauswahl, WÜ = Würfelaufgaben, GL = Gesamtleistung

nen) verzeichnet. Trotz dieser geringfügigen Abweichungen sind die beiden Leistungsprofile statistisch gesehen identisch.

Die Profilabweichungen zwischen CP und CF im LPS betrugen für die Untertests wie für die Gesamtleistung maximal 1.9 Standardwertpunkte. Da sich zwischen den Resultaten des IST und des LPS eine sehr hohe Übereinstimmung ergab, wurde auf die detaillierte Darstellung der LPS-Ergebnisse verzichtet.

Auf Grund dieser Feststellungen ist es intelligenzdiagnostisch durchaus gerechtfertigt, CP und CF auch im folgenden als eine einheitliche Stichprobe des gehobenen Dienstes zu behandeln.

Tabelle 7: Varianzen der Untertests im IST und LPS

a. zu *Tabelle 3:* IST

Stichproben	SE	WA	AN	GE	ME	RA	ZR	FA	WÜ
gehobener Dienst	46.0	50.2	64.6	45.6	91.9	83.4	73.6	74.0	64.0
Laufbahnnachwuchs	30.9	68.3	76.7	52.7	70.1	75.8	75.1	148.2	106.3

b. zu *Tabelle 4:* LPS

Stichproben	1+2	3+4	5+6	7−10	11+12	13+14
gehobener Dienst	22.4	37.3	33.8	36.5	26.5	51.8
Laufbahnnachwuchs	16.8	43.7	35.2	42.3	31.5	50.2

c. zu *Tabelle 5:* LPS

Stichproben	1+2	3+4	5+6	7−10	11+12	13+14
gehobener Dienst	58.4	54.1	219.4	506.2	50.9	70.3
Laufbahnnachwuchs	62.1	58.6	210.8	583.1	62.5	58.6

d. zu *Tabelle 6:* IST

Stichproben	SE	WA	AN	GE	ME	RA	ZR	FA	WÜ	GL
CP	52.0	76.9	70.2	56.2	123.0	102.8	87.8	67.6	63.9	48.5
CF	51.7	43.6	84.3	39.2	94.0	76.7	67.9	93.8	50.8	39.8

3.1.2.2 Inhaltliche Interpretation der Intelligenzprofile

Es ist vorab ausdrücklich darauf hinzuweisen, daß bei der Profilinterpretation aus testtheoretischen Erwägungen Vorsicht geboten ist. Nach Weise (1975, S. 79) sind dazu vier kritische Punkte zu bedenken, die zum Teil auch für unsere Untersuchung von Bedeutung sind:

1. Der nur unzureichende empirische Nachweis der Faktorenstrukturen,
2. die mangelhafte Faktorenreinheit der Untertests,
3. die für eine individuelle Profilauswertung teilweise zu niedrigen Untertestreliabilitäten,
4. die teilweise zu hoben Interkorrelationen der Untertests.

Unter Berücksichtigung dieser Vorbehalte lassen sich die Intelligenzprofile, wie folgt, interpretieren:

Die Stichprobe des Laufbahnnachwuchses stellt eine repräsentative Auswahl aller Laufbahnanwärter dar. Bei der Stichprobe des gehobenen Dienstes dagegen handelt es sich um eine Auswahl von Beamten, die nach Auffassung der zuständigen Stellen in den Mittelbehörden berufsbewährt sind. Unterstellt man die Richtigkeit dieser Auffassung, so ist die Vermutung begründet, daß die intellektuelle Leistungsfähigkeit dieser Gruppe höher liegt als dies bei einer repräsentativen Stichprobe des gehobenen Dienstes der Fall wäre. Hätte man für den Bereich des gehobenen Dienstes eine ebenfalls repräsentative Stichprobe zur Verfügung, so müßten sich die beobachteten Divergenzen ausgleichen. Es wäre allerdings denkbar, daß das Leistungsprofil des Laufbahnnachwuchses dennoch unterhalb dem des gehobenen Dienstes zu liegen käme, berücksichtigt man, daß die Laufbahnanwärter noch nicht die selegierende Hürde der Laufbahneingangsprüfung hinter sich haben. Eine weitere Erklärungsmöglichkeit dafür, daß der derzeitige Laufbahnnachwuchs nicht ganz die Ergebnisse der Beamten des gehobenen Dienstes erreicht, könnte darin zu finden sein, daß dies durch qualitative Unterschiede im Bewerberangebot der Jahre 1971-73 mitbedingt ist.

Die Ähnlichkeit des Profilverlaufs beider Untersuchungsgruppen gibt einen Anhaltspunkt für die Qualität der praktizierten Bewerberauslese. Der geübte Auslesemodus läßt offenbar nur solche Bewerber für die Laufbahn des gehobenen Dienstes zu, die im Durchschnitt tatsächlich ein ähnliches Leistungsprofil wie die als berufsbewährt geltenden Beamten des gehobenen Dienstes aufweisen.

Die Leistungsprofile der Beamten des gehobenen Dienstes, die sich auf Grund ihrer Leistungen im IST und im LPS ergaben, stellen ‚typische Berufsprofile' für die intellektuelle Leistungsfähigkeit dar (vgl. S. 86 f. und 90 f.). Sie können daher als ein wichtiges Auslesekriterium bei der Bewerberauswahl zur Laufbahn des gehobenen Postdienstes dienen, zumal sich ein hoher Zusammenhang zwischen Eignungsurteil und intellektueller Befähigung in anderen Untersuchungen deutlich abzeichnet (z. B. Jäger 1960, 1966, 1970; Dreyer und Grabitz 1971).

Das individuelle Leistungsprofil eines Bewerbers sollte demnach einen ähnlichen Verlauf aufweisen wie das Berufsprofil. Sein Profil braucht jedoch nicht unbedingt die gleiche Durchschnittshöhe wie das berufstypische Profil zu erreichen. Um einen Anhaltspunkt dafür zu geben, welche Toleranzgrenzen zuzulassen wären, greifen wir einen Vorschlag von Kettel und Simmat (1969) auf, als Mindestanforderung ein Profil anzusetzen, das um eine Standardabweichung unterhalb des Berufsprofils verläuft. Bei hoher Bewerberzahl kann die Grenzlinie näher an das Berufsprofil herangerückt werden. In diesem Fall würde hinsichtlich der intellektuellen Befähigung ein strengerer Maßstab angelegt. Bei geringem Bewerberangebot wäre entsprechend großzügiger zu verfahren. Ebenso wie nach unten wäre auch nach oben ein ähnliches Limit als Maximalanforderungsprofil zu beachten, da ein Bewerber mit weit höherer intellektueller Kapazität, als sie der Arbeitsplatz beansprucht, unterfordert würde. Als kritische Grenzen kämen somit diejenigen Profile in Frage, die je eine Standardabweichung unter- bzw. oberhalb des Berufsprofils verlaufen (vgl. dazu auch Rosenstiel et al. 1972, S. 110).

Das bei den von uns untersuchten Beamten des gehobenen Dienstes gefundene Profil der intellektuellen Leistungsfähigkeit zeigt eine ziemlich gleichmäßige Ausprägung aller Intelligenzvariablen. Es fehlen auffallende Extremwerte. Entsprechend der für diese Personengruppe postulierten „Mehrfachverwendbarkeit" und auf Grund des inhaltlich tatsächlich sehr breitgefächerten Spektrums der Arbeitsaufgaben scheint es sinnvoll, Bewerber mit gravierenden Ausfällen in einer oder mehreren Leistungsvariablen nach unten nicht in die engere Auswahl einzubeziehen, selbst wenn das eine oder andere Leistungsmerkmal besonders positiv in Erscheinung treten sollte.

Berufsprofil und Minimalanforderungsprofil für den gehobenen Dienst sind für den IST in *Abbildung 1* (s. S. 87), für das LPS in *Abbildung 4* (s. S. 91) ebenso eingezeichnet wie das empirisch ermittelte Intelligenzprofil des Laufbahnnachwuchses.

3.2 *Aufmerksamkeit und Belastungsfähigkeit*

Der gehobene Dienst und der Laufbahnnachwuchs erbrachten im Test d2 weit überdurchschnittliche Ergebnisse. Beide Gruppen erreichen sowohl in der Anzahl der insgesamt bearbeiteten Zeichen (GZ) wie auch in der fehlerbereinigten Gesamtleistung (GZ-F) bezogen auf den bundesdeutschen Durchschnitt sehr gute Resultate. Auf Standardwerte umgerechnet erzielt der Laufbahnnachwuchs bei der Mengenleistung (GZ) einen Standardwert von 115 gegenüber dem Standardwert von 110 der Beamten des gehobenen Dienstes. Bei der fehlerbereinigten Gesamtleistung erhöht sich der Standardwert bei beiden Gruppen um jeweils einen Punkt auf 116 beziehungsweise 111. Die Test-d2-Kennwerte sind in *Tabelle 8* zusammengefaßt.

Üblicherweise werden beim Test d2 die Endergebnisse in Prozenträngen (PR) angegeben. Mit dem Prozentrang wird dem Probanden ein Platz in der Gesamtpopulation der Personen gleichen Alters zugewiesen. Der Prozentrang gibt den prozentualen Anteil der Gesamtbevölkerung (= 100 %) an, der im gleichen Test eine schlechtere Leistung als ein einzelner Proband oder eine Probandengruppe erbringen würde.

Die Beamten des gehobenen Dienstes erreichen mit ihrer Mengenleistung einen Prozentrang von 84, das heißt, sie bearbeiten mehr Zeichen im Test d2 als 84 % der bundesdeutschen Gesamtbevölkerung. Bei der fehlerbereinigten Gesamtleistung wird ein geringfügig höherer Prozentrang erreicht. Was die Qualität (F %) und die innere Konstanz (SB) der Konzentrationsleistungen betrifft, werden dagegen nur durchschnittliche Leistungswerte erreicht.

Der Laufbahnnachwuchs kommt mit seiner Mengenleistung auf einen Prozentrang von 93, mit seiner Gesamtleistung auf einen von 95. Das Fehlerprozent und die Schwankungsbreite liegen wie beim gehobenen Dienst im Durchschnittsbereich.

Der gehobene Dienst erzielt im Vergleich zum Laufbahnnachwuchs ein quantitativ geringeres Ergebnis (vgl. GZ in *Tabelle 8*). Der Unterschied ist statistisch signifikant. Der errechnete t-Wert liegt mit $t = 4.84$ über dem für das Ein-Prozent-Niveau der Signifikanz geforderten t-Wert von 2.60 bei $df = 200$ Freiheitsgraden (Guilford

Tabelle 8: Ergebnisse des Tests d2

a. Beamte des gehobenen Dienstes (N = 168)

Testkennwerte	Mittelwerte	Streubreiten	Varianzen	Prozentränge
GZ	456.0	293 — 653	5608.0	84
GZ-F	435,6	254 — 627	4792.0	86
F	20.4	1 — 99	386.0	—
F%	4.4	0 — 25	14.1	50
SB	12.4	2 — 28	20.7	42

b. Anwärter für die Laufbahn des gehobenen Dienstes (N = 253)

Testkennwerte	Mittelwerte	Streubreiten	Varianzen	Prozentränge
GZ	491.5	305 — 653	5165.0	93
GZ-F	467.9	300 — 648	4688.0	95
F	23.6	0 — 186	575.0	—
F%	4.7	0 — 32	19.1	42
SB	12.7	5 — 30	24.7	39

Legende: GZ = Mengenleistung; GZ-F = Leistungsmenge; F = absolute Fehleranzahl; F% = Fehlerprozent; SB = Schwankungsbreite

1965, S. 581). Qualitativ gesehen liegen beide Untersuchungsgruppen im Mittelbereich. Sie erreichen etwa denselben Prozentrang. Die Qualität der Aufmerksamkeit und der Dauerbelastbarkeit beider Gruppen ist als einander gleichwertig anzusehen. Da beide Stichproben relativ gleich viele Fehler machen (vgl. F %, qualitativer Aspekt), der Laufbahnnachwuchs jedoch quantitativ höhere Leistungen erbringt (vgl. GZ), kann beim Laufbahnnachwuchs insgesamt von einer faktisch besseren Konzentrationsfähigkeit und Belastbarkeit gesprochen werden. Diese Leistungsunterschiede können kaum mit Altersbedingtheiten begründet werden, da Brickenkamp für die Altersspanne unserer Probanden für die Mengenleistung Alterskonstanz, für die Gesamtleistung einen nur unerheblichen Leistungsrückgang festgestellt hat (1970, S. 16). Was die innere Konstanz der Konzentrationsleistungen (SB) betrifft, so erzielen beide Gruppen nur eben durchschnittliche Ergebnisse.

3.3 Testtheoretische Aspekte

3.3.1 Interkorrelationen

Will man eine Gesamtleistung mit Hilfe von spezifischen Teilleistungen vorhersagen, wie zum Beispiel die intellektuelle Leistungsfähigkeit aus Teilleistungen in den Untertests einer entsprechenden Testbatterie, sollten die Untertests miteinander möglichst gering, die Untertests mit dem Gesamtergebnis möglichst hoch korrelieren. Jeder Untertest soll also einen von jedem anderen weitgehend unabhängigen, selbständigen Beitrag zur Feststellung des Gesamtergebnisses leisten. Die Korrelationskoeffizienten eines Untertests A mit den übrigen Untertests X_i betragen im Idealfall $r_{AXi} = 0.00$, die Korrelationen aller Untertests X_i mit der Gesamtleistung G entsprechend $r_{XiG} = 1.00$.

Ein Korrelationskoeffizient ist ein Maß für den Grad der wechselseitigen Abhängigkeit zweier Variablen A und B. Seine Werte schwanken zwischen $r = +1.00$ und $r = -1.00$. Ein Korrelationskoeffizient von $r = +1.00$ bedeutet eine streng lineare Abhängigkeit, zum Beispiel wenn $A+1 \rightarrow B+1$. Ein Koeffizient von $r = -1.00$ bedeutet eine umgekehrte, streng lineare Abhängigkeit, zum Beispiel wenn $A+1 \rightarrow B-1$. Ein Koeffizient von $r = 0.00$ erhält man, wenn sich zwischen zwei Variablen kein Zusammenhang feststellen läßt. In der empirischen Praxis erreichen die Korrelationskoeffizienten nur ganz selten diese Idealwerte. Sie müssen jeweils auf ihre Signifikanz hin überprüft werden. Erweist sich ein empirisch gefundener Korrelationskoeffizient als statistisch bedeutsam, heißt dies, daß die beiden Variablen in irgendeiner Richtung formal voneinander abhängig sind. Aus signifikanten Korrelationen lassen sich allerdings keine kausalen Beziehungen zwischen den Variablen schlußfolgern.

Von den verschiedenen Versionen der Berechnung von Korrelationskoeffizienten ist die nach der Produkt-Moment-Formel von Pearson am gebräuchlichsten (vgl. Guilford 1965, S. 95 ff.). Sie setzt unter anderem voraus, daß die Datensätze normalverteilt sind (Guilford 1965, S. 107 f.).

Die Überprüfung der Rohdatenverteilungen der einzelnen Variablen, in unserem Falle der Untertests der Intelligenztestbatterien IST und LPS sowie des Tests d2, brachte teilweise deutliche Abweichungen von einer Normalverteilung. Daher wurde eine Transformation der Rohdaten notwendig. Sie wurde nach der Flächentransformation, der sogenannten T-Transformation nach McCall, vorgenommen (vgl. Lienert 1969, S. 341 f.; Horst 1971, S. 83 ff.). Das arithmetische Mittel dieser Verteilung ist 50, die Standardabweichung 10. Nach der Formel $T = 50 + 10z$ wurden die Testwerte so umgewandelt, daß ihre Bedeutung unabhängig von der verwendeten Quantifizierungstechnik gleich bleibt. Die durch die T-Transformation erzielte Streuungsgleichheit aller Einzelvariablen wirkt sich positiv auf die korrelativen Zusammenhänge aus. Die Korrelationskoeffizienten drücken auf der Basis von T-Werten gleiche numerische Verhältnisse zwischen den Merkmalen aus. Die Koeffizienten sind daher alle untereinander direkt vergleichbar.

Die Ergebnisse der Korrelationsberechnungen für den IST sind in den *Tabellen 9* und *10* enthalten.

Sämtliche IST-Untertests korrelieren hoch signifikant mit dem Gesamttestwert GL (1 %-Niveau; vgl. *Tabelle 9* und *10*). Die Forderung nach möglichst weitgehender Unabhängigkeit der Untertests, trifft hier wie in anderen Untersuchungen nur bedingt zu (vgl. Kury 1973, S. 62 ff.; Langfeldt 1975, S. 126). Bei den Stichproben des gehobenen Dienstes sind nur neun Korrelationskoeffizienten zwischen den Untertests nicht signifikant. Ähnliches gilt für die Stichprobe des Laufbahnnachwuchses, wo sechs Koeffizienten sich als voneinander unabhängig erweisen. Bei der repräsentativen Eichstichprobe ($N = 400$), die als Vergleichsbasis heranzuziehen ist, liegen sogar nur fünf Korrelationen unterhalb der Signifikanzgrenze. Alle anderen Interkorrelationen sind statistisch bedeutsam (vgl. Amthauer 1955, S. 17).

Bei der Gegenüberstellung der Korrelationsmatrix der Eichstichprobe mit unseren beiden Stichproben zeigt sich, daß in den meisten Fällen die Koeffizienten ungefähr gleich hoch ausfallen. Die Matrix des gehobenen Dienstes weist bis auf die Interkorrelationen zwischen ME und RA die gleichen nicht signifikanten Koeffizienten wie die der Eichstichprobe auf, enthält darüberhinaus aber noch fünf nicht statistisch bedeutsame Koeffizienten, der an gleicher Stelle in der Matrix der Eichstichprobe signifikante entsprechen. Besonders auffällig ist die Abweichung des Interkorrelationskoeffizienten zwischen ME und RA der Stichprobe des gehobenen Dienstes von dem der Eichstichprobe. Während beim gehobenen Dienst ein hochsignifikanter Wert ermittelt wurde, gibt Amthauer für die repräsentative Eichstichprobe einen Koeffizienten von 0.000 an. Der Vergleich der Stichprobe des Laufbahnnachwuchses mit der Eichstichprobe führt zu einem ähnlichen Ergebnis. Der Laufbahnnachwuchs weist an drei Stellen in der Korrelationsmatrix signifikante Koeffizienten auf, die bei der Eichstichprobe nicht signifikant sind. Bei vier anderen Interkorrelationen verhält es sich genau umgekehrt.

Tabelle 9: IST-Korrelationsmatrix des gehobenen Dienstes (N = 141)

	SE	WA	AN	GE	ME	RA	ZR	FA	WÜ	GL
SE	—									
WA	.21	—								
AN	.37	.34	—							
GE	.24	.23	.38	—						
ME	.21	.24	.22	.18	—					
RA	.45	.13	.47	.34	.34	—				
ZR	.29	.13	.31	.20	.32	.59	—			
FA	.16	.18	.37	.15	.15	.47	.37	—		
WÜ	.16	.09	.29	.16	.13	.34	.24	.34	—	
GL	.50	.42	.69	.59	.55	.76	.65	.59	.48	—

Mindestwerte der Pearson schen Korrelationskoeffizienten:

	5 %-Niveau	1 %-Niveau	1 ‰-Niveau	Freiheitsgrade (df = N − 2)
r ≧	.17	.22	.27	139

Tabelle 10: IST-Korrelationsmatrix des Laufbahnnachwuchses (N = 121)

	SE	WA	AN	GE	ME	RA	ZR	FA	WÜ	GL
SE	—									
WA	.32	—								
AN	.43	.22	—							
GE	.29	.15	.50	—						
ME	.18	.34	.14	.20	—					
RA	.21	.34	.40	.17	.21	—				
ZR	.16	.22	.22	.12	.34	.39	—			
FA	.17	.20	.26	.19	.07	.22	.35	—		
WÜ	.21	.18	.23	.11	.19	.28	.27	.48	—	
GL	.46	.48	.63	.52	.47	.58	.60	.56	.60	—

Mindestwerte der Pearson schen Korrelationskoeffizienten:

	5 %-Niveau	1 %-Niveau	1 ‰-Niveau	Freiheitsgrade (df = N − 2)
r ≧	.18	.23	.30	119

Die *Tabelle 11* berichtet über die Ergebnisse der Korrelationsberechnungen des LPS für die Stichprobe des Laufbahnnachwuchses. Da sich bei der Stichprobe des gehobenen Dienstes praktisch identische Korrelationsverteilungen ergaben, wurde auf deren gesonderte Mitteilung verzichtet.

Tabelle 11: LPS-Korrelationsmatrix des Laufbahnnachwuchses (N = 105) *

	1+2	3	4	5	6	7	8	9	10	11	12	13	14	GL
1+2	—													
3	.29	—												
4	.15	.44	—											
5	.39	.48	.47	—										
6	.03	.03	.17	.29	—									
7	.20	.26	.32	.25	.13	—								
8	.30	.58	.47	.45	.13	.39	—							
9	.37	.63	.32	.40	.08	.21	.54	—						
10	.18	.47	.30	.30	.28	.30	.52	.52	—					
11	.32	.27	.14	.21	.22	.14	.20	.39	.28	—				
12	.46	.24	.36	.41	.13	.27	.38	.28	.33	.23	—			
13	—.09	.22	.19	.13	.24	.10	.04	.10	.22	.07	.03	—		
14	.06	.28	.15	.11	.16	—.07	.07	.26	.21	.31	.01	.36	—	
GL	.43	.58	.61	.67	.51	.51	.67	.58	.64	.40	.60	.35	.24	—

Mindestwerte der Pearson schen Korrelationskoeffizienten:

	5 %-Niveau	1 %-Niveau	1 ‰-Niveau	Freiheitsgrade (df = N − 2)
r ≧	.19	.25	.32	103

*) Gilt gleichzeitig auch für die Stichprobe des gehobenen Dienstes (N = 103)

Beim LPS ist die Situation ähnlich wie beim IST. Auch hier handelt es sich ausschließlich um hochsignifikante Zusammenhänge zwischen den Untertests und dem Gesamttestwert. Ebenso existieren voneinander deutlich abweichende Interkorrelationskoeffizienten der Untertests untereinander im Vergleich zur repräsentativen Eichstichprobe des LPS von N = 200 (Horn 1962, S. 24). Die Koeffizienten zwischen den Untertests 1+2 und 14, 3 und 6, 6 und 9 beispielsweise sind in der Eichstichprobe hochsignifikant, während die unserer beiden Stichproben nur schwach von Null abweichende Werte aufweisen. Während die Korrelationsmatrix der Eichstichprobe nur zwei nichtsignifikante Koeffizienten enthält, sind es in der Matrix der Stichprobe des gehobenen Dienstes sechsundzwanzig und in der des Laufbahnnachwuchses siebenundzwanzig statistisch nicht bedeutsame Koeffizienten. Das LPS erfüllt damit deutlich besser das Kriterium möglichst geringer Subtest-Interkorrelationen als der IST.

In der *Tabelle 12* finden sich die Interkorrelationen des Tests d2.

Tabelle 12: Test d2: Interkorrelationen der Leistungswerte

gehobener Dienst (N = 168)					
Test-kenn-werte	GZ	GZ-F	F	F%	SB
GZ	—				
GZ-F	.97	—			
F	.41	.16	—		
F%	.24	—.01	.97	—	
SB	.13	.01	.47	.49	—

Laufbahnnachwuchs (N = 253)					
Test-kenn-werte	GZ	GZ-F	F	F%	SB
GZ	—				
GZ-F	.94	—			
F	.30	—.03	—		
F%	.17	—.16	.98	—	
SB	—.20	—.32	.31	.39	—

Mindestwerte der P e a r s o n schen Korrelationskoeffizienten:

	5 %-Niveau	1 %-Niveau	1 ‰-Niveau	Freiheitsgrade (df = N – 2)
$r \geqq$	.15	.20	.25	166
$r \geqq$	.12	.16	.20	251

Nach B r i c k e n k a m p (1970, S. 19) sollten die Interkorrelationskoeffizienten zwischen GZ, F % und SB Werte annehmen, die sich nur unwesentlich von Null unterscheiden, da diese Leistungswerte voneinander unabhängige Aspekte der Konzentrationsfähigkeit zu erfassen suchen. Dies trifft nicht zu für die Interkorrelation zwischen der absoluten und der relativierten Fehlerzahl (F und F %), die ja deshalb sehr hoch ausfallen muß, weil eine absolut hohe Fehlerzahl zwangsläufig ein hohes relatives Fehlerprozent nach sich zieht. Für die Interpretation liefert das Fehlerprozent (F %) als Maßstab für die Qualität der Konzentrationsleistung die wichtigere Information als die absolute Fehlerzahl (F), welche ohne Berücksichtigung der Mengenleistung (GZ) nur von geringem Informationswert ist. In unseren Untersuchungen ist die Forderung B r i c k e n k a m p s insoweit erfüllt, als die Korrelationen zwischen GZ, F% und SB zwar teilweise signifikant sind, jedoch nur absolute Werte in einer Höhe zwischen .13 und .24 erreichen.

Als Beitrag zur Überprüfung der Annahme B r i c k e n k a m p s , daß der Test d2 im wesentlichen intelligenzunabhängig sei (1970, S. 8 und 20 f.), wurden die Test-d2-Daten mit denen des IST und LPS interkorreliert. Nach B r i c k e n k a m p korrelieren die Meßwerte des Tests d2 nur teilweise und mäßig positiv mit dem Intelligenzniveau beziehungsweise einigen Untertests von Intelligenzprüfverfahren.

Die Ergebnisse der Interkorrelationen zwischen Test d2 und IST beziehungsweise Test d2 und LPS für unsere Stichproben sind in den *Tabellen 13 und 14* wiedergegeben.

Die Zusammenhänge der Mengenleistung (GZ) und der Gesamtleistung (GZ-F) des Tests d2 mit den Intelligenzvariablen sind zwar teilweise signifikant, in der numerischen Ausprägung allerdings nur mäßig hoch. Die Mengen- wie auch die Gesamtleistung erweist sich damit als von den Intelligenzleistungen weitgehend unabhängig. Das Fehlerprozent und die Intelligenzleistungen sind durchgehend (zum Teil signifikant) negativ miteinander korreliert. Dies bedeutet, daß bei höheren Intelligenzleistungen die Qualität der Konzentrationsleistungen zunimmt. Dies gilt sowohl für den gehobenen Dienst als auch den Laufbahnnachwuchs. Bei der Schwankungsbreite zeichnet sich eine ähnliche Tendenz wie beim Fehlerprozent ab. Alle Koeffizienten sind negativ. Einige sind signifikant von Null verschieden. Dies Ergebnis deutet auf einen leichten Zusammenhang zwischen Intelligenzleistungen und der Ausgeglichenheit und Stabilität der konzentrativen Belastbarkeit in unseren Stichproben hin.

Die verschiedentlich postulierte Unabhängigkeit der Konzentrationsleistungen im Test d2 von Intelligenztestleistungen konnte in unserer Untersuchung für die Mengenleistung und die Gesamtleistung der Tendenz nach bestätigt werden, nicht dagegen für das Fehlerprozent und die Schwankungsbreite.

Tabelle 13: Interkorrelationen zwischen IST und Test d2

a. Beamte des gehobenen Dienstes (N = 65)

	IST									
Test d2	SE	WA	AN	GE	ME	RA	ZR	FA	WÜ	GL
GZ	—.02	—.05	—.32	—.22	.29	—.11	—.11	—.21	—.06	—.19
GZ-F	.09	.00	—.23	—.15	—.39	—.03	—.01	—.12	—.01	—.05
F	—.30	—.14	—.37	—.30	—.13	—.43	—.33	—.33	—.20	—.49
F%	—.35	—.14	—.33	—.27	—.18	—.44	—.30	—.28	—.19	—.47
SB	—.10	—.04	—.23	—.04	—.01	—.10	—.07	.03	—.23	—.10

b. Laufbahnnachwuchs (N = 121)

	IST									
Test d2	SE	WA	AN	GE	ME	RA	ZR	FA	WÜ	GL
GZ	.05	.18	.06	.03	.11	—.05	.16	.08	.10	.15
GZ-F	.15	.22	.16	.14	.19	.06	.25	.14	.18	.32
F	—.24	—.08	—.23	—.25	—.19	—.27	—.25	—.13	—.19	—.43
F%	—.25	—.10	—.24	—.25	—.20	—.27	—.27	—.14	—.19	—.44
SB	—.13	—.13	—.24	—.18	—.14	—.20	—.21	—.25	—.17	—.36

Mindestwerte der Pearsonschen Korrelationskoeffizienten:

	5 %-Niveau	1 %-Niveau	1 ‰-Niveau	Freiheitsgrade (df = N − 2)
r ≧	.24	.32	.40	63
r ≧	.18	.23	.30	119

Tabelle 14: Interkorrelationen zwischen LPS und Test d2

a. Beamte des gehobenen Dienstes (N = 103)

Test d2	LPS 1+2	3	4	5	6	7	8	9	10	11	12	13	14	GL
GZ	.16	.03	—.01	.23	.11	.06	—.03	.06	.08	.10	.22	.18	.39	.06
GZ-F	.26	.08	.06	—.26	.10	.08	.02	.09	.17	.11	.28	.30	.42	.15
F	—.16	—.34	—.31	—.06	—.05	—.10	.08	—.27	—.24	.15	—.16	—.05	.04	—.35
F%	—.21	—.37	—.32	—.08	—.06	—.09	—.12	—.30	—.25	.11	—.19	—.09	—.04	—.33
SB	—.25	—.17	—.18	—.06	—.15	—.16	—.21	—.06	—.14	—.13	—.14	—.08	—.07	—.19

b. Laufbahnnachwuchs (N = 105)

Test d2	LPS 1+2	3	4	5	6	7	8	9	10	11	12	13	14	GL
GZ	.14	.17	.17	.09	—.24	—.05	.07	.26	—.04	.24	—.03	.12	.30	—.03
GZ-F	.19	.29	.29	.25	—.16	.17	.19	.34	.07	.23	.10	.18	.26	.14
F	—.10	—.30	—.32	—.43	—.25	—.36	—.34	—.15	—.33	.11	—.40	—.13	.18	—.51
F%	—.14	—.37	—.36	—.47	—.22	—.36	—.39	—.24	—.36	.04	—.40	—.17	.12	—.52
SB	—.07	—.32	—.31	—.29	—.12	—.18	—.40	—.33	—.24	—.09	—.18	—.07	—.07	—.28

Mindestwerte der Pearsonschen Korrelationskoeffizienten:

	5 %-Niveau	1 %-Niveau	1 ‰-Niveau	Freiheitsgrade (df = N − 2)
r ≧	.19	.25	.32	101
r ≧	.19	.25	.32	103

3.3.2 Faktorenanalysen

Die Faktorenanalyse reduziert eine Vielzahl von Variablen auf eine wesentlich geringere Anzahl mehr oder weniger einheitlicher, voneinander unabhängiger Dimensionen, die für das Zustandekommen gemeinsamer Varianz von Variablen eines oder mehrerer Merkmalsätze verantwortlich sind. Durch die Reduktion von Testvariablen auf grundlegende Dimensionen trägt die Faktorenanalyse einmal zu einer sinnvollen Strukturierung eines Merkmalsgesamts bei. Zum anderen besteht die Möglichkeit, über die Erörterung der psychologischen Sinnhaftigkeit der gefundenen Dimensionen zu Sachaussagen zu gelangen, die für das Zustandekommen der speziellen Merkmalsausprägungen bei einer bestimmten Stichprobe Erklärungswert besitzen. In unserem Falle soll die Faktorisierung der Testdaten einen Beitrag zur Frage der nach wie vor ungeklärten Faktorenstruktur des IST (vgl. Weise 1975, S. 77) und der des LPS leisten.

Die Interkorrelationen der Intelligenztests (vgl. *Tabellen 9, 10* und *11*) wurden Faktorenanalysen unterzogen. Die Gesamttestwerte (GL) des IST und des LPS wurden von der faktorenanalytischen Weiterverarbeitung ausgeschlossen, da sie ein Substitut der jeweiligen Untertests darstellen.

Die Extraktion der Faktoren erfolgte nach der Hauptachsenmethode. Zu ihrer Berechnung wurde das Computerprogramm PRINAX (Principal Axis Factor Analysis von Hodapp und Messner 1969) verwendet. Die Faktorisierung des Datenmaterials wurde nach dem Principle-Factor-Model vorgenommen, das auf dem multiplen Faktorenmodell von Thurstone basiert (Thurstone 1947; Lienert 1969, S. 489 ff.; Horst 1971, S. 179 ff.). Mit dem Ziel, möglichst einfache Faktoren zu beschreiben, wurden die gefundenen Faktoren einer rechtwinkligen Rotation nach dem Varimax-Kriterium von Kaiser unterzogen (Kaiser 1958; Harman 1967, S. 304 ff.). Da sich eine orthogonale von einer obliquen Lösung bei relativ niedrigen Korrelationskoeffizienten nicht wesentlich unterscheidet, wurde der Varimax-Methode der Vorzug eingeräumt, weil dadurch ein Optimum der psychologisch sinnvollen Interpretierbarkeit der Faktoren erreicht wird.

Als anerkannt beste Schätzung der wahren Summe aller Ladungsquadrate wurden in die Diagonalen der Korrelationsmatrizen die Quadrate der multiplen Korrelationskoeffizienten als Kommunalitäten (h^2) eingesetzt (Harman 1967, S. 86; Pawlik 1976, S. 124 f.). Dieses Vorgehen zählt zwar zu den aufwendigeren Methoden der Kommunalitätenschätzung, ist aber auch die theoretisch klarste und empfehlenswerteste (Überla 1971, S. 159).

Die Bestimmung der zu extrahierenden Anzahl von Faktoren einer Interkorrelationsmatrix ist ein in der Literatur häufig diskutiertes Problem (Cattell 1952; Fruchter 1954; Harman 1967; Überla 1971; Pawlik 1976). Exakte Kriterien gibt es bisher nicht. Als eine erste Schätzung diente der „Scree-Test" von Cattell (1966). Weitere Abbruchskriterien sind im Computerprogramm PRINAX enthalten. Die Iterationen der Faktorenlösung wurden solange fortgesetzt, bis die nicht-diagonalen Elemente der Restkorrelationsmatrix um Null normalverteilt waren. Als weitere Information für den Abbruch der Iterationen wurden das Tuckersche Kriterium der Restkorrelationen (Tucker 1938 nach Pawlik 1971, S. 168) und das Kriterium von Lawley und Maxwell herangezogen (vgl. Harman 1967, S. 236 ff.; Überla 1971, S. 133 ff.; Pawlik 1976, S. 171 f.). Zur Erhaltung der Vergleichbarkeit mit vorausgegangenen Arbeiten wurde zusätzlich die Anzahl zu extrahierender Faktoren durch die von Fürntratt (1969) aufgestellten

Kriterien bestimmt, die sich am Eigenwertsverlauf-Kriterium von Cattell und Pawlik (nach Pawlik 1976, S. 126 ff.) orientieren. Darüber hinaus wurde die Forderung Fürntratts berücksichtigt, der für den Quotienten aus Faktorladungsquadrat (a^2_{ij}) und Kommunalität ($h^2_i = Sum_j\ a^2_{ij}$) einen Mindestwert von .50 für wenigstens drei Variablen pro Spalte der Faktorenmatrix als Garantie dafür verlangt, daß wirklich ein nennenswerter Teil gemeinsamer Varianz durch den Faktor aufgeklärt wird (Fürntratt 1969, S. 65 ff.). Durch diese sehr strengen Maßstäbe wird eine eher zu kleine als zu große Faktorenlösung akzeptiert. Das kann allerdings zum Verzicht auf die Identifikation möglicherweise bedeutsamer Varianzquellen führen. Auf diese Weise riskiert man einerseits zwar, die gefundenen Faktoren für etwas zu komplex zu halten, andererseits vermeidet man jedoch, unzureichend determinierte und daher nur spekulativ intepretierbare Faktoren ernst zu nehmen. Schließlich sollte jeder Faktor mindestens fünf Prozent der totalen Varianz aufklären.

Die Interpretation der Faktoren hält sich an die Faktorenstruktur des Variablengesamts, die durch die Hauptachsenmethode nach orthogonaler Rotation ermittelt wurde. Gemäß der oben erwähnten Abbruchkriterien für die Faktorenanzahl erwies sich bei den Faktorenanalysen des IST in unseren beiden Stichproben jeweils eine Drei-Faktorenlösung als optimal, während beim LPS eine Zwei-Faktorenlösung akzeptiert wurde. Die Drei-Faktorenlösung des IST klärt 38 % bzw. 39 % der Gesamtvarianz auf, die Zwei-Faktorenlösung des LPS 36 % bzw. 37 %. Die jeweilige Restvarianz verteilt sich als Fehlervarianz auf die nicht-linearen Regressionsanteile, auf Reliabilitätsmängel und auf andere, nicht vollkommen eliminierbare Einflüsse.

3.3.2.1 IST-Faktoren für die Stichprobe des gehobenen Dienstes

Der *Faktor* I_B in *Tabelle 15* besitzt charakterisierende Ladungen in den Untertests FA, RA, WÜ und AN. FA und WÜ erfassen das räumliche Vorstellungsvermögen, RA das praktisch-rechnerische Denken und AN die Kombinationsfähigkeit. Dieser Faktor repräsentiert *flexibles gedankliches Umgehen mit Formen und Zahlen.*

Die Untertests AN, GE und WA bestimmen den *Faktur* II_B. Er beschreibt die sprachgebundene Intelligenz. Diese drei Subtests überprüfen den *Umgang mit verbalem Material.* Der Subtest SE besitzt als einzige Variable keine charakteristische Ladung auf einem der drei Faktoren. Den höchsten Wert zeigt er in Faktor II_B. Da der Untertest SE ebenfalls sprachgebundene Intelligenz mißt, würde diese Variable den Faktor II_B sinnvoll ergänzen.

Schließlich wird der *Faktor* III_B von den Subtests RA und ZR und ME markiert. Die Untertests RA und ZR erfordern *schlußfolgerndes Denken im Umgang mit Zahlenmaterial,* während der Subtest ME die *Gedächtnisleistung* des Probanden prüft. Die Merkfähigkeit spielt vor allem bei der Lösung von Rechenaufgaben eine wichtige Rolle. Derjenige Proband, der z. B. das große Einmaleins „im Kopf hat", benötigt beim Rechnen wesentlich weniger Zeit als ein anderer, der diese Multiplikationsaufgaben erst schriftlich nachrechnen muß. Das Auswendigwissen sichert jenem einen Zeitvorsprung, den er für die nachfolgenden Aufgaben nützen kann, so daß die Wahrscheinlichkeit steigt, mehr Aufgaben im vorgegebenen Zeitlimit bearbeiten zu können.

Im Vergleich mit anderen Untersuchungen, die sich der Faktorenanalyse des IST widmen, zeigen sich Übereinstimmungen wie auch Abweichungen. Dabei tauchen allerdings Schwierigkeiten in der Vergleichbarkeit neuerer mit älteren Faktorenanalysen auf.

Tabelle 15: Nach Varimax-Kriterium rotierte Faktorenmatrizen der IST-Untertests *

	gehobener Dienst (N = 141) (Liebel/Luhr 1978)				Laufbahnnachwuchs (N = 121) (Liebel/Luhr 1978)				Studenten (N = 65) (Lienert 1965, S. 56)						Psychologiestudenten (N = 187) (Kury 1973, S. 65)			
Untertests	I_B	II_B	III_B	h^2	I_{L1}	II_{L1}	III_{L1}	h^2	A'_o	B'_o	C'_o	D'_o	E'_o	h^2	A_o	B_o	C_o	h^2
SE	.18	**.35**	.33	.26	.12	**.47**	.24	.30	.02	.17	.18	.38	**.46**	.41	.14	**.55**	.20	.36
WA	.03	**.48**	.09	.24	.12	.21	**.50**	.31	.14	.03	.22	.02	**.48**	.30	.18	**.49**	.05	.27
AN	**.44**	**.57**	.18	.55	.20	**.75**	.15	.62	.21	.19	**.52**	.20	.17	.42	.15	**.63**	.21	.47
GE	.17	**.50**	.16	.31	.07	**.59**	.10	.36	.07	.03	**.51**	.05	.17	.29	.15	**.54**	.10	.32
ME	.07	.27	**.38**	.22	.05	.11	**.57**	.33	.30	.11	.13	**.59**	.08	.47	.27	.22	.19	.16
RA	**.53**	.22	**.64**	.74	.28	.27	**.42**	.32	**.76**	.33	.31	.29	.05	.87	**.65**	.28	.39	.65
ZR	.34	.11	**.57**	.46	**.38**	.07	**.47**	.38	**.70**	.30	.11	.18	.25	.68	**.66**	.20	.22	.53
FA	**.56**	.12	.22	.37	**.69**	.17	.08	.51	.19	**.69**	.16	.31	.17	.66	.27	.29	**.58**	.50
WÜ	**.46**	.12	.13	.24	**.60**	.12	.19	.41	.24	**.74**	.06	.01	.02	.61	.21	.09	**.55**	.35
Eigenwerte	1.18	1.09	1.12	3.39	1.14	1.31	1.10	3.54	1.32	1.30	.77	.75	.60	4.71	2.81	.58	.27	3.61
Anteil an aufgeklärter Varianz in %	13.08	12.06	12.58	37.72	12.59	14.55	12.27	39.41	—	—	—	—	—	—	12.76	16.52	10.76	40.04
Anteil an rotierter Varianz in %	34.68	31.97	33.35	100.00	31.94	36.93	31.13	100.00	28.00	27.00	16.00	16.00	13.00	100.00	31.87	41.26	26.87	100.00

*) Substantielle Faktorladungen sind fett gedruckt

In der oben erwähnten Untersuchung von Kury (1973, S. 59 ff.) wurde ebenfalls eine Drei-Faktorenlösung bei der Faktorenanalyse seiner IST-Daten vorgeschlagen. Lienert (1964, S. 56 ff.) fand dagegen eine Fünf-Faktorenlösung, die auf den IST-Daten von 65 Studenten mit einem durchschnittlichen Alter von 25 Jahren aufbaute (vgl. *Tabelle 15*). Der von uns gefundene Faktor I_B entspricht dem Faktor C_0 bei Kury und dem Faktor B'_0 bei Lienert. Die beiden anderen Faktoren II_B und III_B unterscheiden sich geringfügig von denen bei Kury. Während bei uns im Faktor II_B die Untertests AN, GE und WA wesentliche Ladungen aufweisen und der Untertest SE zwar nicht substantiell, aber doch relativ hoch auf diesem Faktor lädt, entsprechen diese vier Subtests Kurys Faktor B_0. Lienert erhielt statt dieses einen dagegen zwei Faktoren. Sein Faktor C_0 wird durch die Subtests AN und GE markiert, der Faktor E'_0 durch die Variablen SE und WA. Bei unserem Faktor III_B zeigen die Variablen ME, RA und ZR substantielle Ladungen, während Kurys Faktor A_0 nur in den Untertests RA und ZR wesentliche Ladungen zeigt. Die Variable ME besitzt zwar keine substantielle, aber immer noch relativ hohe Ladung auf diesem Faktor. Lienerts Faktorenanalyse erbrachte auch hier zwei Faktoren: den Faktor A'_0 mit wesentlichen Ladungen in den Untertests RA und ZR, der damit Kurys Faktor A_0 entspricht, und den Faktor D'_0 mit substantieller Ladung in ME. Diese Faktorenanalyse von Lienert (1964) zeigt deutlich, wie sinnvoll es wäre, den Vorschlag von Fürntratt (1969) generell aufzugreifen, nämlich nur solche Faktoren zu interpretieren, die von mindestens drei substantiellen Variablen charakterisiert werden. Dies würde den Vergleich von faktorenanalytischen Ergebnissen wesentlich erleichtern, zumal die in weiter zurückliegenden Faktorenanalysen häufig vorkommenden Doublets und Singlets — das sind Faktoren mit zwei oder gar nur einer substantiellen Ladung — vermieden würden.

3.3.2.2 IST-Faktoren für die Stichprobe des Laufbahnnachwuchses

Faktor I_{L1} wird vor allem durch die Variablen FA und WÜ bestimmt. Er markiert zusammen mit ZR ähnlich wie Faktor I_B *flexibles gedankliches Umgehen mit Formen und Zahlen*. Wesentliche Ladungen zeigt *Faktor* II_{L1} in den Subtests AN, GE und SE. Dieser Faktor erfaßt wie Faktor II_B die *sprachgebundene Intelligenz*. *Faktor* III_{L1} trägt substantielle Ladungen in den Untertests ME, WA, ZR und RA. Er beschreibt das *induktive Denken* im Umgang mit verbalem und numerischem Material. Bei diesen Denkprozessen kommt der *Merkfähigkeit* besondere Bedeutung zu.

Übereinstimmung zeigt sich zwischen Faktor I_{L1} und Faktor C_0 bei Kury (vgl. *Tabelle 15*). Abweichungen finden sich zwischen den Faktoren II_{L1} und III_{L1} und Kurys Faktoren B_0 bzw. A_0. Die Unterschiede zu Lienerts Faktoren sind im wesentlichen die gleichen wie die zu den Faktoren der Stichprobe der Beamten des gehobenen Dienstes aufgezeigten.

3.3.2.3 LPS-Faktoren für beide Stichproben

Faktor I_{L2} in *Tabelle 16* wird durch die Untertests 8, 9, 3, 5, 12, 1+2, 4, 10, 7 und 11 charakterisiert. Dieser Faktor erfaßt räumliches Vorstellen (7-10), schlußfolgerndes Denken (3, 4), Ratefähigkeit (5), Wiedererkennen von Symbolen (11, 12) und Allgemeinbildung (1+2). Er umspannt in seiner Komplexität intellektuelle Fähigkeiten, die bei repräsentativen Stichproben als mehrere, voneinander unab-

Tabelle 16: Nach Varimax-Kriterium rotierte Faktorenmatrizen der LPS-Untertests *

	Laufbahnnachwuchs (N = 105) ** (L i e b e l / L u h r 1978)			Sozialpädagogikstudenten (N = 106) (L a n g f e l d t 1976, S. 127)			Psychologiestudenten (N = 187) (K u r y 1973, S. 65)				
Untertests	I_{L2}	II_{L2}	h^2	I	II	h^2	A_1	B_1	C_1	D_1	h^2
1+2 Rechtschreibung	**.59**	—.10	.35	.15	**.59**	.38	.16	**.78**	—.14	—.17	.67
							.14	**.84**	—.04	—.09	.73
3 Figurenreihen	**.62**	.42	.57	**.80**	—.07	.66	**.71**	.15	—.12	—.23	.59
4 Zahlenreihen	**.52**	.25	.34	**.52**	.27	.34	**.57**	.08	—.43	—.09	.52
5 Anagramme	**.62**	.20	.42	**.41**	**.37**	.31	.25	.39	—.47	—.18	.47
6 Wortfinden	.13	**.35**	.14	—.17	**.39**	.18	.19	.25	**—.54**	—.06	.39
7 Spiegelbilder	**.44**	.04	.20	**.49**	.23	.29	.32	.15	—.12	**—.40**	.30
8 Abwicklungen	**.74**	.16	.57	**.65**	.16	.45	**.67**	.20	.08	—.11	.51
9 Körperflächen	**.64**	.36	.53	**.64**	.27	.49	**.57**	.06	—.12	—.27	.42
10 „Gottschaldt"-Fig.	**.51**	.40	.42	**.46**	.19	.25	**.54**	.12	—.28	—.14	.40
11 Bildererkennen	**.33**	**.31**	.21	**.56**	—.07	.31	.27	.31	.04	**—.57**	.50
12 Worterkennen	**.61**	—.03	.37	**.55**	.12	.32	.29	.23	—.06	—.32	.24
13 Nullenzählen	—.02	**.56**	.31	.13	**.51**	.27	.00	—.03	**—.47**	—.06	.22
14 Druckfehler	.02	**.63**	.39	.21	**.57**	.39	.10	—.06	—.39	**—.53**	.45
(15 Arbeitskurve)	—	—	—	.20	**.50**	.29	—	—	—	—	—
Eigenwerte	3.30	1.53	4.82	3.80	1.20	4.93	4.08	1.09	.78	.51	6.41
Anteil an aufgeklärter Varianz in %	25.36	11.74	37.10	—	—	—	16.46	12.71	8.67	8.00	45.84
Anteil an rotierter Varianz in %	68.36	31.64	100.00	64.30	35.70	100.00	35.91	27.72	18.91	17.46	100.00

*) Substantielle Faktorladungen sind fett gedruckt
**) Daten gelten gleichzeitig für die Stichprobe des gehobenen Dienstes (N = 103)

hängige Faktoren auftreten (vgl. Horn 1962). *Faktor* II_{L2} hat substantielle Ladungen in den Subtests 14, 13, 6 und 11. Es handelt sich hierbei offenbar um einen eigenen Speed-Faktor [2]. Er erfaßt zum einen die Wahrnehmungsgeschwindigkeit, zum anderen die Schnelligkeit, mit der über visuelle Gedächtnisinhalte verfügt wird.

Zum Vergleich dieser beiden Faktoren bieten sich die Arbeiten von Kury (1973) und Langfeldt (1975, S. 127 f.) an, der N = 106 Sonderpädagogikstudenten (Altersdurchschnitt 26 Jahre) intelligenzdiagnostisch untersuchte. Andere Untersuchungen, wie zum Beispiel die von Amelang und Langer (1968), Wewetzer (1968), Tent (1969), Brandstätter (1972) oder Greif (1972) kommen für einen Vergleich insofern weniger in Frage, als hier das Probandengut entweder hinsichtlich seines Durchschnittsalters oder seiner Schulbildung von dem unseren zu sehr abweicht.

Kury (1973, S. 60 f.) schlug für seine Untersuchung eine Vier-Faktorenlösung vor: A_1 (3, 8, 4, 9, 10), B_1 (1, 2), C_1 (6, 13) und D_1 (11, 14, 7). Unser Faktor I_{L2} entspricht weitgehend Kurys ersten beiden Faktoren A_1 und B_1. Die Untertests 14, 13, 6 und 11, die unseren Faktor II_{L2} definieren, verteilen sich bei Kury ebenfalls auf zwei Faktoren, C_1 und D_1. Langfeldt (1975, S. 127 f.) erhielt gleich uns eine Zwei-Faktorenlösung: Faktor I (3, 8, 9, 11, 12, 4, 7, 10, 5) und Faktor II (1+2, 14, 13, 15, 5, 6). Diese stimmen formal und inhaltlich mit den von uns gefundenen Faktoren fast vollständig überein. Abweichend von unserer Untersuchung hat Langfeldt die im LPS fakultative Arbeitskurve als Untertest 15 mit aufgenommen, die durchaus zu Recht als zusätzliche Speed-Komponente in seinem zweiten Faktor auftaucht.

Die hier für die Stichprobe des Laufbahnnachwuchses referierten Ergebnisse sind denjenigen, die sich bei der Faktorenanalyse der Daten der Stichprobe des gehobenen Dienstes ergaben, bis auf unwesentliche numerische Abweichungen so ähnlich, daß auf eine gesonderte Wiedergabe verzichtet werden kann.

4. Zusammenfassung

Der Intelligenz-Struktur-Test (IST) von Amthauer, das Leistungsprüfsystem (LPS) von Horn und der Test d2 von Brickenkamp wurden 244 Beamten des gehobenen Dienstes und 253 Anwärtern für die Laufbahn des gehobenen Dienstes bei der Deutschen Bundespost vorgelegt.

Die gruppenspezifischen Intelligenzniveaus und Intelligenzprofile wurden ermittelt, miteinander und mit den Ergebnissen anderer Arbeiten verglichen. Das berufstypische Leistungsprofil bewährter Beamter des gehobenen Dienstes bei der Deutschen Bundespost dient als Vergleichsmaß zur Beurteilung des Laufbahnnachwuchses. Für diesen wurde ein Mindestanforderungsprofil als eines der bei der Bewerberauswahl zu berücksichtigenden Auslesekriterien aufgestellt.

Für den Aufmerksamkeits- und Belastungstest d2 wurden die Durchschnittswerte für beide Stichproben ermittelt und interpretiert.

---

[2]) Grundsätzliches zum Speed-Power-Problem in der Intelligenzforschung siehe Fischer (1973).

Für alle drei Tests wurden getrennte Interkorrelationsstudien durchgeführt. Dabei ergaben sich stichprobenbedingte Abweichungen der Korrelationskoeffizienten von den in den entsprechenden Eichstichproben ermittelten. Zusätzlich wurde der Test d2 mit den Intelligenztests interkorreliert. Die verschiedentlich postulierte Unabhängigkeit der Konzentrationsleistungen im Test d2 von Intelligenzleistungen konnte in vorliegender Untersuchung für die Mengenleistung und die Gesamtleistung der Tendenz nach bestätigt werden, nicht dagegen für das Fehlerprozent und die Schwankungsbreite.

Die Untertests des IST und des LPS beider Stichproben wurden je für sich miteinander korreliert. Die daraus resultierenden vier Korrelationsmatrizen wurden getrennten Faktorenanalysen nach der Hauptachsenmethode mit anschließender Varimax-Rotation unterzogen. Die Faktorenanalysen erbrachten eine Drei-Faktorenlösung für den IST und eine Zwei-Faktorenlösung für das LPS. Sie wurden kurz beschrieben und mit den Ergebnissen anderer Untersuchungen verglichen.

4. Kapitel

Zur führungspsychologischen Diagnostik sozialisationsbedingter Rollenerwartungen und Einstellungen

Hermann Liebel

1. Einleitung

Die Begriffe „Sozialisation" oder „Sozialisierung" bezeichnen den dynamischen Prozeß, durch den Individuen jene Verhaltensmuster entwickeln, die für ein wirksames Bestehen in der Gesellschaft, in der sie leben, wesentlich sind (nach Bandura 1969). Diese Definition ist eine aus einer Vielzahl ähnlicher Definitionen. Sie umschließt sowohl den Erwerb individueller oder persönlicher Eigenschaften als auch die psychologischen Mechanismen, die ihnen zugrundeliegen. Es handelt sich dabei um einen individuellen Entwicklungsprozeß, der keineswegs in der Kindheit abgeschlossen wird, sondern das ganze Leben hindurch andauert.

Eine der elementaren Erfahrungen des Menschen ist das Erlebnis seiner über viele Jahre andauernden Abhängigkeit von seinen erwachsenen Betreuern, in erster Linie von seiner Mutter. Säugling und Kleinkind sind zunächst ausschließlich egozentrisch orientiert. Auftretende Bedürfnisse müssen sofort gestillt werden, während die Bedürfnisse der anderen noch nicht wahrgenommen werden. Das Kind muß sich langsam an das Vorhandensein anderer Leute gewöhnen, die Bedürfnisse haben, die oft mit seinen eigenen in Widerspruch stehen. Es wird durch seine Umwelt zunehmend gezwungen, differenziertere Verhaltensmuster als Saugen und Schreien zu entwickeln. Erst durch den Sozialisierungsprozeß wird der einzelne Mensch zum Bestandteil einer Gesellschaft, die eben aus mehr als *nur einem* bedürfnisbeladenen Individuum besteht.

Im Verlauf des körperlichen Reifungsprozesses und der kognitiven Entwicklung erfährt das Kind, über welche Fähigkeiten es verfügt. Im Verlaufe des Sozialisationsprozesses lernt es, was zu tun angemessen oder unangemessen, richtig oder falsch, sinnvoll oder überflüssig ist. Es eignet sich Ansichten, Wertvorstellungen, Ideologien und soziale Gebräuche seiner Umgebung an.

Während die das Kind betreuenden Erwachsenen (in der Regel die Eltern) zunächst eine Monopolstellung der Beeinflussung einnehmen, greifen in diesen Prozeß zunehmend verschiedene soziale, erzieherische, religiöse und rechtliche Organisationen, Massenmedien und andere außerfamiliäre Institutionen ein, die das Internalisieren, das heißt das Annehmen und Befolgen von Werthaltungen und Verhaltensmustern, mehr oder weniger stark beeinflussen.

Konkrete und allgemein bekannte Sozialisationsfaktoren sind: das soziale Milieu, dessen Einfluß auf die Sprachentwicklung, die Stellung des Kindes in der Geschwisterreihe, die landsmannschaftliche Zugehörigkeit, das religiöse Bekenntnis der Eltern, die Schulbildung. Oft über ein ganzes Leben hin beibehaltene Verhaltensdeterminanten werden unter diesen Einflüssen ausgeformt. Die Antriebs-Kontrolle, die Ergänzung biologischer durch soziale Bedürfnisse und deren Befriedigung, die Verzögerung der Erfüllung persönlicher Bedürfnisse (Frustrationstoleranz), ein Verhältnis zur Autorität, Kooperation, Konformität oder Opposition sind hier zu nennen. Gerade zu den letztgenannten Punkten zeigten neuerdings wieder häufiger zitierte Untersuchungen von Schachter aus den Jahren 1957 bis 1962, daß sich Erstgeborene von spätergeborenen Kindern unterscheiden durch ein verstärktes Bedürfnis nach Abhängigkeit, eine Neigung zu Konformität, erhöhter Ängstlichkeit und ein größeres Bedürfnis, sich in Streß-Situationen mit anderen zusammenzutun (vgl. hierzu Ruch und Zimbardo 1974, S. 115 u. 542).

Die schrittweise Übernahme der Gruppennormen durch Ausbildung gruppentypischer Einstellungen und Verhaltensweisen erleichtert dem Individuum das Hineinwachsen in eine sich ständig erweiternde Umwelt. Andererseits wird ihm sein Einstellungs- und Verhaltensrepertoir überall dort zum Problem, wo es mit dem Normenkodex neuer sozialer Gruppen kollidiert, in die es sich mehr oder weniger freiwillig begibt, so zum Beispiel durch Schulwechsel, durch Umzug, durch Heirat oder durch den Eintritt ins Berufsleben. Die Übernahme neuer sozialer Rollen geht dabei keineswegs so reibungslos und konfliktfrei vonstatten, wie mancher das für sich selbst vielleicht gerne wünschen möchte. Unterschiedliche Spracheigentümlichkeiten können zu Verständigungsschwierigkeiten oder auch auf niedrigerem Niveau zu Hänseleien führen, unterschiedliche Ansichten über Kindererziehung zu Zerwürfnissen zwischen Eltern und Lehrern oder unterschiedliche Schulbildung zu Stolz und Überheblichkeit auf der einen Seite, zu Neid, Mißgunst und Haß auf der anderen.

Der Hauptunterschied der beruflichen Sozialisationsbedingungen gegenüber denen im außer- oder vorberuflichen Feld liegt in der ausgeprägteren Zielgerichtetheit. Berufliche Sozialisationsbedingungen sind beispielsweise:

a) die traditionell vorgegebene hierarchische Organisationsstruktur,
b) die vorgebene, weitgehend fixierte Arbeitszeitgestaltung,
c) die Notwendigkeit der Zusammenarbeit mit anderen,
d) der Zwang zu ökonomischem Verhalten in Mensch-Mittel-Systemen oder
e) die Erwartung eines Minimums an Leistung und Einsatz für die konkreten Zielsetzungen der Organisation.

Das Erreichen einer beruflichen Position ist im allgemeinen ein lang andauernder, komplexer Prozeß, bei dem das Individuum ständig in einem Konflikt zwischen seinen persönlichen Wünschen und den Anforderungen bzw. Restriktionen seiner Umwelt steht. Den innerhalb dieses Prozesses oft jahrelang ausgeübten Tätigkeiten wird eine persönlichkeitsprägende Wirkung zugeschrieben. Was die vorurteilsfreie wissenschaftliche Erforschung und eventuelle Bestätigung dieser allgemein verbreiteten Auffassung betrifft, steht die Psychologie mit der Soziologie vor der gleichen Schwierigkeit. Die einzelnen Sozialisationsvariablen lassen sich nämlich in ihren Auswirkungen schier unmöglich voneinander getrennt beobachten.

2. Zur Genese eines beruflichen Sozialisationseffekts

Der Versuch einer psychologischen Analyse eines wenigstens teilweise isolierbaren Sozialisationsphänomens ergab sich eher beiläufig anläßlich einer Reihe von Lehrgängen des Laufbahnnachwuchses des gehobenen Dienstes einer Bundesbehörde zum Thema „Grundlagen der Personalführung“. Ein Lehrgang dieser Art mit insgesamt 30 Teilnehmern setzte sich aus zwei Gruppen zusammen, deren Mitglieder sich gegenseitig aus dem Weg gingen und Kontakte nur auf das Notwendigste beschränkten. Die eine Teilgruppe bestand aus 15 Inspektoranwärtern (Schulabschluß Abitur) im letzten Ausbildungsabschnitt. Ihr Durchschnittsalter lag bei ca. 22 Jahren. Die zweite Teilgruppe von 15 Beamten des mittleren Dienstes (12 Obersekretäre, 2 Hauptsekretäre und 1 Betriebsinspektor) im dritten Vorbereitungsjahr zur Laufbahneingangsprüfung für den gehobenen Dienst (Schulabschluß Mittlere Reife oder Hauptschule) hatte ein Durchschnittsalter von ca. 28 Jahren. Die beiden Gruppen unterschieden sich also hinsichtlich ihres Alters, ihrer Schulbildung und ihrer Betriebserfahrung.

In persönlichen Gesprächen der Dozenten mit den Kursteilnehmern über Ansichten, Meinungen und Erwartungen bezüglich ihrer Berufslaufbahn fiel besonders eine kleine semantische Eigenheit auf, die zum Schlüssel für das Verstehen des gespannten Verhältnisses dieser beiden Gruppen wurde. Die Inspektoranwärter bezeichneten nämlich die anderen konstant als *Aufstiegler,* während diese sich selbst *Aufsteiger* nannten. Die genauere Befragung, die für folgende Lehrgänge angeregt und durch einen Fragenkatalog systematisiert wurde, ergab zusammengefaßt folgendes Bild: Die Inspektoranwärter hatten ihre Ausbildung zunächst in der positiven Erwartung aufgenommen, daß sie auf Grund des bestandenen Abiturs Zugang zu einer beruflichen Laufbahn erhielten, die ihnen ohne Abitur verwehrt gewesen wäre, nachdem ein Studium an einer Hochschule abgebrochen, oder aus finanziellen Gründen, persönlichen Schwierigkeiten, Numerus clausus usw. nicht in Frage gekommen war. Doch schon bald, nachdem sie mit der Ausbildung begonnen hatten, sahen sie sich einer entweder gänzlich unerwarteten oder zumindest geistig ausgeklammerten Konkurrenz gegenüber. Sie merkten, daß sie mit einer anderen Gruppe in Konkurrenz gebracht wurden, nämlich Beamten des mittleren Dienstes, die sich im Rahmen des Aufstiegs anschickten, die gleiche Laufbahn wie sie zu erreichen, jedoch mit günstigeren Beförderungsaussichten und der Chance besserer Dienstposten aufgrund ihres Vorsprungs an Betriebserfahrung, — und dies alles ohne Schulabschluß Abitur! Infolge dieser Erfahrung wird der sie beschäftigenden Bundesbehörde eine undurchsichtige Informationspolitik bei der Anwerbung vorgeworfen. Die resignierende Meinung, das zum Teil nur unter großen Anstrengungen erreichte Abitur „am falschen Ort verkauft zu haben“, breitet sich aus. Nur ein kleiner Bruchteil löst den Konflikt, indem er die Organisation verläßt. Die Mehrheit dagegen versucht, den Konflikt zwischen den eigenen Erwartungen und den realen Gegebenheiten zu lösen, indem sie ihr angegriffenes Image als Abiturient und damit sich selbst gegen die Konkurrenzgruppe wieder aufzuwerten trachtet. Diese als persönliche Aufwertung gedachte Distanzierung erfolgt, indem die Inspektoranwärter die anderen mit einem abwertenden, ja direkt als Schimpfnamen aufzufassenden Begriff, nämlich „Aufstiegler“, belegen. Diese von den Aufsteigern wiederum als diskriminierend und beleidigend empfundene Bezeichnung sollte primär der Lösung persönlicher Konflikte der Inspektoranwärter dienen, löst aber gleichzeitig einen neuen Konflikt auf seiten der Aufsteiger aus.

Der Aufstieg in die nächsthöhere Laufbahngruppe bedeutet für die Aufsteiger ein Ziel von sehr hohem persönlichem Wert im Sinn eines Prestigezuwachses. Durch die als Beschimpfung aufgefaßte Bezeichnung „Aufstiegler", sehen sie den Wert ihres Ausbildungsziels und damit ihr Selbstwertgefühl von außen in Frage gestellt. Diesen neuen Konflikt versuchen sie zu lösen, indem sie teilweise höchst affektiv reagieren und den Inspektoranwärtern ihre mangelnde Betriebserfahrung zum Vorwurf machen. Beide Gruppen gelangen so zu keiner echten Lösung des Problems. Sie isolieren sich gegenseitig ab, wodurch sich die ablehnenden Haltungen weiter verstärken. Zurückbleibende Animositäten erschweren den im letzten Ausbildungsjahr gemeinsamen Unterricht und nicht selten die spätere zwangsläufige Zusammenarbeit.

Nach der Klärung von Genese und Art der Konflikte wurde ein Plan mit dem Ziel ausgearbeitet, die bestehenden Spannungen zu reduzieren und in beiden Teilgruppen das Verständnis für die Probleme der jeweils anderen Gruppe zu fördern. In vier von acht Lehrgängen, die fast genau je zur Hälfte aus Aufsteigern und Inspektoranwärtern zusammengesetzt waren, sollten die Dozenten die geschilderten Probleme teils im Unterricht, teils in Freizeitkontakten ansprechen. Soziographische Methoden wurden zur Ermittlung der einflußreichsten Gruppenmitglieder eingesetzt, mit denen ebenfalls die Rivalitätsprobleme ausführlich diskutiert wurden. Gemeinsame Freizeitaktivitäten wurden angeregt, die Sitzordnung bei Tisch durch den Lehrgangsleiter gezielt zu variieren empfohlen und dergleichen. Bei den vier anderen zur Kontrolle der feldexperimentellen Bedingungen herangezogenen Lehrgängen sollte jedes Erwähnen der aufgezeigten Probleme seitens der Dozenten soweit möglich vermieden werden. Nach einheitlicher Auffassung von elf Dozenten und Lehrgangsleitern, allesamt erfahrene Ausbildungskräfte, war durch dieses Vorgehen bei drei der vier Gruppen mit gezielter Problemdiskussion eine integrierende, die bestehenden Spannungen reduzierende Wirkung erreicht worden (vgl. *Übersicht 1*).

Übersicht 1: Klassifikation der Gruppen durch elf Dozenten und Lehrgangsleiter

	gezielte Problemdiskussion	Problemdiskussion vermieden	Anzahl der Gruppen
integriert	3	1	4
desintegriert	1	3	4
Anzahl der Gruppen	4	4	8

In den als „integriert" bezeichneten Gruppen herrschte am Ende der Lehrgänge eine gelockerte Atmosphäre. Die Teilnehmer sprachen miteinander über Dienstliches und Privates, planten und verwirklichten gemeinsame Freizeitaktivitäten und äußerten sich in der abschließenden schriftlichen Lehrgangskritik entschieden positiver über die zwischenmenschlichen Kontakte als die vier mit „desintegriert" bezeichneten Lehrgangsgruppen.

Eine der anderen vier Gruppen, in denen die Diskussion um die angesprochene Problematik zumindest nicht absichtlich gefördert werden sollte, war am Ende der Ausbildungsmaßnahme ebenfalls in diesem Sinne als „integriert“ einzustufen, — ein Zeichen dafür, daß es zur Lösung derartiger Gruppenkonflikte nicht in jedem Fall einer von außen gelenkten Konfliktlösungsstrategie bedarf. Bleibt der Gruppenkonflikt ungelöst, wird er zur ständigen Quelle mehr oder minder offen ausgesprochener Vorurteile zwischen Laufbahnbeamten und Aufstiegsbeamten mit ihren Auswirkungen im zwischenmenschlichen, aber auch im dienstlichen Bereich.

Abschließend könnte man in diesem Fall von einem Beispiel für innerpsychische, genauer gesagt von Anpassungskonflikten der Beteiligten auf Grund von *schulischen Sozialisationseffekten* sprechen, die sich während der Ausbildung zu *beruflichen* ausweiten.

3. Messung von Rollenerwartungen und Einstellungen zu eigenem und fremdem Führungsverhalten

3.1 Problemstellung

Eine genauer geplante und durchgeführte Untersuchung galt einem der psychologischen Hauptprobleme traditionell hierarchisch strukturierter Organisationen, nämlich dem Problem der Rollenerwartungen im Autoritätsgefälle und seiner Auswirkungen auf die Zusammenarbeit zwischen Vorgesetzten und Mitarbeitern. Ausgangspunkt war die Tatsache, daß die soziale Interaktion zwischen Vorgesetzten und Mitarbeitern als Inhaber formal wie informell bestimmter Positionen außer von objektiven Kriterien, wie sie in Stellen- oder Dienstpostenbeschreibungen festgelegt sind, ebenso auch von subjektiven Komponenten geprägt wird. Dies belegen zahlreiche Untersuchungen über die Bedeutung von individuellen *Einstellungen* und *gruppentypischen Rollenerwartungen* für das Arbeitsklima und die Arbeitseffektivität (u. a. Henkel 1964, Stogdill and Coudy 1970, Timaeus und Lück 1970, Neubauer 1971 und 1972, Bergmann et al. 1972, Rosemann 1972 und 1973, Triandis 1975, Solomon 1976).

Die vorliegende Untersuchung beabsichtigt, einige dieser an der Interaktionstheorie der Führung orientierten Erkenntnisse für einen Teil des Arbeitsbereichs der öffentlichen Verwaltung zu übertragen und zu erweitern.

3.2 Testmethoden

3.2.1 Der Fragebogen zur Vorgesetzten-Verhaltens-Beschreibung (FVVB)

Das psychodiagnostische Instrumentarium zur Erfassung von Führungsverhalten in der Arbeitswelt nimmt sich etwa im Vergleich zu dem Arsenal der Intelligenz- und Leistungstests eher bescheiden aus. Es war die Gruppe um Stogdill in den USA, die 1945 im Rahmen der „Ohio State Leadership Studies“ mit der Ausarbeitung derartiger Verfahren begann, deren Übertragung und Anpassung auf deutsche Verhältnisse mit den Arbeiten von Fittkau-Garthe (1970), Tscheulin und

Rausche (1970) sowie Fittkau-Garthe und Fittkau (1971) einsetzte. Das wichtigste dieser Meßinstrumente, der „Supervisory Behavior Description Questionnaire“ (SBDQ), durchlief eine zehnjährige Entwicklungszeit. Man ging von der stattlichen Zahl von 1 790 Fragebogenitems aus, die nach Auffassung von Experten als für das Vorgesetztenverhalten relevant erachtet wurden. In einem mehrstufigen Selektionsprozeß wurde die Itemzahl auf 150 reduziert. Diese Fragebogenversion wurde 1950 von Hemphill als „Leader Behavior Description Questionnaire“ (LBDQ) veröffentlicht. Nach weiteren item- und faktorenanalytischen Untersuchungen konstruierte Fleishman zwei Typen von Fragebogen für den industriellen Bereich. Eine Kurzform des LBDQ mit 48 Items wurde unter der Bezeichnung „Supervisory Behavior Description Questionnaire“ (SBDQ) bekannt; sie dient der Beurteilung des Vorgesetzten*verhaltens* durch die Mitarbeiter (1953, 1957 a). Die zweite Version, der „Leadership Opinion Questionnaire“ (LOQ), zielt auf die Erfassung von *Einstellungen* des Vorgesetzten hinsichtlich konkreter Führungsfragen (1957 a, 1968). In einer leicht abgewandelten Form unter der Bezeichnung „Leadership Opinion Questionnaire, Ideal Leader“ (LOQI) können die *Erwartungen* des Mitarbeiters von einem „idealen“ Vorgesetzten festgestellt werden (Hemphill et al. 1951, Hemphill and Coons 1957).

Fleishman und andere Autoren gelangten übereinstimmend zu der faktorenanalytisch begründeten Auffassung, daß sich mit den erwähnten Fragebogen Führungsverhalten im wesentlichen durch die zwei voneinander unabhängigen Dimensionen *Consideration* (Rücksichtnahme, Mitarbeiterorientierung) und *Initiating Structure* (Planungsinitiative, Arbeitsorientierung) beschreiben läßt. Die Skala „Consideration“ ist gekennzeichnet durch Verhaltensmerkmale, wie Berücksichtigung persönlicher und emotionaler Angelegenheiten der Mitarbeiter, Respektierung ihrer Ideen und Meinungen, Offenheit und gegenseitiges Vertrauen; die Skala „Initiating Structure“ wird durch Merkmale bestimmt, die beinhalten, inwieweit ein Vorgesetzter seine Arbeitsgruppe durch Planung, Kritik, Anweisung, Kontrolle, kommunikative Information usw. zu aktivieren und auf gemeinsame Ziele zu richten vermag (vgl. dazu Fleishman and Harris 1962, Cohen 1969, zusammenfassend Stogdill 1974).

Der in vorliegender Untersuchung verwendete *„Fragebogen zur Vorgesetzten-Verhaltens-Beschreibung“* (FVVB) von Fittkau-Garthe und Fittkau (1971) als eine deutsche Version des SBDQ zur Beurteilung von Vorgesetzten durch die ihnen unterstellten Mitarbeiter gründet wie dieser auf dem Zwei-Faktoren-Modell des Führungsverhaltens. Er enthält darüberhinaus jedoch noch drei weitere, allerdings von den ersten beiden und untereinander nicht vollständig unabhängige Skalen. Die fünf Skalen tragen die Bezeichnungen „Freundliche Zuwendung und Respektierung“ (F), „Mitreißende, zur Arbeit stimulierende Aktivität“ (A), „Ermöglichung von Mitbestimmung und Beteiligung“ (M), „Kontrolle versus laissez-faire“ (K) sowie „Freundliche Zuwendung und Stimulierende Aktivität“ (F/A), eine aus den ersten beiden Faktoren kombinierte Skala. Die Faktoren F und A entsprechen weitgehend den Dimensionen „Consideration“ und „Initiating Structure“. Die 32 Items verteilen sich so über die Skalen, daß 12 auf F, 7 auf A, 4 auf M, 5 auf K und 4 auf F/A entfallen. Der Beurteiler stuft die einzelnen Verhaltensmerkmale seines Vorgesetzten, z. B. „Er kritisiert seine unterstellten Mitarbeiter auch in Gegenwart anderer“, je nach Ausprägungsgrad mit Gewichtungen von Stufe 1 („fast nie“, „wenig ausgeprägt“) bis Stufe 5 („oft“, „sehr stark“) ein. Die Endwerte für F, A, M, K und F/A werden durch Mitteilung der Einstufungen auf den jeder Skala zugehörigen Itembeantwortungen errechnet. Die fünf „Skalen-Mittelwerte“ ergeben zusammen ein graphisch darstellbares „Vorgesetzten-Verhaltensprofil“. Der FVVB kann als Einzel- oder Gruppentest gegeben werden. Die durchschnittliche Testdauer beträgt 10 bis 20 Minuten.

Was die Validität dieses Verfahrens betrifft, so reicht das Spektrum der Beurteilungen von „invalide zur Erfassung des Führungsverhaltens“ und „vermutlich wertlos“ (Nachreiner 1974, S. 192 und Lück 1975, S. 75) über auch vorläufige Wertungen vermeidende Stellungnahmen mit deutlichen Hinweisen auf die Notwendigkeit weiterer Validierungsstudien (Miller 1972, S. 241; Brickenkamp 1975, S. 475; Hiltmann 1977, S. 141) bis zur „vorläufig positiven“ Beantwortung der Frage nach der Verwendbarkeit des FVVB im militärischen Bereich (Rickers 1975, S. 92).

3.2.2 Der Fragebogen zur direktiven Einstellung (FDE)

Der FDE von Bastine (1971) wurde als psychodiagnostisches Instrument zur Erfassung der „direktiven Einstellung“ als einem der wichtigsten Teilaspekte des komplexen „autoritären“ Verhaltens entwickelt. Mit dem Begriff *„direktive Einstellung“* bezeichnet der Testautor „die Einstellung einer Person, die Handlungen und Erlebnisweisen anderer Personen nach den eigenen Vorstellungen zu lenken und zu kontrollieren“. Als Gegenpol definiert er *„nichtdirektive Einstellung“* als „das Vermeiden von Lenkung und Kontrolle anderer Personen und das Akzeptieren ihrer Handlungs- und Erlebnisweisen“ (1971, S. 3). Die Dimension der Beeinflussung anderer gewinnt überall dort Bedeutung, wo es in einer Gruppe um die Realisierung von Führungsansprüchen geht, sei es in der Familie, in der Schule, in der Arbeitswelt oder im Freizeitbereich. Diese Erkenntnis hat sich seit den „klassischen“ sozialpsychologischen Untersuchungen von Lewin, Lippitt und White (1939) vielfach empirisch bestätigt.

Nach item- und faktorenanalytischen Studien wurden von 36 Aussagen einer Fragebogenvorform je acht zur Beschreibung der direktiven bzw. nichtdirektiven Einstellung ausgewählt, die zusammen die bipolar definierte *Direktive Einstellungsskala (DE-Skala)* bilden; die 16 Items der *Extraversionsskala (E-Skala)* des bekannten E-N-NR-Fragebogens [1] von Brengelmann und Brengelmann (1960) kamen hinzu, nachdem geringfügige Modifikationen vorgenommen worden waren (Umformung der Aussagen in die Ich-Form; sechs- statt dreistufige Itembeantwortung).

Die E-Skala erfüllt im FDE auch die Funktion, irrelevante Beantwortungen der Probanden, etwa im Sinne des „Halo-Effekts“, zu verringern. Beide Skalen korrelieren nur geringfügig miteinander. Überprüfungen der Retest-Reliabilität und interne Konsistenzschätzungen erbrachten hohe bis sehr hohe Werte. In Untersuchungen zur Validität zeigte sich, daß „direktive Einstellung“ einen spezifischen Aspekt sozialer Interaktion erfaßt und so dem Persönlichkeitsbereich „Extraversion“ (nach Pawlik 1976, S. 372 f. und S. 376) zugeordnet ist. Der FDE erweist sich als weitgehend unabhängig von Lebensalter, Intelligenz und Emotionalität. Der individuelle Ausprägungsgrad der direktiven Einstellung dagegen steht in deutlichem Zusammenhang mit dem Geschlecht (Männer halten sich im allgemeinen für direktiver als Frauen),

[1]) E-N-NR = Fragebogen der Extraversion, neurotischen Tendenz und Rigidität.

der Berufsgruppenzugehörigkeit (Offiziere geben z. B. direktivere Haltungen an als Volksschullehrer) und der Testsituation (direktive Einstellungen provozierende Situationen führen zu einer höheren Einschätzung der eigenen Direktivität).

Der Proband nimmt zu jeder der insgesamt 32 Aussagen, wie z. B. „Es macht mir Spaß, andere von meiner Meinung zu überzeugen", Stellung, wobei ihm sechs Einstufungsmöglichkeiten von 1 = „trifft gar nicht zu" bis 6 = „trifft vollständig zu" vorgegeben sind.

Der FDE kann als Einzel- oder Gruppentest durchgeführt werden. Die durchschnittliche Testdauer liegt bei 10 bis 20 Minuten.

Da der FDE gegenüber Bedingungsungleichheiten für die Probanden sehr empfindlich ist, empfiehlt der Testautor zur Vermeidung überhöhter DE-Werte, den sozialen Druck auf die Testpersonen möglichst gering zu halten. Dies kann geschehen, etwa indem man den FDE innerhalb einer Testbatterie einem Leistungstest mit gleichem Abgabezeitpunkt für alle folgen läßt, damit unterschiedliche Testzeiten dem FDE vorangestellter Verfahren nicht in dieser Weise störend wirken können. Die Auswertung erfolgt mit Hilfe von Schablonen. Für jeden Probanden erhält man je einen Wert auf der DE- und der E-Skala. Der Bipolarität der Skalen entsprechend sind Ergebnisse über dem Gruppenmittelwert der Bezugsgruppe in Richtung „Direktivität" bzw. „Extraversion" zu interpretieren, Ergebnisse darunter in Richtung „Nichtdirektivität" bzw. „Introversion".

Über das Testkonzept und die Entwicklung des FDE informieren ausführlich die Arbeiten von Bastine (1969 a u. b, 1971), Bastine et al. (1969), speziell über die Validierung die Arbeiten von Bastine et al. (1970), Bastine (1973), Gaensslen und Mandl (1973), zusammenfassend Brickenkanmp (1975, S. 472 f.) und Hiltmann (1977, S. 137 ff.).

3.3 Planung und Durchführung der Untersuchung

3.3.1 Methodische Vorüberlegungen

Die wohl verbreitetsten Methoden in der sozialpsychologischen Stereotypforschung sind Eigenschaftslisten oder semantische Differentiale (vgl. Bergler 1966, Bergler und Six 1972, Hofstätter 1973, S. 364 ff.). In der vorliegenden Untersuchung wurde zur Erfassung gruppentypischer Einstellungen (Stereotype) und Rollenerwartungen, die Vorgesetzte im Bereich der öffentlichen Verwaltung an ihre Mitarbeiter und umgekehrt herantragen, ein methodischer Weg beschritten, wie er von der Ohio-Gruppe mit dem LOQ und LOQI vorgezeichnet und in der Bundesrepublik in Arbeiten, wie z. B. denen von Hoeth und Gregor (1964), Timaeus und Lück (1970), Tscheulin und Rausche (1970), Rosemann (1973) zu gleichen oder ähnlichen Problemen an anderen Stichproben eingeschlagen wurde nach dem Muster: Fragebogenerhebungen werden durchgeführt, gegebenenfalls mit variierten Instruktionen wiederholt und die Ergebnisse anschließend einem Intergruppenvergleich unterworfen.

Beispiel: Eine oder mehrere Probandengruppen werden gebeten, zuerst eigenes Verhalten in einer vorgestellten Situation und im Anschluß daran bei anderen in der gleichen Situation erwartete Reaktionsweisen anhand des gleichen Fragebogens einzustufen, dessen Instruktion für den zweiten Durchgang entsprechend zu ändern ist (Selbstbild vs. Fremdbild).

Das Forschungsinteresse bezieht sich in diesem Zusammenhang nun nicht auf das durchaus interessante Problem, inwieweit die Beurteilten ihrem tatsächlichen Verhalten adäquat beschrieben worden sind oder nicht, als vielmehr auf die Analyse des subjektiven Beurteilungsverhaltens, also auf die Frage, wie der Beurteiler sich selbst im Vergleich zu anderen einschätzt.

Beschreibungen des Verhaltens, speziell des Führungsverhaltens anderer Personen können mehr oder minder zutreffend sein, zumal dann, wenn sie mit einem der oben beschriebenen Fragebogen gewonnen werden. Nach neueren führungspsychologischen Erkenntnissen sind die Aussagen über das tatsächliche Verhalten oder die Person eines Vorgesetzten aufgrund solcher Fragebogenergebnisse weitgehend unzutreffend, da die Beschreibungen ein und desselben Vorgesetzten von Beurteiler zu Beurteiler extrem stark variieren. Vielmehr erfassen diese Fragebogen „in erster Linie Charakteristika des beschreibenden Mitarbeiters“ (Nachreiner 1974, S. 192). Insofern lassen sich diese Verfahren mit vermutlich höherer Aussagekraft zur Diagnose solcher Charakteristika heranziehen, wenn man ihre Ergebnisse als subjektive Sichtweisen im Sinne von Rollenerwartungen und persönlichen Einstellungen interpretiert, um die es in unserer Untersuchung geht.

Diese Feststellungen treffen auch für den FVVB zu, der in unserem Fall, entgegen seiner ursprünglichen Intention, als mehrdimensionales Instrument zur Einstellungsmessung Informationen über die soziale Wahrnehmungsorientierung der Probanden liefern sollte.

Der FDE ist gegenüber dem FVVB in dieser Hinsicht vergleichsweise unproblematisch, denn dieser Fragebogen wurde von vornherein als Verfahren zur Selbsteinschätzung sehr sorgfältig konstruiert und validiert. Er sollte in unserer Untersuchung zur Erfassung der direktiven Einstellung der Probandengruppen und der Selbsteinschätzung ihres Extraversionsgrades dienen. Die Bedeutung direktiver Ansprüche für die Gestaltung der interpersonalen Beziehungen zwischen Vorgesetzten und Mitarbeitern ergibt sich insofern von selbst, als direktiver Anspruch mit Führungsanspruch gleichzusetzen ist. Was die Bedeutung der Extraversion als Faktor der auf die Umgebung eines Individuums gerichteten psychischen Energie betrifft, wurde seit den Ohio-Studien immer wieder der Versuch unternommen, diese als eine gerade zur Erklärung von Führungsverhalten grundlegende Persönlichkeitsdimension darzustellen. Dies belegen auch die Untersuchungen von Timaeus und Lück (1970), die drei Stichproben von zusammen 193 Schülern und Studenten verschiedener Fachrichtungen über typische Reaktionsweisen leitender Persönlichkeiten in der Wirtschaft befragten. Nach mit dem bereits erwähnten E-N-NR-Fragebogen erhobenen Befunden stimmten alle drei Gruppen eng überein, diese Führungskräfte stereotyp als sehr extravertiert zu vermuten. Weitere wichtige Ergebnisse zum Faktor Extraversion lieferten die Untersuchungen von Hoeth und Gregor (1964), die ein Ansteigen der Extraversionswerte in Situationen beobachteten, in denen es darum ging, einen „guten Eindruck“ zu machen. Als die Autoren von ihren Probanden verlangten, in einer Bewerbungssituation einen guten Eindruck zu hinterlassen, erwies sich die Stärke des Anstiegs der Extraversionswerte als abhängig vom der Situation zugeordneten Berufsstereotyp. Nach Timaeus und Lück enthält dieses für Inhaber von Führungspositionen hinsichtlich Extraversion extrem hohe Werte (vgl. 1970, S. 42).

3.3.2 Stichproben

148 Beamte des gehobenen Dienstes bei der Deutschen Bundespost, im folgenden kurz „gehobener Dienst“ (GD) genannt, bildeten die Gruppe der *Vorgesetzten.* Die Gruppe der *Mitarbeiter* setzte sich aus 205 Anwärtern für die Laufbahn des gehobenen Postdienstes zusammen, kurz als „Laufbahnnachwuchs“ (LN) bezeichnet (Obersekretäre, Hauptsekretäre, Betriebsinspektoren, Postinspektoranwärter). Beide Stichproben sind im 3. Kapitel (S. 81 f.) näher charakterisiert.

Als dritte Gruppe wurden insgesamt 72 Psychologiestudenten höherer Semester der Universität Freiburg i. Br. gebeten, sich als *„neutrale Beurteiler“* von Vorgesetztenverhalten an den Untersuchungen zu beteiligen, d. h. als Personen, die zur Zeit der Datenerhebung in einer weitgehend vorgesetztenfreien Situation in relativ großer psychischer Distanz zum Beurteilungsgegenstand lebten. Diese Gruppe war hinsichtlich des Geschlechts gemischt. Das Durchschnittsalter lag bei 25 Jahren.

3.3.3 Spezielle Fragestellungen

Aus dem bisher Dargestellten lassen sich folgende konkrete Fragestellungen formulieren:

1. Wie sehen „neutrale“ Beurteiler optimales Vorgesetztenverhalten des gehobenen Dienstes?
   (Optimalbild des gehobenen Dienstes = OGD)
2. Wie sehen „neutrale“ Beurteiler den Anforderungen nicht entsprechendes Vorgesetztenverhalten?
   (Negativbild des gehobenen Dienstes = NGD)
3. Wie schätzt der Laufbahnnachwuchs das Führungsverhalten des gehobenen Dienstes bei der Deutschen Bundespost ein?
   (Heterostereotyp des gehobenen Dienstes = HGD)
4. Wie schätzt der Laufbahnnachwuchs sein eigenes zukünftiges Vorgesetztenverhalten ein?
   (Zukünftiges Autostereotyp des Laufbahnnachwuchses = ZALN)
5. Wie schätzt der gehobene Dienst sein tatsächliches Führungsverhalten ein?
   (Autostereotyp des gehobenen Dienstes = AGD)
6. Wie vermutet der gehobene Dienst, vom Laufbahnnachwuchs hinsichtlich seines Vorgesetztenverhaltens eingestuft zu werden?
   (Vom gehobenen Dienst vermutetes Heterostereotyp des Laufbahnnachwuchses = VHLN)
7. Unterscheiden sich die verschiedenen Stereotype überzufällig voneinander und wenn ja, welche Schlußfolgerungen lassen diese Unterschiede zu?

Über diese Fragen hinaus erlaubt die parallele Verwendung von FVVB und FDE die Formulierung von Hypothesen zu der testdiagnostisch interessanten Frage:

8. Gibt es Anhaltspunkte für formale und inhaltliche Zusammenhänge zwischen den beiden FDE-Skalen DE und E im Vergleich zu den fünf Skalen des FVVB?

3.3.4 Datenerhebung

Jeder der drei Gruppen wurde der FVVB in zwei verschiedenen Instruktionen vorgelegt, so daß sich das Probandengut in mehrere Einzelstichproben zur Beantwortung der aufgeworfenen Fragen gliedert. Die Probandenzahlen der beiden Einzelstichproben schwanken innerhalb jeder Gruppe, da einige Gruppenvertreter an der Teilnahme zum zweiten Testdurchgang verhindert waren oder ihr Testformular nicht zur Auswertung zur Verfügung stellen wollten. Aus den gleichen Gründen sind die beiden mit dem FDE getesteten Stichproben des GD und LN verschieden groß. Die Probandenzahlen für die Vergleichsuntersuchungen von FVVB und FDE wurden nach noch zu erörternden Gesichtspunkten eigens zusammengestellt.

Allen Teilnehmern wurde versichert, die Testergebnisse lediglich auf der Basis von Gruppenbefunden nach wissenschaftlichen Standards zu verwerten. Die Wahrung der Anonymität jedes einzelnen wurde seitens der Versuchsleiter zugesagt. Insofern war keiner der Betroffenen darauf angewiesen, sich in den Fragebogen aus Befürchtungen eventuell nachteiliger Folgen für die eigene Person absichtlich unzutreffend zu äußern. Die Probanden markierten ihre Testbogen mit einem selbstgewählten Codenamen. Auf diese Weise war es trotz prinzipieller Anonymität möglich, jeden Teilnehmer über sein individuelles Ergebnis zu informieren, wenn er unter Bekanntgabe seines Code dies wünschte.

Die Instruktionen wurden den Probanden zusammen mit den Fragebogen schriftlich vorgelegt.

Stichprobe 1:

N = 72 Psychologiestudenten, Teilnehmer eines Seminars zum Thema „Auswahl, Ausbildung und Fortbildung von Führungskräften in Wirtschaft und öffentlicher Verwaltung“ im Sommersemester 1974, wurden gleich zu Beginn der Lehrveranstaltung gebeten, als praktische Einführung in das Stoffgebiet das Führungsverhalten eines nach ihren Vorstellungen optimalen Beamten des gehobenen Dienstes bei der Deutschen Bundespost mit dem FVVB zu beschreiben, nachdem ihnen der Tätigkeitsbereich dieser Beamtengruppe kurz erläutert worden war. Mit anderen Worten, es sollte ein Stereotyp des optimalen Vertreters der Laufbahn des gehobenen Post- und Fernmeldedienstes (CP und CF) aus der Sicht einer Gruppe weitgehend vorgesetztenfreier Beurteiler gezeichnet werden (vgl. dazu Frage 1, S. 120).

Instruktion für Stichprobe 1:

„Wir möchten Sie bitten, uns bei einer Untersuchung zum Problem der Interaktion von Vorgesetzten und Mitarbeitern zu unterstützen. Das Detailproblem, um das es hier geht, ist die Analyse willkürlicher Beeinflußbarkeit von Fragebogenitems im Sinne der *social desirability*, der „sozialen Erwünschtheit“ ihrer Inhalte. Wir bitten Sie deshalb, durch entsprechende Beantwortung der nachfolgenden Fragen ein nach Ihrer Auffassung optimales Bild eines Vorgesetzten des gehobenen Dienstes der Deutschen Bundespost zu beschreiben.

Im folgenden finden Sie verschiedene Verhaltensbeschreibungen von Vorgesetzten. Hinter jeder Beschreibung sind jeweils fünf Abstufungen der Stärke oder Häufigkeit dieses Verhaltens angegeben.

Versuchen Sie jetzt bitte einen optimalen Vorgesetzten zu beschreiben; durchkreuzen Sie jeweils die Zahl der ausgewählten Antwortstufe am rechten Rand, die nach Ihrer Meinung am ehesten einem optimalen Verhalten entspricht.“

Stichprobe 2:

N = 70 Psychologiestudenten beschrieben in einem zweiten Testdurchgang das Führungsverhalten eines nach ihren Vorstellungen den Anforderungen seines Dienstpostens *nicht* entsprechenden Vorgesetzten, also ein Stereotyp des *unzulänglichen* Beamten des gehobenen Post- und Fernmeldedienstes aus der Sicht neutraler Beurteiler (vgl. dazu Frage 2, S. 120). Da es den Teilnehmern überlassen blieb, ihre Testformulare zur Auswertung zur Verfügung zu stellen, ergab sich eine kleine Differenz der zu beiden Instruktionen vorliegenden Fragebogenanzahl.

Instruktion für Stichprobe 2:

„Wir möchten Sie bitten, uns bei einer Untersuchung zum Problem der Interaktion von Vorgesetzten und Mitarbeitern zu unterstützen. Wir bitten Sie deshalb, durch entsprechende Beantwortung der nachfolgenden Fragen ein nach Ihrer Auffassung negatives Bild eines Vorgesetzten des gehobenen Dienstes der Deutschen Bundespost zu zeichnen.

Im folgenden finden Sie verschiedene Verhaltensbeschreibungen von Vorgesetzten. Hinter jeder Beschreibung sind jeweils fünf Abstufungen der Stärke oder Häufigkeit dieses Verhaltens angegeben.

Versuchen Sie jetzt bitte einen schlechten Vorgesetzten zu beschreiben; durchkreuzen Sie jeweils die Zahl der ausgewählten Antwortstufen am rechten Rand, die nach Ihrer Meinung am ehesten einem negativen Verhalten entspricht."

Die Testdaten der folgenden Stichproben der Beamten des gehobenen Dienstes und des Laufbahnnachwuchses bei der Deutschen Bundespost wurden im wissenschaftlichen Begleitprogramm zu den auf S. 42 ff. beschriebenen Führungslehrgängen zur Aus- und Weiterbildung innerhalb eines Zeitraums von knapp drei Jahren zwischen 1973 und 1976 erhoben.

Stichprobe 3:

N = 205 Aufstiegsbeamten des mittleren Dienstes und Inspektoranwärtern für die Laufbahn des gehobenen Dienstes wurde der FVVB zur Einschätzung des Führungsverhaltens eines Beamten des gehobenen Dienstes vorgelegt. Der Laufbahnnachwuchs sollte dabei weder ausdrücklich einen idealen, noch einen durch besondere Führungsschwächen auffallenden gehobenen Beamten beschreiben, sondern jeder seinen *derzeitigen* Vorgesetzten (vgl. dazu Frage 3, S. 120).

Instruktion für Stichprobe 3:

„Wir möchten Sie um Ihre Mitarbeit bei einer Untersuchung bitten. Unsere Frage an Sie ist: Wie verhalten sich Vorgesetzte ihren unterstellten Mitarbeitern gegenüber? Wir bitten Sie deshalb, die folgenden Fragen so zu beantworten, wie Sie Ihre Zusammenarbeit mit Ihrem derzeitigen Vorgesetzten erleben. Ihre persönliche Meinung, Ihr Urteil — unabhängig davon, was Ihre Kollegen denken —, ist für uns wichtig. Es gibt also kein „richtig" oder „falsch". Nur das, was Sie persönlich erfahren und erlebt haben, ist von Bedeutung!

Bitte, fühlen Sie sich ganz frei, kritisch zu sein! Wie jeder Mensch, so hat auch jeder Vorgesetzte menschliche Schwächen, darum scheuen Sie sich bitte nicht, diese anzugeben. Sie selbst und der von Ihnen Beurteilte bleiben völlig anonym. Es ist wichtig, daß Sie alle Fragen beantworten. Verlassen Sie sich bitte bei den Fragen, die Sie nur schwer beantworten können, ganz auf Ihr Gefühl."

Stichprobe 4:

N = 151 der in Stichprobe 3 erfaßten Nachwuchskräfte wurden mit dem FVVB nach der Einschätzung ihres eigenen Vorgesetztenverhaltens als zukünftige Beamte des gehobenen Postdienstes befragt (vgl. dazu Frage 4, S. 120).

Instruktion für Stichprobe 4:

„Gesetzt den Fall, Sie sollten in Kürze eine Führungsposition des gehobenen Dienstes einnehmen. Sie haben dabei den festen Willen, Ihren Mitarbeitern ein guter Vorgesetzter zu sein. — Wie würden Sie sich Ihren Mitarbeitern gegenüber verhalten?

Wir bitten Sie, die folgenden Fragen so zu beantworten, wie es Ihren persönlichen Vorstellungen über Ihr künftiges Führungsverhalten entspricht. Es gibt kein „richtig" oder „falsch". Nur Ihre Meinung, wie Sie Ihre bisherigen Erfahrungen und Kenntnisse bei künftigen Führungsaufgaben anwenden möchten, ist von Bedeutung!

Wie jeder Mensch, so hat auch jeder Vorgesetzte menschliche Schwächen, darum scheuen Sie sich bitte nicht, diese zu berücksichtigen. Sie selbst bleiben völlig anonym. Es ist wichtig, daß Sie alle Fragen beantworten. Gehen Sie dabei zügig vor und verlassen Sie sich bitte bei den Fragen, die Sie nur schwer beantworten können, ganz auf Ihr Gefühl."

Stichprobe 5:

N = 148 Beamte des gehobenen Dienstes bei der Deutschen Bundespost (CP und CF) wurden mit dem FVVB zur Einschätzung ihres eigenen Vorgesetztenverhaltens befragt (vgl. dazu Frage 5, S. 120).

Instruktion für Stichprobe 5:

„Wir möchten Sie bitten, Ihre Meinung zu verschiedenen Formen möglichen Führungsverhaltens zu äußern. Unsere Frage an Sie ist: Wie verhalten Sie sich als Vorgesetzte Ihren Mitarbeitern gegenüber? Wir bitten Sie deshalb, die folgenden Fragen so zu beantworten, wie Sie Ihre Zusammenarbeit mit Ihren Mitarbeitern erleben. Ihre persönliche Meinung, Ihr Urteil — unabhängig davon, was Ihre Kollegen denken — ist für uns wertvoll, denn wir wollen möglichst viele Ihrer persönlichen Führungserfahrungen kennenlernen. Es gibt daher kein „richtig" oder „falsch". Nur das, was Sie persönlich erfahren und erlebt haben, ist von Bedeutung.

Wie jeder Mensch, so hat auch jeder Vorgesetzte menschliche Schwächen, darum scheuen Sie sich bitte nicht, diese anzugeben. Sie selbst bleiben völlig anonym. Es ist wichtig, daß Sie alle Fragen beantworten. Gehen Sie dabei zügig vor und verlassen Sie sich bitte bei den Fragen, die Sie nur schwer beantworten können, ganz auf Ihr Gefühl."

Stichprobe 6:

N = 94 der in Stichprobe 5 erfaßten Beamten des gehobenen Dienstes wurden gebeten, im FVVB ihre Vermutungen darüber zu äußern, wie wohl der Laufbahnnachwuchs ihr Führungsverhalten mit dem gleichen Verfahren beurteilt haben mag (vgl. dazu Frage 6, S. 120).

Instruktion für Stichprobe 6:

„Wir möchten Sie bitten, Ihre Meinung zu einem Problme der Mitarbeiterführung zu äußern. Unsere Frage an Sie ist: Wie, glauben Sie, würde der Laufbahnnachwuchs (PIAw und Aufsteiger des mittleren Dienstes) Ihr (der Beamten des gehobenen Dienstes) Führungsverhalten beschreiben? Beantworten Sie die folgenden Fragen auf Grund der Erfahrungen, die Sie mit Ihren Mitarbeitern haben. Ihre persönliche Meinung — unabhängig davon, was Ihre Kollegen denken — ist für uns wichtig. Es gibt daher kein „richtig" oder „falsch". Nur Ihre persönliche Meinung ist von Bedeutung!

Ihre Meinungsäußerung bleibt völlig anonym. Es ist wichtig, daß Sie alle Fragen beantworten. Gehen Sie dabei zügig vor und verlassen Sie sich bitte bei den Fragen, die Sie nur schwer beantworten können, ganz auf Ihr Gefühl."

Stichprobe 7:

N = 104 Nachwuchskräfte sollten sich im FDE hinsichtlich ihrer direktiven Neigungen und ihres Grads an Extraversion beurteilen. Dazu wurde der FDE mit Standardinstruktion vorgelegt (vgl. dazu Frage 4, S. 120). Unter Beachtung einer Empfehlung von B a s t i n e (1970, S. 7) zur Gestaltung der Testsituation ging dem FDE der IST bzw. das LPS voraus (vgl. S. 50 und S. 118).

Stichprobe 8:

N = 142 Beamte des gehobenen Dienstes wurden gebeten, sich im FDE nach vorausgegangenen IST bzw. LPS entsprechend der Standardinstruktion selbst einzuschätzen (vgl. dazu Frage 5, S. 120).

Stichprobe 9:

N = 100 der in den Stichproben 4 und 7 mit FVVB und FDE gleichzeitig befragten Nachwuchskräfte wurden zu einer Vergleichsstichprobe zusammengefaßt (vgl. Frage 8, S. 120).

Stichprobe 10:

N = 140 der in den Stichproben 5 und 8 mit FVVB und FDE gleichzeitig erfaßten Beamten des gehobenen Dienstes wurden zu einer weiteren Vergleichsstichprobe zusammengefaßt (vgl. Frage 8, S. 120).

Übersicht 2 informiert zusammenfassend über die wichtigsten formalen und inhaltlichen Merkmale der Untersuchungsabschnitte.

Übersicht 2: Zusammenfassung der wichtigsten formalen und inhaltlichen Merkmale der Untersuchungen

Stichproben	Stichprobengrößen N	Beurteiler	Beurteilte	Problemstellung	Kurzkennzeichnungen	Verfahren
1	72	Psychologiestud.	GD	Optimalbild des GD	OGD	FVVB
2	70	Psychologiestud.	GD	Negativbild des GD	NGD	FVVB
3	205	LN	GD	Heterostereotyp des GD	HGD	FVVB
4	151	LN	LN	zukünftiges Autostereotyp des LN	ZALN	FVVB
5	148	GD	GD	Autostereotyp des GD	AGD	FVVB
6	94	GD	LN	vom GD vermutetes Heterostereotyp des LN	VHLN	FVVB
7	104	LN	LN	Autostereotyp des LN	ALN	FDE
8	142	GD	GD	Autostereotyp des GD	AGD	FDE
9	100	LN	LN	FVVB/FDE-Vergleich	—	FVVB/FDE
10	140	GD	GD	FVVB/FDE-Vergleich	—	FVVB/FDE

3.4 Darstellung und Interpretation der Ergebnisse

3.4.1 Autostereotype und heterostereotype FVVB-Profile

Die umfangreiche statistische Aufbereitung des Datenmaterials erfolgte auf der Rechenanlage Univac 1106 des Rechenzentrums der Universität Freiburg i. Br. Von den vielen dabei gewonnenen Ergebnissen sollen zur Beantwortung der Fragen 1 bis 6 (vgl. S. 120) nur die wesentlichsten mitgeteilt werden.

Da sind zunächst einmal die Mittelwerte und Streuungen der FVVB-Daten zu nennen, die für die ersten sechs Stichproben in *Tabelle 1* zusammengefaßt und in *Abbildung 1* graphisch dargestellt sind.

Tabelle 1: Mittelwerte und Standardabweichungen der FVVB-Profile

Stich-		F		A		M		K		F/A	
probe	Profil	$\bar{x}$	s	$\bar{x}$	s	$\bar{x}$	s	$\bar{x}$	s	$\bar{x}$	s
1	a = OGD	4.59	0.31	3.90	0.43	4.47	0.48	3.51	0.74	4.27	0.62
2	b = NGD	1.38	0.51	2.22	0.68	1.48	0.71	3.08	0.78	1.48	0.72
3	c = HGD	3.60	0.93	3.28	0.66	3.49	0.91	3.58	0.70	3.54	0.94
4	d = ZALN	4.08	0.38	3.72	0.47	4.15	0.52	3.68	0.55	4.15	0.47
5	e = AGD	4.22	0.45	3.70	0.47	4.23	0.45	3.67	0.56	4.14	0.48
6	f = VHLN	4.11	0.49	3.64	0.52	3.96	0.59	3.82	0.59	4.05	0.64

Die in *Abbildung 1* eingezeichneten Profile bestehen jeweils aus den fünf Werten der Einstufungen, die von den Beurteilern auf den fünf FVVB-Skalen im Durchschnitt vorgenommen worden waren. Die gepunkteten Linien rechts und links dieser Kurven markieren die Streubreite (± 1s), innerhalb derer ca. 68 % der abgegebenen Beurteilungen liegen. Ganz allgemein gilt für unser Problem, je kleiner die Standardabweichung, desto einheitlicher die Beurteilung; oder, anders ausgedrückt, je enger sich die Einzelbeurteilungen um den Mittelwert scharen, desto eher kann von einer einmütigen, d. h. *stereotypen* Auffassung der Beurteiler über die Beurteilten die Rede sein.

Abbildung 1 a zeigt das optimale Vorgesetztenstereotyp des gehobenen Dienstes bei der Deutschen Bundespost, wie es neutrale Beurteiler, in unserem Fall Studenten der Psychologie, abgaben. Will man dieses Stereotyp bewerten, sollte man wissen, wie sich dieses „Optimalbild" von dem FVVB immanenten Idealvorstellungen unterscheidet. Dieses mit dem „unerreichbaren Helden" des 9/9-Führungsstils nach B l a k e und M o u t o n (vgl. S. 24) vergleichbare Idealbild würde nach maximaler Ausprägung von „Freundlicher Zuwendung" verlangen, was dort einem sehr starken Interesse des Vorgesetzten an den persönlichen Belangen des Mitarbeiters gleichkäme, also F = 5. Das gleiche gilt für „Stimulierende Aktivität" im Sinne maximaler Motivierung des Mitarbeiters zur Mobilisierung seiner Leistungsreserven und seines Engagements für die Organisation, also A = 5. Selbstverständlich hat dann auch die Kombination F/A den Skalenwert 5 als Idealposition. Der Maximalwert M = 5 für „Mitbestimmung am Arbeitsplatz", also ein Höchstmaß an Mitbestimmung und Mitverantwortung, wäre bei einem echten Partnerschaftsverhältnis zwischen Vorgesetzten

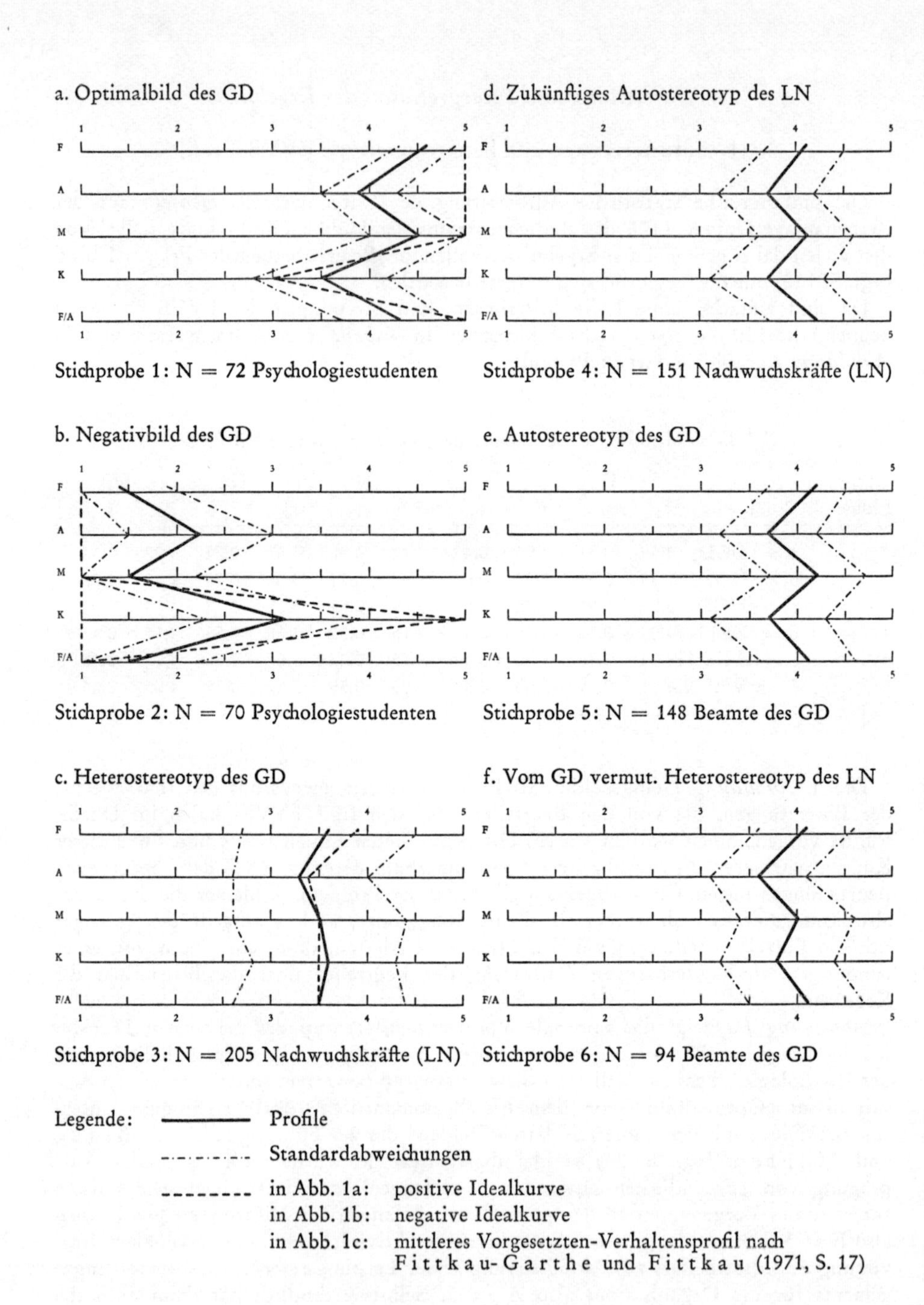

Abbildung 1: FVVB-Profile

und Mitarbeitern ideal. Eine Ausnahme macht die Skala „Kontrolle", wo ein Wert zwischen den als sozial unerwünscht geltenden Polen „laissez-faire" und „überstarker (autoritärer) Kontrolle" bei K = 3 ideal erscheint. Diese imaginäre Idealkurve ist in *Abbildung 1 a* zusätzlich eingetragen.

Die Optimalkurve des gehobenen Dienstes erreicht diese Idealwerte nicht ganz, was sich daraus erklärt, daß die Beurteiler lebendige Menschen und nicht abstrakte Idealtypen zu beschreiben hatten. Der optimale Beamte des gehobenen Dienstes ist demnach gegenüber seinen Mitarbeitern nicht nur sehr freundlich und respektiert weitgehend deren sozial-emotionale Bedürfnisse (F); wenn auch nicht ganz so stark ausgeprägt, so versteht er sich gleichzeitig auch darauf, Leistungsverhalten zu fördern (A). Er läßt sehr viel Mitsprache seitens der Mitarbeiter in der Dienststelle zu (M). Auf Kontrolle legt er weder übertriebenen Wert, noch vernachlässigt er seine Aufsichtspflicht (K).

Wie das optimale Vorgesetztenstereotyp in der Nähe des imaginären Idealprofils liegt, so müßte sein negatives Gegenstück einer „idealen Negativkurve" nahekommen. Diese gedachte Kurve läge auf der senkrechten Verbindungslinie der Positionen „1", denn diese Endwerte markieren ausnahmslos Extreme sozial unerwünschten Verhaltens. Da das rechte Skalenende von Faktor K jedoch nicht wie bei den übrigen ein positives, sondern ebenfalls ein negatives Extrem darstellt, teilt sich die Kurve an dieser Stelle in den Ast, der von M = 1 über K = 1 zu F/A = 1 und in einen anderen, der von M = 1 über K = 5 zu F/A = 1 führt (vgl. *Abbildung 1 b*).

Das empirisch gewonnene negative Vorgesetztenstereotyp des gehobenen Dienstes ist ziemlich genau das Spiegelbild des optimalen (vgl. *Abbildung 1 a* mit *1 b*). Es zeigt den Vorgesetzten als sehr unfreundlich, unhöflich und launisch (F). Er achtet zwar, aber doch in nur geringem Ausmaß auf das Zustandekommen von Arbeitsergebnissen (A). Er entscheidet und handelt fast ohne sich je mit seinen Mitarbeitern abzusprechen (M). Anerkennung und Lob sind von ihm nicht zu erwarten. Er erweist sich als wenig hilfreich. Persönliche Probleme interessieren ihn nicht (F/A). Verwunderlich und unwahrscheinlich zugleich ist allerdings, daß die Studenten den schlechten wie den optimalen Vorgesetzten auf der Skala K fast genau in die Mitte zwischen „laissez-faire" und „autoritär" auf die positiv gewertete „kooperative" Position setzen. Bedenkt man, daß die beiden Enden der K-Skala im Sinne sozial erwünschten Verhaltens negativ bewertet sind, so läge eigentlich die Vermutung nahe, die Studierenden könnten vielleicht zu etwa gleichen Teilen der Auffassung gewesen sein, daß sowohl die laissez-faire-Position mit praktisch fehlender Kontrolle der Arbeitsleistung als auch die extrem autoritäres Verhalten kennzeichnende Position mit überstarker Kontrolle und Zwang in gleicher Weise negativ zu beurteilen seien. Bei dem Mittelwert von K = 3.08 müßte es sich demzufolge um ein statistisches Artefakt aufgrund der Bildung des arithmetischen Mittels aus einer bimodalen Verteilung handeln. Dies würde bedeuten, eine Gruppe hielte „laissez-faire", eine andere „autoritär" für wenig wünschenswert; im Mittelwert lägen beide Ansichten dann genau auf „kooperativ". Zur Klärung dieses Problems wurde die Verteilungskurve der K-Werte aller Probanden einer genaueren Überprüfung unterzogen, bei der sich bereits auf Rohwertbasis eine Korrelation von $r_{xy} = .97$ mit der idealen Normalverteilung bei einer Schiefe von $-.07$ und einem Exzess von 0.285 herausstellte (Irrtumswahrscheinlichkeit $p < .001$). Dieser Befund spricht zunächst einmal gegen die oben geäußerte Vermutung eines geteilten Meinungsbildes. Nun wurden die Antworten zu jedem der Skala K zugeordneten 5 Items innerhalb jedes der 70 Testprotokolle auf ihre Beantwortungsrichtung hin analysiert. Bei dieser Kontrolle stellten sich bimodale Verteilungen heraus, d. h. die 10 Probanden, deren K-Werte niedriger als der Betrag einer Standardabweichung (s = .78) unter der Skalenmitte lagen, bevorzugten stets die Skalenstufen 1 oder 2; 13 andere dagegen mit höheren Werten als eine Standardabweichung über der Skalenmitte benützten durchgehend die Skalenstufen 4 oder 5. Diese 23 Beurteiler verhielten sich also unserer Erwartung entsprechend. Wie steht es aber mit den verbleibenden 47 Testprotokollen mit K-Werten eng um 3.0? Wie die Analyse des Beurteilerverhaltens ergab, kamen diese individuellen Resultate nicht durch konstante Bevorzugung des Mittelwerts 3 für die einzelnen K-Items zustande, vielmehr springt die Beurteilung ständig zwischen den extremen Einstufungen mit weiter Streuung um die Skalenmitte hin und her, was zu einer Häufung individueller Durchschnittsergebnisse von K-Werten um 3.0 führt. Dieser Befund läßt den Schluß zu, daß sich die 47 Beurteiler darin einig waren, die Extreme autoritär und laissez-faire hinsichtlich der Wahrnehmung seiner Aufsichtsfunktionen seien als Alternativen für einen unzulänglichen gehobenen Beamten typisch. In dem sie aber innerhalb eines Testprotokolls bald das eine, bald das andere Extrem als negative Kennzeichnung wählten, vermieden sie die Favorisierung des einen oder anderen Pols. Die erstgenannten 23 Probanden dieser Stichprobe sind dagegen in ihrer Meinung eindeutig entweder auf den einen oder auf den anderen Pol festgelegt.

Aus dieser differenzierten Betrachtung des Beurteilerverhaltens erweist sich das stereotype Negativbild des gehobenen Dienstes hinsichtlich Skala K aus der Sicht neutraler Beurteiler in die Alternativen „extrem autoritär“ und „extrem laissez-faire“ geteilt, also doch nicht auf „kooperativ“ fixiert, wie der Profilverlauf in *Abbildung 1 b* nahelegen würde.

Aufgrund dieser Befunde wurden die Antwortverteilungen für die 32 FVVB-Items bei allen anderen Stichproben ebenfalls überprüft. Dabei stellte sich heraus, daß alle Items insofern gleichmäßig beantwortet worden waren, als sie entweder normalverteilt waren, oder aber eine eindeutige Beantwortungsrichtung aufwiesen. Das Problem extrem polarisierter Meinungsunterschiede tauchte somit an keiner weiteren Stelle dieser Untersuchung mehr auf.

Optimalbild und Negativbild des gehobenen Dienstes stecken den Rahmen ab, innerhalb dessen die Varianten der gruppenspezifischen Auto- und Heterostereotype zu erwarten sind.

Das Fremdbild, das der Laufbahnnachwuchs von der Gruppe des öffentlichen Dienstes hat, der er selbst in Kürze angehören wird, findet sich in *Abbildung 1 c.* Die Kurve schwankt nur gering um einen Durchschnittswert von 3.5. Alle fünf Komponenten werden dem gehobenen Dienst in leicht überdurchschnittlicher Ausprägung zugesprochen. Die Abweichung vom Mittelwert in Skala K geht etwas in Richtung eher verstärkter als zu lascher Kontrolle.

Das Profil des Heterostereotyps vom gehobenen Dienst wurde als einziges unter Verwendung der Standardinstruktion des FVVB, nämlich das Verhalten des eigenen Vorgesetzten zu beschreiben, gewonnen. Fittkau-Garthe und Fittkau teilen ein unter den gleichen Bedingungen gefundenes Durchschnittsprofil des realen Vorgesetzten mit, wie es sich aus den Beurteilungen von 228 Vorgesetzten durch 1313 Mitarbeiter in 9 Verwaltungen und Industriebetrieben ergab (1971, S. 17). Wirft man einen Blick auf *Abbildung 1 c,* wo beide Profile zum Vergleich eingetragen sind, so fällt ihre hohe Ähnlichkeit auf. Bis auf eine etwas deutlichere Abweichung auf Skala F sind beide Kurven praktisch identisch. Auf das Beurteilerverhalten des Laufbahnnachwuchses bezogen, bedeutet dies, daß er seine Vorgesetzten für etwas weniger freundlich hält, sonst aber das Verhalten seiner Vorgesetzten genau so einstuft, wie andere Mitarbeitergruppen in anderen Arbeitsbereichen dies im Durchschnitt tun.

Die Kurve des zukünftigen Autostereotyps des Laufbahnnachwuchses schwankt um Werte von 4.0 (s. *Abbildung 1 d*). Sein späteres Vorgesetztenverhalten soll von Freundlichkeit noch mehr geprägt sein als von der Aktivierung der Mitarbeiter. Diesen will er relativ viel Mitsprachemöglichkeit bei der Verteilung und Durchführung der Arbeit einräumen und sie an Entscheidungen beteiligen. Der Wahrnehmung seiner Kontrollfunktionen mißt er überdurchschnittliche, aber doch geringere Bedeutung als den Mitbestimmungsmöglichkeiten bei.

Für das Autostereotyp des gehobenen Dienstes gilt bis auf minimale Abweichungen genau das gleiche (vgl. *Abbildung 1 e*). Diese Beamten, die im Vergleich zum Laufbahnnachwuchs ja bereits Führungsaufgaben übernommen haben, schätzen ihr tatsächliches Führungsverhalten genauso ein wie der Laufbahnnachwuchs sein künftiges. Eine Aufteilung in CP (gehobener Postdienst) und CPt (gehobener posttechnischer Dienst), CF (gehobener Fernmeldedienst) und CFt (gehobener fernmeldetechnischer Dienst) ergab keine auch nur in Nuancen bedeutsam voneinander abweichende Selbstdarstellungen, so daß auf diese Differenzierung verzichtet wurde.

Die Frage, wie der Laufbahnnachwuchs das Verhalten des gehobenen Dienstes wohl einschätzt, beantwortet dieser im FVVB in der Weise, wie es das in *Abbildung 1 f* gezeigte Profil angibt. Demnach ist der gehobene Dienst der Auffassung, daß er durch den Laufbahnnachwuchs ganz ähnlich gesehen wird, wie der gehobene Dienst sich selber sieht. Kleine Unterschiede ergeben sich bei Skala M, wo der gehobene Dienst von sich glaubt, geringfügig mehr Mitbestimmung zuzulassen, als der Laufbahnnachwuchs meint. Inwieweit diese Vermutungen zutreffen, wird der Vergleich von tatsächlichem und vermutetem Heterostereotyp zeigen.

Mit der Beschreibung der bis hierher mitgeteilten Ergebnisse sind die Fragen 1 bis 6 (vgl. S. 120) nach der Art der Auto- und Heterostereotype in diesen Teilgruppen des öffentlichen Dienstes vorläufig beantwortet. Die Diskussion der Frage 7 nach ihren gegenseitigen Entsprechungen dagegen steht noch aus.

3.4.2 Die FVVB-Profile im Vergleich

Zur Beantwortung von Frage 7 (s. S. 120) vergleichen wir die in *Abbildung 2* zusammengefaßten sechs Profile. Dabei ist zunächst festzustellen, daß sich eines, nämlich das negative Vorgesetztenstereotyp (b) in der linken Hälfte des Bildes befindet, während sich die übrigen fünf in der rechten Hälfte mehr oder weniger stark zusammendrängen. Besonders fällt bei diesen ein Bündel aus den drei Profilen des Autostereotyps des gehobenen Dienstes (e), des zukünftigen Autostereotyps des Laufbahnnachwuchses (d) und des vom gehobenen Dienst vermuteten Heterostereotyps des Laufbahnnachwuchses (f) auf. Diese drei Kurven verlaufen bald parallel, bald sich überschneidend in enger Nachbarschaft. Dieses Profilkonglomerat lehnt sich in gemessener Distanz stärker an das optimale Vorgesetztenstereotyp (a) als an das Heterostereotyp des gehobenen Dienstes (c) an, zwischen denen es plaziert ist.

Um das Verhältnis der Profile auch metrisch deutlich und interpretierbar zu machen, wurden Profilähnlichkeitskoeffizienten (vgl. *Tabelle 2*) sowie t-Werte für den paarweisen Vergleich der Profilpunkte je Skala bestimmt und die Signifikanz ihrer Abweichungen überprüft.

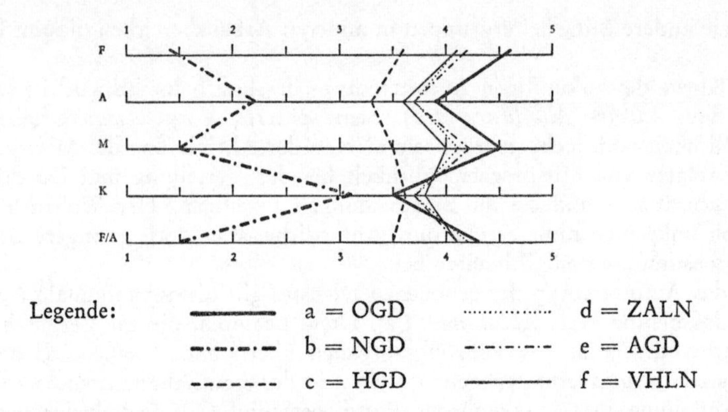

Abbildung 2: FVVB-Profile aus *Abbildung 1* in der Zusammenschau

Tabelle 2: Profilähnlichkeitskeoffizienten der sechs FVVB-Profile

Profile	a = OGD	b = NGD	c = HGD	d = ZALN	e = AGD	f = VHLN
a = OGD	—					
b = NGD	—.97	—				
c = HGD	.22	—.11 *	—			
d = ZALN	.90	—.91	.40	—		
e = AGD	.95	—.92	.46	.98	—	
f = VHLN	.73	—.68	.60	.84	.87	—

*) Einzige nicht signifikante Korrelation bei einer Irrtumswahrscheinlichkeit $p < .05$

Dabei erweist sich die absolute Gegensätzlichkeit der Profile OGD (a) und NGD (b) mit hochsignifikant voneinander abweichenden Profilpunkten ($p < .01$). Erinnern wir uns an das Zustandekommen der beiden Profile, wo Studenten den FVVB absichtlich einmal im Sinne erwünschten und ein zweitesmal im Sinne unerwünschten Verhaltens auszufüllen hatten, so läßt das Ergebnis deutlich erkennen, wie stark sich die Auswirkungen dieser künstlich provozierten Manipulation bemerkbar machen. Beide Kurven korrelieren mit $r_{ab} = -.98$ fast ideal negativ miteinander. Damit bestätigen sich auch für den FVVB nachdrücklich Untersuchungsergebnisse von Thorndike (1920) bis Hoeth und Gregor (1964), Chapman und Chapman (1969), Crott und Baltes (1973), Dowling und Graham (1976) sowie Harvey und Sipprelle (1976) über die subjektive Verfälschbarkeit von Fragebogenergebnissen je nach allgemeiner Bedürfnislage und bestimmten Absichten der Probanden. Dieser Sachverhalt legitimiert zusätzlich auch die Interpretation der anderen FVVB-Profile als Produkte und Niederschlag subjektiver Einstellungen und Wertungen. Der Zusammenhang zwischen NGD (b) und den fünf anderen Skalen ist durch teilweise stark signifikant negative Korrelationen zwischen $r_{bf} = -.68$ und $r_{be} = -.92$ sowie einer nicht signifikant von .00 verschiedenen Korrelation $r_{bc} = -.11$ gekennzeichnet; auch die einzelnen Skalenpunkte sind von NGD stark signifikant verschieden ($p < .01$).

Die statistische Analyse macht genau wie die Graphik der *Abbildung 2* den engen Zusammenhang von ZALN (d), AGD (e) und VHLN (f) evident. Außer dem t-Wert aus Skala M für ZALN (d) und VHLN (f) unterscheiden sich die Profilpunkte auf den fünf Skalen bei einer Irrtumswahrscheinlichkeit von $p < .01$ nicht voneinander. Die Profilähnlichkeitskoeffizienten $r_{ed} = .98$, $r_{ef} = .87$ und $r_{df} = .84$ sind so hoch, daß von einem praktisch identischen Kurvenverlauf gesprochen werden kann. Dies bedeutet aber nichts anderes, als daß sich der Laufbahnnachwuchs in seiner künftigen Vorgesetztenrolle genauso zu verhalten beabsichtigt, wie der gehobene Dienst sich in eben dieser Rolle tatsächlich zu verhalten glaubt. Darüberhinaus vertritt der gehobene Dienst die Auffassung, daß sein Verhalten vom Laufbahnnachwuchs im großen und ganzen genauso gesehen wird, wie er es selbst beurteilt. Auf welchem Gesamtniveau sich die Selbsteinschätzungen und die vermutete Fremdeinschätzung bewegen, läßt sich an den Profilähnlichkeitskoeffizienten sehr genau ablesen, wo das Bündel d, e und f zum optimalen Vorgesetztenstereotyp (a) mit $r_{ad} = .90$, $r_{ae} = .95$ und $r_{af} = .73$ sehr enge Beziehungen aufweist, während die Distanz zum Heterostereotyp des gehobenen Dienstes (c) mit Koeffizienten von $r_{cd} = .40$, $r_{ce} = .46$ und $r_{cf} = .60$ relativ deutlich ausfällt.

Gerade das Heterostereotyp des gehobenen Dienstes (c) wahrt im Zusammenspiel der sechs Profile eine gewisse Eigenständigkeit. Es ist außer NGD (b) das vom optimalen Vorgesetztenstereotyp (a) am weitesten entfernte und diesem mit $r_{ac} = .22$ nur wenig ähnlich, und auch dies nur, weil sich beide Profile auf Skala K treffen. Lediglich dort liegt das Fremdbild des gehobenen Dienstes in der Nähe der Optimalwerte. Sonst sieht der Laufbahnnachwuchs seine Vorgesetzten sich weit anders verhalten, als diese vermuten. Bedenkt man, daß der gehobene Dienst mit Kurve VHLN (f) eigentlich die Kurve HGD (c) vorhersagen sollte, so ist erkennbar, daß der gehobene Dienst sich durch den Laufbahnnachwuchs zwar vom Optimalbild entfernt eingestuft wähnt ($r_{af} = .73$), jedoch lange nicht so weit, als dies tatsächlich der Fall ist ($r_{ac} = .22$). Insofern erliegt der gehobene Dienst einer optimistischen Illusion, die leicht zum fatalen Irrtum werden kann, wenn er glaubt, seine optimistische Selbstsicht könne für das Verhalten der Nachwuchskräfte verbindliches Leitbild sein. Unsere Ergebnisse sprechen mehr dafür, daß das HGD (c) für den Laufbahnnachwuchs das Leitbild darstellt, an dem er sich mit dem Aufbau seines der Optimalkurve weit näheren künftigen Selbstbilds ZALN (d) distanzierend orientiert.

Wie dem auch sei, fest steht, daß nur die richtige Einschätzung der konkreten eigenen und fremden Rollenerwartungen auf der Basis objektivierter Informationen mit Grundlage eines reflektierten und bewußt gesteuerten rollenkonformen Führungsverhaltens sein kann.

3.4.3 FDE-Befunde

Tabelle 3 zeigt das Ergebnis der Auswertung der FDE-Daten für je eine Stichprobe des gehobenen Dienstes und des Laufbahnnachwuchses zur Ergänzung der Autostereotype beider Gruppen (vgl. Fragen 4 und 5, S. 120).

Die gerundeten Mittelwerte der direktiven Einstellung und der Extraversion liegen, verglichen mit Normdaten, wie sie Bastine für Lehrer und Lehrerstudenten ermittelt hat (1971, S. 11), für den gehobenen Dienst mit DE = −7/E = +19 und für den Laufbahnnachwuchs mit DE = −9/E = +16 nahe bei den für Lhrer angegebenen Durchschnittswerten von DE = −11 und E = +18. Die DE-Werte sind geringfügig erhöht, während die E-Werte genau im mittleren Normbereich liegen.

Tabelle 3: Parameter der Rohwertverteilungen der FDE-Skalen DE und E bei je einer Stichprobe des gehobenen Dienstes der Deutschen Bundespost und des Laufbahnnachwuchses

Skala	Stichprobe	N	M	**M**	s	S	Ex	r_{xy}
DE	gehobener Dienst	142	—6.69	**—7**	9.52	0.29	0.294	.993
	Laufbahnnachwuchs	104	—8.75	**—9**	10.43	0.08	0.286	.996
E	gehobener Dienst	142	18.61	**19**	11.54	—0.12	0.312	.997
	Laufbahnnachwuchs	104	16.42	**16**	12.48	—0.13	0.286	.995

Legende:
N = Stichprobengröße
M = arithmetisches Mittel
M = gerundete Mittelwerte
s = Streuung
S = Schiefe (positiv = rechtsschief, negativ = linksschief)
Ex = Exzeß (bei der Normalverteilung ist der Exzeß Ex = 0.300)
r_{xy} = Korrelation der Rohwertverteilung mit einer idealen Normalverteilung

Beide Gruppen unterscheiden sich hinsichtlich der Dimensionen direktive Einstellung und Extraversion nicht wesentlich von der Eichstichprobe männlicher Lehrer. Beide Dimensionen sind für die Gruppe als erfolgreich geltender gehobener Beamter bei der Deutschen Bundespost und den Laufbahnnachwuchs nicht charakteristisch. Die Werte von DE und E sind in beiden Stichproben in idealer Weise normalverteilt, was sich an den außerordentlich hohen Korrelationskoeffizienten r_{xy} in *Tabelle 3* deutlich zeigt. Dieser Befund läßt darauf schließen, daß sich Vertreter aller vier Extreme (direktiv-nicht direktiv, extravertiert-introvertiert) zwar finden, die große Mehrheit dieser Berufsvertreter sich jedoch im ausgeglichenen Mittelbereich beider Dimensionen hält. Dies hängt vermutlich mit der außerordentlichen Variabilität der Arbeitsfelder in dieser Laufbahn zusammen, die von der reinen Sachbearbeitertätigkeit in einer Oberpostdirektion bis zur Leitung äußerst personalintensiver Dienstposten, etwa dem Briefeingang eines großen Postamts oder der Fernsprechentstörungsstelle eines Fernmeldeamts reichen und somit bald nach der einen, bald nach der anderen Persönlichkeitsvariante hinsichtlich DE und E verlangen.

Die Faktorenanalysen der Fragebogenitems bei den Stichproben nach dem Hauptkomponentenmodell (Hauptachsenmethode) führten zu einer zweifelsfreien Identifikation der beiden Dimensionen DE und E. Damit erwies sich die innere Struktur des FDE auch im vorliegenden Fall als stichprobenunabhängig.

Die exakte Normalverteilung der Rohwerte und der Nachweis der faktoriellen Gültigkeit für beide Probandengruppen erlaubten als Nebenergebnis dieses Untersuchungsabschnitts die Erstellung von Normen für aus der Sicht der Mittelbehörden als erfolgreich geltende gehobene Beamte der Deutschen Bundespost und den Nachwuchs für die Laufbahn des gehobenen Postdienstes, wie sie in *Tabelle 4* mitgeteilt sind.

Tabelle 4: Normen für Beamte des gehobenen Dienstes bei der Deutschen Bundespost (CP und CF) und den Laufbahnnachwuchs für CP

DE-ROHWERTE		**Z-WERTE** *	E-ROHWERTE	
gehobener Dienst	Laufbahn-nachwuchs	**(M = 100; s = 10)**	gehobener Dienst	Laufbahn-nachwuchs
− 32	− 38	**70**	− 18	− 21
− 28	− 33	**75**	− 11	− 15
− 24	− 28	**80**	− 5	− 9
− 21	− 24	**85**	+ 1	− 2
− 17	− 19	**90**	+ 6	+ 4
− 12	− 14	**95**	+ 13	+ 10
− 7	− 9	**100**	+ 19	+ 16
− 2	− 3	**105**	+ 24	+ 23
+ 3	+ 2	**110**	+ 30	+ 28
+ 8	+ 7	**115**	+ 36	+ 35
+ 14	+ 12	**120**	+ 42	+ 41
+ 18	+ 16	**125**	+ 49	+ 47
+ 22	+ 21	**130**	+ 55	+ 53

* Je höher die Z-Werte desto höher das Ausmaß an direktiven Einstellungen bzw. Extraversion.

3.4.4 Vergleich von FDE- und FVVB-Daten

Zur Klärung der testdiagnostisch wichtigen Frage des formalen und inhaltlichen Zusammenhangs von FDE- und FVVB-Skalen (vgl. Frage 8, S. 120) wurden die Daten zweier ausgewählter Stichproben von 140 Beamten des gehobenen Dienstes und 100 Nachwuchskräften korrelationsstatistisch ausgewertet. Den *Tabellen 5* und *6* sind die korrelativen Beziehungen innerhalb des FDE und innerhalb des FVVB sowie die zwischen beiden Tests zu entnehmen.

Tabelle 5: Korrelative Zusammenhänge innerhalb und zwischen den FDE- und FVVB-Skalen bei N = 140 Beamten des gehobenen Dienstes bei der Deutschen Bundespost

		FDE		FVVB				
		DE	E	F	A	M	K	F/A
FDE	DE	—						
	E	.29 *	—					
FVVB	F	.05	.14	—				
	A	.12	—.03	.22 *	—			
	M	.05	—.03	.32 *	.07	—		
	K	.02	.06	—.09	.33 *	.07	—	
	F/A	—.02	.07	.21 *	.47 *	.11	.26 *	—

* Signifikante Korrelationskoeffizienten bei einer Irrtumswahrscheinlichkeit $p < .01$

Tabelle 6: Korrelative Zusammenhänge innerhalb und zwischen den FDE- und FVVB-Skalen bei N = 100 Nachwuchskräften für die Laufbahn des gehobenen Postdienstes

		FDE DE	E	FVVB F	A	M	K	F/A
FDE	DE	—						
	E	.30 *	—					
FVVB	F	.03	.07	—				
	A	.21	.12	.20	—			
	M	.10	.01	.37	.21	—		
	K	.14	.15	.14	.44 *	.21	—	
	F/A	.12	—.07	.53 *	.35 *	.31 *	.20	—

* Signifikante Korrelationskoeffizienten bei einer Irrtumswahrscheinlichkeit $p < .01$

Der Zusammenhang zwischen DE und E ist schwach signifikant positiv. Beide Dimensionen sind nicht vollständig voneinander unabhängig.

Für den FVVB erweisen sich auch in dieser Untersuchung die Skalen als teilweise nicht unerheblich miteinander korreliert. Demnach tritt in beiden Stichproben die Ermöglichung von Mitbestimmung in Verbindung mit freundlicher Zuwendung des Vorgesetzten (r_{FM}=.32/.37) und Aktivierung der Mitarbeiter auf dem Wege stärkerer Aufsicht (r_{AK}=.33/.44) häufiger auf. Weiter finden sich Korrelationen mittlerer Höhe zwischen F und A mit F/A, was durch die Konstruktion von Skala F/A aus Items, die freundliche Zuwendung und Aktivierung zugleich beschreiben, bedingt ist.

Zwischen den FDE- und den FVVB-Skalen dagegen findet sich keine einzige signifikante Korrelation auf dem 1 %-Niveau der Verläßlichkeit. Selbst auf dem 5 %-Niveau wird nur ein einziger Koeffizient, nämlich $r_{DE/A}$ = .21, gerade signifikant. Daraus läßt sich aber nicht mehr als eine leichte Tendenz ablesen, daß stimulierende Aktivität, wie sie der FVVB erfaßt, mit erhöhten Werten für direktive Einstellung einhergeht. Ein von der Definition der Skalen denkbarer innerer Zusammenhang von DE und K läßt sich nicht nachweisen. Dieses Ergebnis legt die Schlußfolgerung nahe, daß, wenn der FVVB überhaupt direktive Einstellungen und Extraversion miterfaßt, es sich um andere Aspekte dieser Dimensionen handeln muß, als sie der FDE mißt. Vermutlich erfassen jedoch beide Tests qualitativ voneinander verschiedene Einstellungskomponenten. Um dies zu entscheiden, bleiben die Ergebnisse weiterer vergleichender Analysen beider Verfahren abzuwarten.

4. Zusammenfassung und Schlußbemerkungen

Nach einleitenden Überlegungen zum Problem der Entwicklung von Rollenerwartungen und Einstellungen als durch die soziale Umwelt geprägte Verhaltensdeterminanten wurde anhand eines Beispiels aus dem Arbeitsbereich der öffentlichen Verwaltung die Entstehung und Auswirkung konkreter Einstellungen aufgezeigt, die als Vorurteile oft über ein ganzes Arbeitsleben hin beibehalten werden.

Am Beispiel einer größeren empirischen Untersuchung wurden dann Möglichkeiten zur testdiagnostischen Erfassung von Rollenerwartungen und Einstellungen hinsichtlich des eigenen und fremden Führungsverhaltens vorgestellt. 148 Beamten des gehobenen Dienstes bei der Deutschen Bundespost, 205 Nachwuchskräften für diese Laufbahn und 72 Psychologiestudenten als neutraler Beurteilergruppe wurden der Fragebogen zur Vorgesetzten-Verhaltens-Beschreibung (FVVB) von Fittkau-Garthe und Fittkau (1971) und der Fragebogen zur direktiven Einstellung (FDE) von Bastine (1971) unter verschiedenen Instruktionen vorgelegt. Optimales und negatives Vorgesetztenstereotyp aus der Sicht neutraler Beurteiler sowie Selbst- und Fremdbild der Beamtengruppen wurden ermittelt und miteinander verglichen. Es zeigte sich, daß beide Beamtengruppen ihr tatsächliches bzw. künftiges Führungsverhalten in der Nähe des Optimalbilds ansiedeln. Der Laufbahnnachwuchs schätzt seine Vorgesetzten ungünstiger ein, als diese vermuten. Direktive Einstellungen und die verschiedenen Ausprägungsgrade der Extraversion sind in beiden Beamtengruppen normalverteilt.

Neben diesen Ergebnissen erbrachte die statistische Datenanalyse zusätzlich FDE-Normwerte für die unseren Beamtengruppen entsprechenden Populationen. Der Vergleich von FDE und FVVB wies beide Tests als voneinander unabhängige Verfahren zur Erfassung von Rollenerwartungen und Einstellungen aus.

Die Auffassung, viele Vorgesetzte scheiterten nicht zuletzt deshalb, weil sie nicht in der Lage seien, die an sie gestellten Rollenerwartungen zu erkennen und ihr Verhalten entsprechend einzurichten, ist immer wieder zu hören und zu lesen (u. a. Bergmann et al. 1972, S. 220). Mit dem FVVB und dem FDE liegen Verfahren zur testdiagnostischen Feststellung wenigstens eines Teils dieser Rollenerwartungen vor. Dies gilt für die FVVB-Skalen insofern allerdings nur mit Einschränkungen, als im nachfolgenden 5. Kapitel gezeigt wird, daß die Skalen K und M einer faktorenanalytischen Überprüfung auf Bedeutungsgleichheit bei unterschiedlichen Instruktionsbedingungen nicht standhalten, obwohl die Mitberücksichtigung dieser beiden Skalen sowie die der methodisch ohnehin fragwürdigen kombinierten Skala F/A im vorliegenden Fall eine sinnvolle Interpretation zuließ.

5. Kapitel

Versuche zur Messung von Vorgesetztenverhalten

— Eine statistische Methodenstudie —

Karl-Harald Meyer und Hermann Liebel

1. Einleitung

Die große Bedeutung, die dem Verhalten des unmittelbaren Vorgesetzten in bezug auf das soziale Klima in der Gruppe der Mitarbeiter, die Zufriedenheit des Einzelnen mit den Bedingungen seines Arbeitsplatzes, das Leistungsniveau der Arbeitsgruppe und andere Variablen zukommt, ist seit den Untersuchungen von L e w i n und seinen Mitarbeitern nachgewiesen (vgl. S. 23). Genaue Untersuchungen über diese Zusammenhänge setzen die metrische Erfassung des Vorgesetztenverhaltens voraus. Dazu ist wiederum eine Operationalisierung des Begriffs „Vorgesetztenverhalten" notwendig, um klarzustellen, welche Ausschnitte des Gesamtverhaltens eines Vorgesetzten der Begriff überdeckt.

Erst nachdem in der Führungsforschung Klarheit über diese Grundvoraussetzungen herrschte, konnte man die Konstruktion von Verfahren zur metrischen Erfassung zumindest von Teilaspekten des Führungsverhaltens in Angriff nehmen.

2. Methoden zur Erfassung des Vorgesetztenverhaltens

Ausgehend von den an der Ohio State University von S t o g d i l l und seinen Mitarbeitern etwa ab 1945 durchgeführten Untersuchungen hat sich die Beschreibung des Vorgesetztenverhaltens durch die Untergebenen anhand standardisierter Fragebogen als Skalierungsmethode vor allem in den USA weitgehend durchgesetzt. Prominentes Vorbild aller später entwickelten Fragebogen dieser Art ist der Leader Behavior Description Questionnaire (LBDQ). Dieser aus 150 Items bestehende Fragebogen erfaßt nach Angabe seiner Autoren (H e m p h i l l and C o o n s 1957, S. 11 f.) folgende Bereiche des Vorgesetztenverhaltens:

1. *Domination* — Die Häufigkeit, mit der der Vorgesetzte das Verhalten der Gruppenmitglieder einschränkt bezüglich Aktivität, Treffen von Entscheidungen und Abgabe von Meinungen.
2. *Initiation* — Die Häufigkeit, mit der der Vorgesetzte Neuerungen selbst einführt, deren Einführung erleichtert oder diesen Widerstand entgegensetzt.

3. *Membership* — Die Häufigkeit, mit der sich ein Vorgesetzter unter die Gruppe mischt, informelle Interaktion zwischen sich und den Mitgliedern der Gruppe betont oder persönliche Dienste annimmt oder selbst leistet.
4. *Representation* — Die Häufigkeit, mit der ein Vorgesetzter seine Gruppe gegen Angriffe verteidigt, die Interessen seiner Gruppe fördert und für seine Gruppe tätig wird.
5. *Integration* — Die Häufigkeit, mit der ein Vorgesetzter das individuelle Verhalten der Gruppenmitglieder zurückstellt, gelockerte Gruppenatmosphäre fördert, Konflikte zwischen den Gruppenmitgliedern reduziert oder die Anpassung des Einzelnen an die Gruppe unterstützt.
6. *Organisation* — Die Häufigkeit, mit der ein Vorgesetzter seine eigene Arbeit und die Arbeit der anderen Gruppenmitglieder definiert oder die Ausführung der Arbeit koordiniert und strukturiert.
7. *Communication Up* und
8. *Communication Down* — Die Häufigkeit, mit der ein Vorgesetzter den Gruppenmitgliedern Informationen liefert, diese um Informationen ersucht oder den Austausch von Informationen erleichtert.
9. *Recognition* — Die Häufigkeit, mit der ein Vorgesetzter Verhaltensweisen zeigt, die Zustimmung oder Ablehnung für das Verhalten der Gruppenmitglieder ausdrücken.
10. *Production* — Die Häufigkeit, mit der ein Vorgesetzter das Niveau der zu leistenden Arbeit und die zu erreichenden Ziele festsetzt oder Mitarbeiter zu größerer Anstrengung oder Leistung anspornt.

Da der Fragebogen auf eine möglichst objektive Verhaltensbeschreibung abzielte, mußten die Items einer Reihe spezifischer Forderungen genügen. Beispielsweise sollten sie *spezielle* Verhaltensweisen beschreiben und nicht *generelle* Eigenschaften oder Charakteristika. Die Items sollten nicht emotional oder wertend gefärbt sein, es sei denn, diese Färbung wäre ein untrennbarer Teil des Verhaltens, welches sie beschreiben (vgl. Hemphill and Coons 1957, S. 9 f.). Die Autoren legten ihren Fragebogen N = 357 Personen vor. Von diesen beschrieben 205 den Vorgesetzten der Gruppe, welcher sie angehörten (Fremdbeschreibung), 152 beschrieben sich selbst als Vorgesetzte (Selbstbeschreibung).

Die Itemanalyse erbrachte eine Reihe bemerkenswerter Ergebnisse bezüglich der Absicht der Autoren, ein objektives Instrument der Skalierung relativ unabhängiger Dimensionen des Führungsverhaltens zu erstellen: Die Dimensionsscores (= Summe der Rohwerte aller einer Verhaltensdimension zugehörigen Items) wiesen in ihrer Ausprägung deutlich in Richtung einer Beantwortungstendenz im Sinne sozial erwünschten Verhaltens. Die Hälfte der Items korrelierte höher mit fremden Dimensionen als mit der eigenen, was zur Folge hatte, daß auch die Dimensionsscores relativ hoch interkorrelierten. Eine Faktorenanalyse der Dimensionsscores nach der Zentroidmethode mit anschließender orthogonaler Rotation — Ziel war ja, möglichst unabhängige Dimensionen des Führungsverhaltens zu bekommen — erbrachte drei interpretierbare Faktoren.

Faktor I: „*Maintenance of Membership Character*". Dieser Faktor repräsentiert Verhaltensweisen, welche es dem Vorgesetzten ermöglichen, von den Mitarbeitern als „good fellow" angesehen zu werden.

Faktor II: „*Objective Attainment Behavior*". Dieser Faktor bezieht sich auf das Leistungsverhalten der Gruppe.

Faktor III: *„Group Interaction Facilitation Behavior"*. Er umfaßt Verhaltensweisen, die es den Gruppenmitgliedern ermöglichen, ihre Funktion und die sich in der Gruppe abspielenden Prozesse zu erkennen.

Tabelle 1 zeigt die höchsten Faktorladungen der zehn Verhaltensdimensionen auf den orthogonal rotierten Faktoren.

Tabelle 1: Die höchsten Faktorladungen der zehn Verhaltensdimensionen (nach Hemphill and Coons 1957, S. 25-27)

	Fremdbeschreibung			Selbstbeschreibung		
Dimensionen	I	II	III	I	II	III
Domination	.86			.58		
Initiation	.71	.41		.52	.37	
Membership	.78			.69		
Representation	.64	.43		.39	.64	
Integration	.75	.30	.38	.58	.50	.10
Organisation		.57	.65		.77	.30
Communication Up	.64		.56	.45		.55
Communication Down	.69	.36	.51	.42	.55	.49
Recognition	.71	.28	.43	.18	.43	.33
Production		.66			.67	

Im Verlauf der weiteren Forschung trat mit Modifikationen des LBDQ die geringe Dimensionalität des so erfaßten Führungsverhaltens noch deutlicher zutage (Fleishman 1957 a; Halpin and Winer 1957; Stogdill, Scott and Jaynes 1957; Rambo 1958).

Es kristallisierten sich im Wesentlichen zwei Faktoren heraus, die als „Consideration" oder „Personorientierung" und „Initiating Structure" oder „Leistungsorientierung" in die Literatur eingingen [1]. Konsequenterweise war man bestrebt, mit Kurzformen des ursprünglichen 150-Item-Blocks möglichst reine Skalen für die beiden Hauptfaktoren zu entwickeln. Die in Deutschland gebräuchlichen Versionen von Tscheulin und Rausche (1970) sowie Fittkau-Garthe und Fittkau (1971) stellen Übertragungen des „Supervisory Behavior Description Questionnaire" (SBDQ) dar, einer von Fleishman (1957 a) entwickelten Kurzform des LBDQ. Die Version von Tscheulin und Rausche erbrachte wiederum eindeutig die zwei schon bekannten Faktoren, welche von den Autoren mit „Rücksichtnahme" und „Planungsinitiative" benannt wurden. Fittkau-Garthe (1970, S. 94) erhielt nach einer Hauptkomponentenanalyse fünf orthogonale Faktoren bei starkem Abfall der Eigenwerte ($\lambda_1 = 13.51$, $\lambda_2 = 4.88$, $\lambda_3 = 1.80$, $\lambda_4 = 1.42$, $\lambda_5 = 1.18$). Die beiden Faktoren mit den größten Eigenwerten, „Freundliche Zuwendung/Respektierung" und „Mitreißende, arbeitsstimulierende Aktivität" genannt, stimmen inhaltlich mit „Consideration" und „Initiating Structure" überein.

---

[1]) Lück (1970) weist auf die große inhaltliche Ähnlichkeit der Faktoren „Consideration" und „Initiating Structure" mit den von der Lewin-Schule geprägten Begriffen „Lokomotions"- und „Kohäsionsfunktion" hin.

3. Zur Validität der Erfassung des Vorgesetztenverhaltens mit Fragebogen

Was in diesem Zusammenhang unter der Validität eines Fragebogens zur Vorgesetztenverhaltensbeschreibung zu verstehen ist, ergibt sich eindeutig aus der Zielvorstellung der Protagonisten dieser Methode: Der Fragebogen soll eine unverfälschte Beschreibung des Verhaltens liefern. Dadurch sind einige der in Frage kommenden Validitätsarten entscheidend eingeschränkt. Von idealer Validität wäre ein verhaltensregistrierender Automat, bei welchem die Darbietung des Fragebogens lediglich auf ein Abfragen der gespeicherten Information nach einem vorgegebenen Schema hinausliefe. Die Validität wäre dann abhängig von der Speicherkapazität des Automaten und dem Ausmaß, in welchem der Beobachtungsgegenstand im gleichen Verhaltensbereich divergierende Information liefert. Dem letzten Punkt wird durch die Vorgabe von Antwortalternativen bezüglich der Frequenz der gefragten Verhaltensweisen Rechnung getragen.

Betrachtet man den Mitarbeiter als ein — wenn auch unvollkommenes — Äquivalent des Automaten, so wäre zu fordern:

1. Die abgegebenen Verhaltensbeschreibungen dürfen nicht verzerrt sein in der Weise, daß hervorstechende Eigenschaften des Vorgesetzten auf einer Verhaltensdimension die Wahrnehmung anderer Verhaltensbereiche beeinflussen.
2. Die Verhaltensbeschreibungen dürfen nicht verzerrt sein in der Richtung auf soziale Erwünschtheit.
3. Die Verhaltensbeschreibungen müssen unabhängig von Einflüssen sein, die die soziale Struktur der Gruppe auf den Beobachter ausübt, welcher er angehört.
4. Die Verhaltensbeschreibungen müssen unabhängig sein von der allgemeinen Einschätzung der Führungsqualitäten des Vorgesetzten durch den ihn beschreibenden Mitarbeiter.
5. Die Verhaltensbeschreibungen müssen unabhängig sein von speziellen Vorgesetzten-Mitarbeiter-Beziehungen, also Gefühlen der Sympathie/Antipathie, des Zutrauens, des Mißtrauens u. ä. Weiterhin dürfen spezielle Persönlichkeitseigenschaften des Beschreibenden keinen Einfluß auf die Verhaltensprotokolle ausüben.
6. Sind alle diese Bedingungen hinreichend erfüllt, so folgt daraus: Die Beschreibungen, die mehrere Mitarbeiter über den gleichen Vorgesetzten abgeben, müssen im Wesentlichen übereinstimmen (sog. Interratereliabilität).

Die vorgeschlagene Liste enthält Idealforderungen, die jedoch aus mehreren Gründen nicht vollständig zu verwirklichen sind. Erstens: Im experimentellen Design können die einzelnen Punkte kaum exakt getrennt werden. Zweitens: Möglicherweise vermitteln die Fragebogenergebnisse lediglich eine subjektive Einschätzung des Vorgesetztenverhaltens nach zwei sehr globalen Dimensionen, — eine Vermutung, die an vielen Stellen, z. B. bei Hemphill und Coons (1957), Lennerlöf (1968), Sodeur (1972) und Nachreiner (1974) ausgesprochen wird. Aber auch dann, wenn es nicht um das konkrete Verhalten eines Vorgesetzten ginge, hätte die vielfach praktizierte Methode, Durchschnittswerte in den Dimensionen Consideration und Initiating Structure zu bilden und diese mit den Charakteristika des Vorgesetzten bzw. solchen der beschreibenden Mitarbeiter zu korrelieren, nur dann einen empirischen Sinn, wenn die den Durchschnittswerten zugrundeliegenden Einzelbeschreibungen nicht allzusehr voneinander abwichen (s. o. unter 6., das Problem der person- und reizzentrierten Skalierung). Die Rechtfertigung der oben aufgestellten Liste ergibt sich daraus, daß sie

a) dem Validitätsproblem unter beiden Aspekten (objektive und subjektive Verhaltensbeschreibung) Rechnung trägt,
b) eine Sichtung der zum Validitätsproblem vorliegenden Ergebnisse ermöglicht und
c) auf noch nicht erforschte Teilbereiche des vorliegenden Problems aufmerksam macht.

So sind bisher keine systematischen Untersuchungen bekannt, die eine Antwort auf die Frage geben, ob besonders hervorstechende Eigenschaften eines Vorgesetzten, die in Fragebogen auch erfaßt werden, das gesamte Verhaltensprotokoll beeinflussen. Die derzeit vorliegenden Untersuchungen, welche sich mit dem Problem beschäftigen, Zusammenhänge zwischen bestimmten, von den Mitarbeitern oder übergeordneten Stellen beurteilten Eigenschaften des Vorgesetzten einerseits und den mittels Fragebogen erhobenen Verhaltensbeschreibungen andererseits aufzuzeigen, lassen sich den obengenannten Punkten 3. bis 5. zuordnen (Bass 1957, Fleishman 1957 b, Halpin 1957, Fittkau-Garthe 1970, Neuberger 1972). Auf eine detaillierte Darstellung der Ergebnisse kann hier verzichtet werden, nicht jedoch auf ihre Bewertung im Hinblick auf das Validitätsproblem. Nach unserer Auffassung vermitteln die zitierten Befunde einen Eindruck über die inhaltliche Bedeutung der Verhaltensdimensionen Consideration und Initiating Structure aus der Sicht des Respondenten. Solange nämlich nicht geklärt ist, ob die Fragebogen zur Beschreibung des Vorgesetztenverhaltens dieses unverzerrt abbilden, können sowohl diese Verhaltensdimensionen, als auch ihre Korrelationen mit Außenkriterien lediglich als Funktion der subjektiven Auffassung des Vorgesteztenverhaltens durch den Mitarbeiter gewertet werden. Es braucht wohl kaum erwähnt zu werden, daß aus Korrelationskoeffizienten keine Wirkungszusammenhänge abgelesen werden können. Aus diesem Grund erweisen sich auch die Versuche von Hemphill und Coons (1957), Halpin und Winer (1957) und anderer, die Wirkung des Haloeffektes nachzuprüfen, als methodisch unzureichend, wenn auch die allgemein hohe Korrelation der Fragebogenitems untereinander und mit der globalen Einschätzung des Führungsverhaltens durch die Respondenten das Vorhandensein eines Haloeffektes vermuten lassen.

Bedeutend für das Validitätsproblem erscheint die unter Punkt 6. angeführte Interraterreliabilität, insbesondere, wenn man sie mit der inneren Konsistenz der Verhaltensbeschreibungen in Beziehung bringt. Im Zusammenhang damit soll ein Problem kurz erörtert werden, welchem unseres Erachtens zu viel Bedeutung beigemessen wird.

Es wurde (u. a. von Nachreiner 1974) der Frage nachgegangen, ob es überhaupt einen Sinn habe, die Interraterreliabilität zu messen, wenn nicht die Grundvoraussetzung erfüllt sei, daß der Vorgesetzte als Beobachtungsgegenstand allen Beobachtern die gleiche Information zukommen lasse, d. h. sich allen Mitarbeitern gegenüber gleich verhalte. Sieht man von dem extrem unwahrscheinlichen Fall ab, daß ein Mitarbeiter überhaupt keine Information darüber erhalten kann, wie der Vorgesetzte sich den anderen Kollegen gegenüber verhält, so sind folgende Situationen zu betrachten:

a) Der Vorgesetzte verhält sich allen Mitarbeitern gegenüber weitgehend gleich + geringe Validität der Verhaltensbeschreibungen → geringere Interraterreliabilität.

b) Der Vorgesetzte verhält sich verschieden + geringe Validität der Verhaltensbeschreibungen → geringe Interraterreliabilität. Diese dürfte auch durch eine Vergrößerung der Beurteileranzahl (S o d e u r 1972) nicht zu verbessern sein.

c) Der Vorgesetzte verhält sich verschieden + hohe Validität der Verhaltensbeschreibung → hohe Interraterreliabilität, wenn man unterstellt, daß der beurteilende Mitarbeiter auch das Verhalten des Vorgesetzten gegenüber den anderen Mitarbeitern berücksichtigt.

d) Der Vorgestezte verhält sich gleich + hohe Validität der Verhaltensbeschreibung → hohe Interraterreliabilität.

Man erkennt, daß eine geringe Interraterreliabilität die Anwendung der Fragebogen — wenn auch aus jeweils verschiedenen Gründen — unabhängig vom Verhalten des Vorgesetzten verbieten würde. Denn in jedem der durch geringe Interraterreliabilität ausgezeichneten Fälle — einschließlich Fall c), wenn der Mitarbeiter das Vorgesetztenverhalten gegenüber anderen unberücksichtigt läßt, — vermitteln die Verhaltensbeschreibungen lediglich ein verzerrtes Bild dessen, was man eigentlich erfassen wollte.

Tabelle 2 enthält Messungen der inneren Konsistenz (Testhalbierungsmethode) und der Interraterreliabilität bei verschiedenen Fragebogen zur Vorgesetztenverhaltensbeschreibung, die an verschiedenen Stichproben ermittelt wurden. Die Resultate geben einen Überblick über das Ausmaß, in welchem die Übereinstimmung der Beschreibungen von der inneren Konsistenz abweicht. Sie legen die Interpretation nahe, daß der inneren Geschlossenheit gegenüber der Genauigkeit der Verhaltensbeschreibungen der Vorzug gegeben wird (vgl. auch N a c h r e i n e r 1974, S. 55).

Als weiteres Verfahren zur Bestimmung der Interraterreliabilität läßt sich die eindimensionale Varianzanalyse heranziehen. Dabei werden die mittleren Quadratsummen der Beschreibungen des gleichen Vorgesetzten als Fehlervarianz (MQR) und die mittleren Quadratsummen über verschiedene Vorgesetzte (MQA) ins Verhältnis gesetzt. Ein signifikanter F-Wert ($F = MQA/MQR$) besagt, daß die Beurteilten einen statistisch gesicherten Effekt auf die Varianz der Verhaltensbeschreibungen ausüben.

N a c h r e i n e r (1974, S. 145 ff.) berechnete anhand der MQA und MQR die Anteile an der Gesamtvarianz aus beiden Varianzquellen, sowie den Intraklassenkorrelationskoeffizienten als Maß der Interraterübereinstimmung (vgl. dazu A h r e n s 1967, S. 110). Da ungleiche Stichprobenlängen n_i (= Anzahl der Testprotokolle pro Vorgesetzten i) vorlagen, verwendete N a c h r e i n e r Durchschnittswerte (n = Anzahl der Beschriebenen/Anzahl der Beschreibenden). Mithin ist die Genauigkeit der so erreichten Werte unbekannt. Weiterhin lassen sich die von ihm berechneten Intraklassenkorrelationskoeffizienten anhand der bei A h r e n s angegebenen Formeln nicht nachvollziehen. N a c h r e i n e r findet in der von ihm durchgeführten Untersuchung mit einer Modifikation der T s c h e u l i n - R a u s c h e-Version des SBDQ keine signifikanten F-Werte (s. *Tabelle 3*), errechnet jedoch nach einer Varianzzerlegung 55 %, 65 % bzw. 65,01 % Fehlervarianz in den Dimensionen Consideration und Initiating Structure. Bezüglich der Ursachen für die Divergenz der Ergebnisse (Unterschiede in den Stichproben der Beschreibenden, Modifikationen der Fragebogen usw.) ist man auf Vermutungen angewiesen, da systematische Untersuchungen fehlen.

Tabelle 2: Interraterreliabilität und Messungen der inneren Konsistenz zu Fragebogen der Vorgesetztenverhaltensbeschreibung

Quelle/Fragebogen	Consideration innere Konsistenz	Consideration Interrater-reliabilität		Initiating Structure innere Konsistenz	Initiating Structure Interrater-reliabilität	
Halpin and Winer (1957, S. 48)/ Kurzform des LBDQ	.93			.86		
Halpin (1957, S. 55)/ Kurzform des LBDQ	.92	Koeffiziententyp:		.83	Koeffiziententyp:	
Seeman (1957, S. 91)/ Kurzform des LBDQ	.89			.87		
Fleishman (1957a, S. 110, 111)/SBDQ	.92	Epsilon:	.65	.68	Epsilon:	.47
	.98			.78		
	.89	Horst:	.64	.81	Horst:	.64
		Horst:	.55		Horst:	.50
		Epsilon:	.72		Epsilon:	.64
Lennerlöf (1966) zit. nach Nachreiner 1974 S. 81/ Schwedische Version des SBDQ		keine Angaben:	.23		keine Angaben:	—.01
			.15			.04
Fittkau-Garthe (1970, S. 125)/ Skalen 1 u. 2 des FVVB	.95		.64 *	.83		.62 *
Tscheulin und Rausche (1970, S. 127)/deutsche Übersetzung des SBDQ	.92			.87		
Nachreiner (1974, S. 135)/revidierte Fassung der Tscheulin-Rausche-Version des SBDQ	.95			.77		

$$* \text{ Interraterreliabilität: } r = 1 - \frac{\text{Mittlere Quadratsumme innerhalb der Beurteilergruppen}}{\text{Mittlere Quadratsumme zwischen den Beurteilergruppen}}$$

Tabelle 3: Ergebnisse der eindimensionalen Varianzanalysen

Quelle/Fragebogen	Consideration MQA	Consideration MQR	Consideration F	Initiating Structure MQA	Initiating Structure MQR	Initiating Structure F
Halpin and Winer (1957, S. 49)/ Kurzform des LBDQ	407.47	100.15	4.07 *	163.99	82.09	2.00 *
Seeman (1957, S. 97)/ Kurzform des LBDQ	3.65	5.76	0.63	6.02	3.27	1.84
Nachreiner (1974, S. 139)/Revidierte Fassung der Tscheulin-Rausche-Version des SBDQ	610.79	631.67	0.97	101.07	191.32	0.53

* $p < .01$

Faßt man die zum Validitätsproblem vorliegenden Ergebnisse bis zu diesem Punkt zusammen, so lassen sich folgende Schlußfolgerungen ziehen:

1. Die mit den zur Zeit gebräuchlichen Fragebogen erfaßten Elemente des Vorgesetztenverhaltens beschränken sich im Wesentlichen auf zwei Dimensionen, wobei die Dimension „Consideration" in sich konsistenter zu sein scheint als die Dimension „Initiating Structure".
2. Aus dem Vergleich der inneren Konsistenz mit der Interraterreliabilität muß gefolgert werden, daß ein beträchtlicher Anteil der in den Verhaltensbeschreibungen enthaltenen Varianz als Fehlervarianz im Sinne mangelnder Übereinstimmung von Beschreibungen desselben Vorgesetzten anzusehen ist.
3. Unter diesen Umständen erscheint es angebracht, die Beschreibung eines Vorgesetzten mit standardisierten Fragebogen der vorliegenden Art als personzentrierte Skalierung anzusehen.

Schließt man sich dieser Argumentation an, so liegt es nahe, die Struktur des Urteilsverhaltens unabhängig vom speziellen Beobachtungsgegenstand einer experimentellen Analyse zu unterziehen. Eine Möglichkeit dazu soll im folgenden Abschnitt aufgezeigt werden.

4. Zur Messung der Invarianz der Faktorstrukturen bei der Beschreibung des Vorgesetztenverhaltens

4.1 Problemstellung

Ausgehend von den Schlußfolgerungen des vorangegangenen Abschnitts, soll die Hypothese überprüft werden, ob die innere Struktur der Verhaltensbeschreibungen eine Veränderung erfährt, wenn sich die subjektive Bewertung des Beobachtungsgegenstandes durch den Beobachter ändert. Da es hier lediglich um die Analyse des Verhaltens der Beschreibenden geht, wird die Person des Beschriebenen außer Acht gelassen und versucht, die Veränderung der subjektiven Bewertung des Beobachtungsgegenstandes durch *Variationen der Testinstruktion* zu induzieren. Als Operationalisierung der inneren Struktur der Verhaltensbeschreibungen werden die Faktorladungen der Fragebogenitems verwendet.

4.2 Testmaterial und Stichproben

Im Rahmen des Forschungsprojekts „Personalführung im Öffentlichen Dienst" wurde echtes und simuliertes Führungsverhalten mit Hilfe des „Fragebogens zur Vorgesetztenverhaltensbeschreibung" (FVVB) von Fittkau-Garthe und Fittkau (1971) erfaßt. Der Fragebogen enthält fünf Skalen. Die ersten vier entsprechen den Faktoren der von den Testautoren durchgeführten Faktorenanalysen (Hauptachsenanalyse mit anschließender Varimax-Rotation). Die fünfte Skala stellt eine Kombination aus den ersten beiden Faktoren dar. Ausführliche Besprechungen des Fragebogens finden sich bei Fittkau-Garthe (1970), Fittkau-Garthe und Fittkau (1971), Liebhart (1972), Miller (1972), Nachreiner (1974) sowie im vorangegangenen Kapitel, S. 115 ff.

Zur Analyse des Urteilerverhaltens wurde der FVVB sechs Stichproben [2] mit jeweils geänderter Instruktion [3] vorgelegt:

Stichprobe 1:

N = 72 Studenten der Psychologie an der Universität Freiburg i. Br. wurden gebeten, das Führungsverhalten eines nach ihren Vorstellungen optimalen Beamten der Laufbahn des gehobenen Dienstes bei der Deutschen Bundespost zu beschreiben (= *Optimalbild des gehobenen Dienstes aus der Sicht einer Gruppe weitgehend vorgesetztenfreier Beurteiler*).

Stichprobe 2:

N = 70 Studenten der Psychologie an der Universität Freiburg i. Br. wurden gebeten, das Führungsverhalten eines nach ihren Vorstellungen „schlechten" Vorgesetzten der Laufbahn des gehobenen Dienstes bei der Deutschen Bundespost zu beschreiben (= *Negativbild des gehobenen Dienstes aus der Sicht einer Gruppe weitgehend vorgesetztenfreier Beurteiler*).

Anmerkung: In Stichprobe 1 sind die N = 70 Probanden der Stichprobe 2 enthalten.

Stichprobe 3:

N = 205 Aufstiegsbeamte des mittleren Dienstes und Inspektoranwärter für die Laufbahn des gehobenen Dienstes der Deutschen Bundespost (im folgenden kurz „Laufbahnnachwuchs" genannt) wurden nach ihrer Einschätzung des Führungsverhaltens ihres derzeitigen Vorgesetzten (Beamter des gehobenen Postdienstes) befragt (= *Heterostereotyp des gehobenen Dienstes*).

Stichprobe 4:

N = 151 Aufstiegsbeamte des mittleren Dienstes und Inspektoranwärter für die Laufbahn des gehobenen Dienstes der Deutschen Bundespost wurden nach der Einschätzung ihres eigenen zukünftigen Vorgestztenverhaltens als Beamte des gehobenen Postdienstes befragt (= *zukünftiges Autostereotyp des derzeitigen Laufbahnnachwuchses*).

Anmerkung: In Stichprobe 3 sind die N = 151 Probanden der Stichprobe 4 enthalten.

Stichprobe 5:

N = 148 Beamte des gehobenen Dienstes bei der Deutschen Bundespost wurden nach der Einschätzung ihres eigenen Führungsverhaltens befragt (= *Autostereotyp des gehobenen Dienstes*).

Anmerkung: In Stichprobe 5 sind die N = 94 Probanden der nachfolgenden Stichprobe 6 enthalten.

Stichprobe 6:

N = 94 Beamte des gehobenen Dienstes bei der Deutschen Bundespost wurden darüber befragt, wie sie nach ihrer Meinung durch die ihnen unterstellten Nachwuchs-

---

[2]) Ausführliche Beschreibungen der Stichproben finden sich im 3. Kapitel, S. 81 f. und im 4. Kapitel, S. 120.

[3]) Die für die sechs Stichproben variierten Instruktionen sind im 4. Kapitel, S. 121 ff. in ihrem genauen Wortlaut wiedergegeben.

kräfte hinsichtlich ihres Führungsverhaltens eingeschätzt werden (= *vom gehobenen Dienst vermutetes Heterostereotyp des Laufbahnnachwuchses*).

Die Daten der Stichproben 1 und 2 wurden auf der Basis freiwilligen Teilnahme von Psychologiestudenten aufgenommen. Die Datenerhebung der Stichproben 3 bis 6 erfolgte im Rahmen des wissenschaftlichen Begleitprogramms der Ausbildungslehrgänge, von denen im 2. Kapitel berichtet wird (s. S. 42 ff.). Jeder Proband kennzeichnete sein Antwortprotokoll durch einen selbstgewählten Codenamen. Damit wurde seine Anonymität gesichert. Gleichzeitig konnten anhand der Codenamen die Fragebogen identifiziert werden, die von demselben Probanden unter verschiedenen Instruktionen ausgefüllt worden waren. Aufgrund dieser Information war es möglich, die Verhaltensbeschreibungen unter sechs verschiedenen Instruktionsbedingungen einander gegenüberzustellen. Dadurch, daß in jeder der Gruppen Studenten, Laufbahnnachwuchs und gehobener Dienst ein Teil der Probanden zweimal getestet wurde, konnten unter Ausschaltung der durch verschiedene Respondenten bedingten Varianz der Verhaltensbeschreibung instruktionsbedingte Veränderungen des Urteilsverhaltens durch direkten Vergleich getestet werden.

4.3 Theoretisch-methodische Vorüberlegungen

Die folgenden theoretisch-methodischen Vorüberlegungen zum Vergleich von Faktorenstrukturen gehen davon aus, daß eine Faktorenanalyse nach dem Hauptkomponentenmodell (Hauptachsenmethode) gerechnet wurde. Diese Voraussetzung ist zwar nicht zwingend für die unter 4.3.1 zu besprechenden Möglichkeiten, dagegen ist Orthogonalität der Faktorenstrukturen unabdingbar.

4.3.1 Vergleich von Faktorenstrukturen

In den bisher bekannten Arbeiten zu diesem Problem wird versucht, die Faktorenstrukturen, welche sich aus der Vorgabe eines Tests an verschiedene Probanden bzw. aus einer Testwiederholung ergeben, direkt ineinander überzuführen: Es seien A_1, A_2 die Faktorladungsmatrizen der ersten bzw. zweiten Faktorenanalyse [4]. A_1 und A_2 sind bekanntlich nur bis auf orthogonale Transformationen eindeutig, so daß es naheliegt, zu einer der beiden Faktorenmatrizen — etwa A_1 — eine orthogonale Transformationsmatrix T zu suchen, die die Faktorladungen A_1 den Faktorladungen der orthogonal rotierten Faktormatrix A_2 möglichst genau annähert. Die dann noch verbleibenden Unterschiede $A_1T - A_2$, die sich durch optimale Rotation nicht mehr eliminieren lassen, können als Stichprobenfehler der Faktorladungen interpretiert werden (Sixtl 1964).

Es sei a ein Zeilenvektor von A_1, t_j ein Spaltenvektor von T und b_{ij} ein Element von A_2. Die beste Annäherung von A_1 an A_2 ist genau dann erfüllt wenn

$$\sum_{i,j} (a_i t_j - b_{ij})^2 = \text{Min!} \qquad (1)$$

(Vgl. Kaiser 1960, Fischer 1964, Kristof 1964, Sixtl 1964).

[4]) Matrizen werden im folgenden durch kursive Großbuchstaben, Vektoren durch kursive Kleinbuchstaben dargestellt.

Aus der Orthogonalität von T ergibt sich die zu berücksichtigende Nebenbedingung

$$\sum_{j,k} (t_j t_k - \delta_{jk}) = 0, \text{ wobei } \delta_{jk} := t_j t_k = \begin{cases} 1 & \text{für } j = k \\ 0 & \text{für } j \neq k \end{cases}$$

Man erhält also die gesuchte Matrix T, indem man die Funktion

$$\sum_{i,j} (a_i t_i - b_{ij})^2 + \sum_{i,j} \lambda_{ij} (t_i t_j - \delta_{ij})$$

nach den t_i und den Lagrange-Multiplikatoren λ_{ij} partiell ableitet und null setzt (Fischer 1964, Kristof 1964).

Bezeichnet man mit $||C||$ die Norm und mit Sp (C) die Spur einer Matrix C, so kann Gleichung (1) äquivalent geschrieben werden als

$$\begin{aligned} ||A_1 T - A_2||^2 &= \text{SP}\,[(A_1 T - A_2)(A_1 T - A_2)'] \\ &= \text{Sp}\,(A_1 A'_1) + \text{Sp}\,(A_2 A'_2) - 2\,\text{Sp}\,(A_1 T A'_2) \qquad (2) \\ &= \text{Min!} \end{aligned}$$

Gleichung (2) wird genau dann ein Minimum, wenn $\text{Sp}(A_1 T A'_2)$ ein Maximum wird. Dies ist erreicht für

$$T = A'_1 A_2 C D^{-1} C' \qquad (3)$$

wobei D^2 und C die Matrizen der Eigenwerte und zugehörigen Eigenvektoren der symmetrischen Matrix $A'_2 A_1 A'_1 A_2$ darstellen. Die gemäß Gleichung (3) definierte Transformationsmatrix liefert das absolute Minimum von Gleichung (1) (Kristof 1964, S. 88 f.).

Sixtl (1964) verwendet einen etwas modifizierten Algorithmus. Er berechnet fortlaufende Transformationswinkel zwischen allen Paaren einander entsprechender Faktoren der ersten und zweiten Faktorenanalyse. Das Resultat ist auch hier eine orthogonale Transformationsmatrix.

Das Ausmaß der Übereinstimmung zwischen einander entsprechenden Faktoren kann beispielsweise mit dem Faktorkongruenzkoeffizienten c von Burt berechnet werden (nach Pawlik 1976, S. 260 f.). Dessen Stichprobenverteilung ist jedoch nicht bekannt. Aus Simulationsstudien mit Zufallsdaten (Nesselroade and Baltes 1970) muß man allerdings entnehmen, daß der numerische Wert des Kongruenzkoeffizienten sehr deutlich vom Verhältnis der Anzahl extrahierter Faktoren zur Anzahl der Testvariablen abhängt: Je mehr dieses Verhältnis wächst, umso größer wird c auch bei Zufallsdaten.

4.3.2 Vergleich von Faktorwerten

Im folgenden soll eine Alternative zu den eben besprochenen Methoden zum Vergleich von Faktorwerten zur Diskussion gestellt werden, — ein Verfahren, das sich anbietet, wenn ein und dieselbe Stichprobe zweimal den gleichen Test unter ähnlichen oder verschiedenen Bedingungen erhält. Die Fragestellung bleibt dabei die gleiche wie bei den unter 4.3.1 besprochenen Methoden. Die Idee stammt von Sixtl (Institut für Sozial- und Wirtschaftsstatistik der Universität Linz/Österreich). Eine erste Untersuchung wurde von Potuschak (1972) durchgeführt.

Es seien D_1, D_2 die Eigenwertmatrizen und Q_1, Q_2 die Matrizen der zugehörigen Eigenvektoren von R_1 und R_2. R_1, R_2 seien die Matrizen der Variableninterkorrelationen eines Tests zum Zeitpunkt t_1 und t_2 (Testwiederholung). Im Hauptkomponentenmodell, welches der Methode zugrundeliegt, können bei vollständiger Faktorlösung die Matrizen

$$A = QD^{1/2}; \quad P = ZQD^{-1/2}$$

exakt berechnet werden. Dabei ist Z(n,m) die Matrix der Roh- bzw. Standardwerte von n Probanden in m Variablen. A(m,k) heißt Matrix der Faktorladungen und P(n,k) Matrix der Faktorwerte. Es gilt weiterhin: Ist A_k die Matrix der Faktorladungen einer reduzierten und A die Ladungsmatrix einer vollständigen Faktorlösung, so stimmen die ersten k-Spalten von A_k und A überein, wenn k: = Anzahl der Eigenwerte. Ebenso stimmen die ersten k-Spalten von P_k und P überein. Für die weiteren Ausführungen wird kein Unterschied zwischen vollständiger und reduzierter Faktorlösung gemacht.

Es seien $F_1 := Z_1Q_1$ und $F_2 := Z_2Q_2$ die ungewichteten Faktorwertematrizen. F_1 und F_2 sind spaltenweise orthogonal mit $F'_1F_1 = nD_1$ und $F'_2F_2 = nD_2$. Im Falle der Testwiederholung an der gleichen Stichprobe entspricht jedem Probanden ein Punkt in F_1 und F_2. Wir setzen voraus, daß F_1 und F_2 vom gleichen Format (n, r) sind. So kann, dem Vorschlag von Sixtl folgend, eine Einbettung von F_1 in F_2 so vorgenommen werden, daß die Summe der quadrierten Koordinatendifferenzen über alle Probanden in F_2 und dem eingebetteten F_1 ein Minimum ergibt. Gesucht ist also eine Matrix B, so daß

$$\sum_{i=1}^{n} \sum_{j=1}^{n} (f_{1i}b_j - f_{2ij})^2 = \text{Min!} \qquad (4)$$

wobei f_{1i} der i-te Zeilenvektor von F_1, b_j der j-te Spaltenvektor von B und f_{2ij} ein Element von F_2 sind.

B ist die Matrix der multiplen linearen Regression. Aus dem System der Normalgleichungen (s. Stange 1971)

$$F'_1F_1B = F'_1F_2$$

erhält man

$$B = \frac{1}{n} D_1^{-1}F'_1F_2 \qquad (5)$$

Die Elemente von B sind nach spaltenweiser Normierung auf dem Betrag Eins die Cosinus der Winkel, welche die transformierten Koordinatenachsen von F_1 mit den ursprünglichen einschließen. B ist im allgemeinen nicht orthogonal. Die Abweichung des Matrizenprodukts $B'B$ von der Einheitsmatrix I kann als Maß dafür angesehen werden, wie stark der ursprünglich orthogonale Raum F_1 verzerrt wird, wenn man ihn nach dem Kriterium der Gleichung (5) in F_2 einbettet. Die Voraussetzungen, unter welchen $B'B = I$ lassen sich aus der expliziten Darstellung des Matrizenprodukts entnehmen:

$$\begin{aligned} B'B &= \frac{1}{n^2} F'_2F_1D_1^{-2}F'_1F_2 \\ &= \frac{1}{n^2} Q'_2Z'_2Z_1Q_1D_1^{-2}Q'_1Z'_1Z_2Q_2 \\ &= Q'_2R'_{12}Q_1D_1^{-2}Q'_1R_{12}Q_2 \end{aligned} \qquad (6)$$

Die Retestkorrelation R_{12} kann als das Produkt der Faktorladungsmatrizen der Testvariablen in den beiden Tests gemeinsamen Faktoren dargestellt werden (vgl. Tucker 1958). Unter der Voraussetzung, daß die Faktorenstrukturen in Test und Retest exakt die gleichen sind, d. h.

$$A_1 T = A_2; \qquad (T \text{ orthogonal})$$

erhält man $R_{12} = A_1 A'_2$ sowie aus $R_{11} = A_1 A'_1$ und $R_{22} = A_1 T T' A'_1 = A_1 A'_1 \rightarrow D_1 = D_2$. Unter dieser Bedingung vereinfacht sich Gleichung (6) zu

$$\begin{aligned} B'B &= Q'_2 A_2 A'_1 Q_1 D_1^{-2} Q'_1 A_1 A'_2 Q_2 \\ &= D_1^{1/2} D_1^{-1} D_1^{1/2} \\ &= I \end{aligned}$$

Die notwendige und hinreichende Bedingung für die Orthogonalität von B ist also die exakte Gleichheit der Faktorenstrukturen A_1 und A_2.

Im Gegensatz zu den unter 4.3.1 besprochenen Verfahren ist hier die Orthogonalität das entscheidende Kriterium für die Stabilität der Faktorstrukturen. Das soeben besprochene Verfahren hat den Nachteil, daß die Matrix B von der Transformationsrichtung abhängt. Dies ist beim Vergleich der empirischen Werte von $B'B$ mit den Ergebnissen von Simulationen zu berücksichtigen.

4.4 Auswertung der empirischen Untersuchungsdaten

4.4.1 Vergleich der Faktorenstrukturen

Zunächst erfolgte die Faktorenanalyse der Fragenbogenitems nach dem Hauptkomponentenmodell (Hauptachsenmethode). Zuvor waren die Datenmatrizen der sechs Stichproben spaltenweise auf Mittelwert = 0 und Varianz = 1 standardisiert worden. Entsprechend den Befunden bei Fittkau-Garthe und Fittkau (1971) wurde eine Vier-Faktoren-Lösung gewählt. Zur Berechnung der Eigenwerte und Eigenvektoren wurde der Algorithmus von Francis (1961) verwendet, welcher den sonst beim Hauptkomponentenmodell gebräuchlichen Verfahren bezüglich Schnelligkeit und Genauigkeit überlegen ist. Das hierfür benutzte Computerprogramm entstammt der bereits zitierten Arbeit von Potuschak (1972) [5].

Tabelle 4: Die vier größten Eigenwerte in den Stichproben 1 bis 6

	Eigenwerte			
Stichprobe	I	II	III	IV
1	5.41	4.03	2.30	1.88
2	9.53	2.57	2.18	2.06
3	11.56	3.15	1.52	1.29
4	5.59	3.03	2.05	1.59
5	4.87	3.05	1.68	1.62
6	8.35	3.29	1.77	1.60

[5]) Die Auswertungen wurden auf der Rechenanlage IBM 360 des Rechenzentrums der Universität Linz (Österreich) durchgeführt. Herrn Potuschak sei für die Bereitstellung des Computerprogramms gedankt!

Tabelle 4 enthält die vier größten Eigenwerte in jeder Stichprobe. Auffällig ist die große Verschiedenheit des ersten Eigenwerts. Mit Ausnahme von Stichprobe 3 weist der Verlauf der ersten vier Eigenwerte beträchtliche Unterschiede zu den Ergebnissen von Fittkau-Garthe auf (vgl. Fittkau-Garthe 1970, S. 95).

Wir bezeichnen mit A_i, A_j die Faktorladungsmatrizen aus Stichprobe i und j. Zur Berechnung der Höhe der Übereinstimmung je zweier Spalten der Faktorladungsmatrizen waren folgende Rechenschritte notwendig:

1. Berechnung einer orthogonalen Transformationsmatrix T_{ij}, so daß für $A_i T_{ij}$ und A_j die Minimumsbedingung gemäß Gleichung (1) erfüllt ist. Die Berechnung von T_{ij} erfolgte nach Gleichung (3). Sind A_i und A_j vom gleichen Format, so ist $T_{ij} = T_{ji}$, d. h. die Transformationsrichtung hat keinen Einfluß auf die Transformationsmatrix.

2. Berechnung des Faktorkongruenzkoeffizienten C, der das innere Produkt einander entsprechender Spaltenvektoren a_p von $A_i T_{ij}$ und b_p von A_j darstellt, nach der Formel:

$$C_p = \frac{\sum_{i=1}^{m} a_{ip} b_{ip}}{\left(\sum_{i=1}^{m} a^2_{ip} \sum_{i=1}^{m} b^2_{ip} \right)^{1/2}} \qquad (7)$$

Diese Berechnungen wurden für alle 15 Kombinationen von Faktorladungsmatrizen der verschiedenen Stichproben untereinander durchgeführt. Je größer C_p, umso größer ist die Übereinstimmung der Faktorladungen auf dem p-ten Faktor. Die Ergebnisse aus dem Vergleich der vorliegenden Faktorstrukturen sind in *Tabelle 5* dargestellt. Aus ihr wird ersichtlich, daß die Ähnlichkeiten bei den Faktoren 3 und 4 bedeutend geringer als die Ähnlichkeiten bei den Faktoren 1 und 2 sind.

Tabelle 5: Ähnlichkeitskoeffizienten

Faktor 1

Stichproben	1	2	3	4	5	6
1	—					
2	.94	—				
3	.90	.97	—			
4	.89	.94	.95	—		
5	.84	.92	.93	.93	—	
6	.89	.95	.97	.95	.93	—

Faktor 2

Stichproben	1	2	3	4	5	6
1	—					
2	.63	—				
3	.88	.67	—			
4	.86	.40	.85	—		
5	.79	.26	.87	.78	—	
6	.81	.50	.90	.87	.93	—

Faktor 3	Stichproben	1	2	3	4	5	6
	1	—					
	2	.47	—				
	3	.51	.14	—			
	4	.37	.38	.53	—		
	5	.60	.39	.13	.16	—	
	6	.29	.36	.55	.17	.40	—

Faktor 4	Stichproben	1	2	3	4	5	6
	1	—					
	2	.60	—				
	3	.48	.68	—			
	4	.53	.51	.12	—		
	5	.41	.64	.42	.49	—	
	6	.34	.57	.18	.52	.33	—

Die statistische Bewertung der Faktorkongruenzkoeffizienten erfolgte auf der Basis des Vergleichs mit den Ergebnissen einer Computersimulation. Mit Hilfe des Computers wurden insgesamt N = 100 Datenmatrizen vom Format (n, 32) in einem Zufallsprozeß erzeugt. Die Spalten der simulierten Datenmatrizen entsprechen den Testitems (32), die Zeilen den Probanden (n). Jedem Item des FVVB ist eine fünfstufige, nach Angabe der Testautoren äquidistante Antwortskala zugeordnet. Dementsprechend wurden die Datenmatrizen so simuliert, daß sich spaltenweise eine Pseudonormalverteilung über dem diskreten Intervall von 1 bis 5 ergab. Eine Voruntersuchung erbrachte keinen nachweisbaren Einfluß des Stichprobenumfangs auf die Höhe der Faktorkongruenzkoeffizienten bei Zufallsdaten. Dies rechtfertigt, unter Berücksichtigung der vorliegenden Stichprobenumfänge von n = 70 bis 205, Zufallsmatrizen vom einheitlichen Format (150,32) zu generieren.

Die Periode der im Computer erzeugten Zufallszahlen liegt mit 2^{29} weit über der Anzahl der hier benötigten Werte, wodurch ausgeschlossen ist, daß eine systematische Wiederholung der Zufallsmatrizen nach irgendeinem N eintritt. Nach Berechnung der Faktorladungen für jede Zufallsmatrix wurden die Faktorkongruenzkoeffizienten zwischen den Spalten jeder empirischen und den entsprechenden Spalten der simulierten Faktorladungsmatrizen ermittelt.

Tabelle 6: Mittelwerte und Varianzen der Faktorkongruenzkoeffizienten aus der Simulation

	Faktor 1		Faktor 2		Faktor 3		Faktor 4	
Stichprobe	$\bar{C}$	s^2	$\bar{C}$	s^2	$\bar{C}$	s^2	$\bar{C}$	s^2
1	.36	.020	.34	.011	.36	.015	.35	.014
2	.37	.009	.32	.012	.34	.014	.33	.014
3	.34	.012	.33	.012	.34	.013	.34	.012
4	.33	.012	.33	.015	.36	.022	.33	.016
5	.34	.013	.34	.009	.35	.014	.32	.014
6	.35	.088	.31	.015	.33	.007	.33	.014

Die gefundenen Kongruenzkoeffizienten C fielen deutlich niedriger aus als die bei Nesselroade und Baltes (1970), sind aber den von Gebhardt (1968) für völlig zufällige Faktorladungsmatrizen berechneten ähnlich. Man beachte, daß Gebhardt die Ähnlichkeit nicht zwischen einander entsprechenden Spalten, sondern zwischen den Faktorladungsmatrizen insgesamt berechnete. Die Ursache für die Diskrepanz zwischen den Ergebnissen von Nesselroade und Baltes und unseren Berechnungen dürfte darin liegen, daß wir reine Zufallsmatrizen und keine den empirischen Faktorladungsmatrizen ähnliche benutzten.

Faktorkongruenzkoeffizienten $Cp > 0.7$ kamen in unserer Simulationsstudie nicht vor. Der Prozentsatz von Faktorkongruenzkoeffizienten $Cp > 0.5$ war bei allen sechs Vergleichen der empirischen mit den simulierten Faktorladungsmatrizen kleiner/gleich 5 %.

Zur Entscheidung über die Identität zweier Faktoren wurde folgendes Kriterium angewendet: Zwei Spalten a_p, b_p der empirischen Faktorladungsmatrizen A_i, B_j sind identisch, wenn Cp gleich groß oder größer ist als 95 % der Resultate des Vergleichs a_p mit den entsprechenden Spalten der simulierten Faktorladungsmatrizen. Dieses Kriterium ist gleichbedeutend damit, daß die Übereinstimmung zwischen zwei Faktoren als lediglich zufallsbedingt angesehen wird, wenn $Cp \leq 0.5$.

Aufgrund der in *Tabelle 5* dargestellten Ergebnisse kann man also mit einiger Berechtigung annehmen, daß die beiden größten Eigenwerte in allen Stichproben die gleichen Faktoren repräsentieren. Die Ähnlichkeit der dritten und vierten Spalten der Faktorladungsmatrizen überschreitet jedoch in mehr als der Hälfte aller Fälle die Ähnlichkeit völlig zufälliger Faktorstrukturen nicht.

4.4.2 Vergleich der Faktorwerte

Ein Vergleich der Faktorwerte kann nur im Falle der Testwiederholung an der *gleichen* Probandenstichprobe durchgeführt werden. In der vorliegenden Untersuchung wurde in jeder der Gruppen: Studenten, Laufbahnnachwuchs und Gehobener Dienst eine bestimmte Anzahl von Probanden zweimal unter verschiedener Instruktion getestet (vgl. Anmerkungen S. 144). Somit konnten folgende Vergleiche durchgeführt werden:

a) Faktorwertematrix der reduzierten Stichprobe 1 (n = 70)
→ verglichen mit der von Stichprobe 2 (n = 70)
b) Faktorwertematrix der reduzierten Stichprobe 3 (n = 151)
→ verglichen mit der von Stichprobe 4 (n = 151)
c) Faktorwertematrix der reduzierten Stichprobe 5 (n = 94)
→ verglichen mit der von Stichprobe 6 (n = 94)

Dazu waren folgende Rechenschritte nötig:

1. Erneute Faktorenanalysen für die drei reduzierten Stichproben 1, 3 und 5 (Hauptkomponentenmodell, Vier-Faktoren-Lösung).
2. Berechnung der Faktorwerte $F_i = Z_i Q_i$ für alle sechs Stichproben $i = 1, 2, \ldots, 6$.
3. Berechnung der Transformationsmatrix B_{ij} nach Gleichung (5), welche die Faktorwerte der Stichprobe i in die Faktorwerte der Stichprobe j einbettet. Es sei daran erinnert, daß diese Transformationsmatrix von der Richtung des Vergleiches abhängt, B_{ij} ist im allgemeinen nicht gleich B_{ji}.

Die Richtung der Pfeile in der oben angeführten Aufstellung gibt die Transformationsrichtung an. So lautet beispielsweise die Bestimmungsgleichung im Fall a): $B_{12} = 1/70\ F'_1F_2$.

4. Spaltenweise Normierung von B_{ij} auf den Betrag Eins und Berechnung des Matrizenprodukts $\Phi_{ij}: = B'_{ij}B_{ij}$.
   Die Spalten von B_{ij} sind Elemente eines n-dimensoinalen Vektorraumes. Das skalare Produkt der p-ten und q-ten Spalte von B_{ij} ist demnach der Cosinus des von den Vektoren p und q eingeschlossenen Winkels.
5. Berechnung der Winkel zwischen allen Vektoren p, q von B_{ij} durch Bilden des Arcuscosinus aller Elemente von Φ_{ij} unterhalb der Hauptdiagonalen.

In *Tabelle 7* sind die Winkel mitgeteilt, die sich zwischen jeweils zwei Vektoren von B_{ij} ergeben. Beispielsweise schließen der zweite und dritte Vektor von B_{34} beim Vergleich der Stichprobe 3 und 4 einen Winkel von 52° ein.

Tabelle 7: Vergleich der Faktorwerte: Winkel zwischen den Vektoren von B_{ij} in Grad

Vektoren	Stichprobe 1→2	Stichprobe 3→4	Stichprobe 5→6
1/2	71.2	42.7	83.1
1/3	36.7	85.2	54.8
1/4	52.8	75.0	70.3
2/3	42.0	52.0	56.3
2/4	22.8	71.5	37.6
3/4	26.7	21.2	77.4

Wären die Faktoren in Test und Retest exakt die gleichen, so müßten alle B_{ij} orthonormal, d. h. die in *Tabelle 7* wiedergegebenen Winkel alle gleich 90° sein. Wie sich zeigt, kommen teilweise jedoch beträchtliche Abweichungen vor. Um diese statistisch interpretierbar zu machen, ist die Konfrontation dieser Ergebnisse mit Transformationsmatrizen notwendig, die man erhält, wenn Faktorwertematrizen als Ergebnis eines Zufallsprozesses mit empirisch gegebenen nach dem eben beschriebenen Verfahren verglichen werden.

Um dies durchzuführen, wurden drei Gruppen von Datenmatrizen von unterschiedlichem Format im Computer erzeugt: Gruppe 1: N_1 [6] $= 100$, Format (70,32) [7]; Gruppe 2: $N_2 = 100$, Format (151, 32); Gruppe 3: $N_3 = 100$, Format (94, 32). Nach Faktorenanalyse und Berechnung der Faktorwerte für jede simulierte Datenmatrix wurde der Faktorwertevergleich vorgenommen. Die Faktorwerte der Stichprobe 1 wurden verglichen mit den simulierten Faktorwerten der Gruppe 1, die Faktorwerte der Stichprobe 3 mit den simulierten Faktorwerten der Gruppe 2 und schließlich die Faktorwerte der Stichprobe 5 mit den simulierten Faktorwerten der Gruppe 3. Die *Tabellen 8-10* enthalten die kumulierten Häufigkeitsverteilungen der Winkel zwischen den Vektoren der Transformationsmatrizen B_{ij} (i = 1, 3, 5; j = 1, 2, . . ., 100). Da jeder Simulation N = 100 Faktorwertematrizen zugrundeliegen, ergeben die kumulierten Häufigkeiten den Wert 100. Diese Häufigkeiten können gleichzeitig als kumulierte Prozentsätze interpretiert werden.

---

[6]) N bezeichnet die Anzahl simulierter Matrizen.

[7]) Die erste Zahl in der Klammer bedeutet die Stichprobengröße, die zweite die Anzahl der FVVB-Items.

Tabelle 8: Vergleich der Faktorwerte von Stichprobe 1 mit simulierten Faktorwertematrizen: Kumulierte Häufigkeitsverteilung der Winkel zwischen den Vektoren der Transformationsmatrizen B_{1j}

Winkel in Grad	Vektoren 1/2	1/3	1/4	2/3	2/4	3/4
0—10					2	
10—20	1		2	1	6	1
20—30	4	6	9	2	11	9
30—40	14	15	15	13	19	16
40—50	20	22	28	31	34	29
50—60	33	37	39	43	48	49
60—70	48	60	59	57	68	65
70—80	74	84	72	76	85	83
80—90	100	100	100	100	100	100
Median	70.8	65.7	65.5	65.0	61.0	60.6

Tabelle 9: Vergleich der Faktorwerte von Stichprobe 3 mit simulierten Faktorwertematrizen: Kumulierte Häufigkeitsverteilung der Winkel zwischen den Vektoren der Transformationsmatrix B_{3j}

Winkel in Grad	Vektoren 1/2	1/3	1/4	2/3	2/4	3/4
0—10	1			1		2
10—20	7	1	3	3	2	2
20—30	12	3	10	13	7	5
30—40	24	12	18	21	13	11
40—50	30	29	30	33	23	25
50—60	49	40	47	42	44	43
60—70	65	58	61	57	53	61
70—80	81	74	82	80	73	83
80—90	100	100	100	100	100	100
Median	60.0	65.6	62.1	65.3	66.7	63.9

Tabelle 10: Vergleich der Faktorwerte von Stichprobe 5 mit simulierten Faktorwertematrizen: Kumulierte Häufigkeitsverteilung der Winkel zwischen den Vektoren der Transformationsmatrix B_{5j}

Winkel in Grad	Vektoren 1/2	1/3	1/4	2/3	2/4	3/4
0—10	1	1		1		1
10—20	4	7	4	2	2	3
20—30	8	9	11	9	7	7
30—40	19	16	21	16	14	16
40—50	33	27	33	30	33	26
50—60	44	45	50	47	44	41
60—70	57	64	71	67	66	61
70—80	73	84	86	81	78	87
80—90	100	100	100	100	100	100
Median	64.6	62.6	60.0	61.5	62.7	64.5

Als Beispiel für die Bewertung der empirischen Ergebnisse anhand der Simulationsstudien betrachten wir den Vergleich der Faktorwerte von Stichprobe 1 und 2: Ein Winkel von 71.2° zwischen der ersten und zweiten Spalte von B_{12} (vgl. *Tabelle 7*, Spalte 1) fällt in *Tabelle 8* (Spalte 1) in das Intervall 70-80. Eine Abweichung von der Orthogonalität der ersten beiden Vektoren, die kleiner oder gleich 90° — 71.2° = 18.8° ist, findet man bei zufälligen Faktorwerten in etwa 52 % aller Fälle [8]. Ein Winkel von 36.7° zwischen den Vektoren 1 und 3 von B_{12} wird beim Vergleich von F_1 mit zufälligen Faktorwerten in mehr als 86 % aller Fälle überschritten usw.

Führt man diese Gegenüberstellung für alle Stichproben durch, so kommt man zu folgendem Ergebnis: Die Wahrscheinlichkeit, bei zufälligen Faktorwertematrizen Abweichungen der B_{ij} von der Orthogonalität zu finden, die kleiner/gleich den hier berechneten Abweichungen im empirischen Fall sind, ist größer als 5 %. Es war das Ziel dieses Teils der Untersuchung zu entscheiden, ob systematische Veränderungen der Testinstruktion die orthogonale Struktur der Faktorwerte unverändert lassen. Die vorliegenden Befunde berechtigen zu dem Schluß, daß die Stabilität der empirischen Faktoren als lediglich zufällig angesehen werden muß. Die Faktoren wurden durch die Modifikation der Testinstruktionen jeweils in einem Ausmaß verzerrt, daß man die Annahme einer über die Instruktionsbedingungen stabilen orthogonalen Faktorenstruktur als widerlegt ansehen kann.

4.5 Schlußfolgerungen

Im Rahmen des Problems der Validität von Fragebogen zur Vorgesetztenverhaltensbeschreibung wurde die Frage der Stabilität der den Verhaltensbeschreibungen zugrundeliegenden Dimensionen am Beispiel des FVVB untersucht. Aus der Analyse der Faktorladungen erhielten wir eine überzufällig hohe Ähnlichkeit der ersten beiden Faktoren des FVVB, während die Faktoren 3 und 4 die Ähnlichkeit zufälliger Faktorladungen nicht übertrafen. Aus dem Vergleich der Faktorwerte im zweiten Teil der Untersuchung muß man entnehmen, daß durch die Variationen der Testinstruktion das ursprünglich orthogonale System der vier Faktoren in einem Ausmaß verzerrt wurde, wie man es bei der Einbettung zufälliger Systeme ineinander findet.

Diese Ergebnisse widerlegen trotz der durch orthogonale Rotation erzielten hohen Ähnlichkeit der ersten beiden Faktoren die Annahme, daß sich mit dem FVVB erfaßtes reales oder imaginiertes Vorgesetztenverhalten auf vier voneinander unabhängige, in ihrer inhaltlichen Bedeutung stabile Faktoren zurückführen ließe. Die gefundenen Ergebnisse lassen es sehr zweifelhaft erscheinen, ob das faktorenanalytische als lineares Modell überhaupt geeignet ist, die der Beschreibung von Vorgesetztenverhalten durch verschiedene Beurteiler zugrundeliegenden Strukturen adäquat abzubilden.

[8]) Die ungefähren Prozentwerte sind in den *Tabellen 8-10* durch Interpolation zu ermitteln.

6. Kapitel

Personalbeurteilung als Führungsmittel
— Eine Umfrage in Wirtschaft und Öffentlicher Verwaltung —

Hermann Liebel und Rudolf Walter

1. Einleitung

Die Personalbeurteilung ist stark in den Vordergrund der betrieblichen und der öffentlichen Diskussion geraten. In Büchern, Fachzeitschriften und auch in der Tagespresse werden von Betriebswissenschaftlern, Betriebspsychologen, Personalfachleuten, Personalvertretern und zuweilen von Laien spezifisch akzentuierte Fragen aufgeworfen, Standpunkte bezogen und Forderungen gestellt. Trotz der Vielzahl unterschiedlicher Betrachtungsweisen und unterschiedlicher theoretischer Bezugssysteme läßt sich ein Grundtenor heraushören: Auf der einen Seite ist man sich darüber einig, daß beurteilt werden muß, andererseits ist ein allgemein verbreitetes Unbehagen an Beurteilungen und Beurteilungssystemen nicht zu leugnen. Weitgehende Übereinstimmung herrscht auch darüber, daß, wenn Personalbeurteilung schon als ein notwendiges Übel hingenommen werden muß, eine *systematische* Beurteilung grundsätzlich einer größerer Willkür offenen *unsystematischen* vorzuziehen ist.

Da innerhalb einer jeden sozialen Gemeinschaft ständig Beurteilungen, also Wertungen und Bewertungen ablaufen, ist es durchaus sinnvoll, zumindest im Bereich der Arbeitswelt Beurteilungssysteme zu entwickeln, die möglichst frei von subjektiven Einflüssen sind, um damit den Beurteilungsvorgang nicht dem Spiel von Zufallsvariablen auszusetzen. Zu diesen gehören vor allem Begünstigungsabsichten, Vergeltungstendenzen, Abteilungsegoismus, das berüchtigte „Wegloben" unliebsamer Mitarbeiter, Überschätzung und Unterschätzung, Sympathie und Antipathie, Vorurteile, die Neigung, eigene Fehler bei anderen zu suchen und die individuellen Tendenzen, entweder zu gute, oder stets nur mittlere oder aber eher extreme Urteile abzugeben (vgl. Hasemann 1971, S. 825 ff.). Je mehr es gelingt, diese typischen Beurteilungsfehler auszuschalten, oder zumindest unter Kontrolle zu bringen, umso eher kann von einer gerechteren Beurteilung als Grundlage einer gerechteren Behandlung gesprochen werden. In den gegenwärtigen Auseinandersetzungen um die dienstliche Beurteilung geht es nicht mehr so sehr um die Grundsatzfrage, ob die Mitarbeiter hinsichtlich ihrer Arbeitsleistung überhaupt beurteilt werden sollen oder nicht, vielmehr stehen heute Fragen nach den Zwecken, den Zielen, den Funktionen der Beurteilung, den Beurteilungsgegenständen, den Beurteilungskriterien, der strategischen Vorgehensweise und dem optimalen Aufbau von Beurteilungssystemen im Vordergrund (vgl. Bernhard 1975, Capol 1965, Dirks 1952 und 1972, Franke und Frech 1976, Lattmann 1975, Zander 1963).

Das Beurteilungswesen, wie es in betrieblichen Organisationen zur Anwendung kommt, hat zum einen eine betriebspraktische Entwicklung durchlaufen, die eng verknüpft ist mit den Humanisierungsbemühungen des Arbeitslebens, zum anderen sind innerhalb der Psychologie bezüglich der methodischen Erfassung (Problem der Messung) und der methodischen Auswertung (Datenanalyse) der zu erfassenden Didensionen der Gesamtpersönlichkeit, des Leistungsverhaltens oder des Sozialverhaltens Fortschritte erzielt worden, die in neueren Beurteilungssystemen mehr oder weniger stark berücksichtigt werden.

Während man in den ersten Jahrzehnten unseres Jahrhunderts den Menschen vorwiegend vom rein wirtschaftlichen Standpunkt aus als Kostenfaktor innerhalb des Betriebes betrachtet hatte, tritt heute der Betrieb als soziales Gebilde in den Vordergrund, dessen primäre Aufgaben auf die Arbeitsplatz- und Arbeitskrafterhaltung, auf die Arbeitszufriedenheit sowie auf die sozialen Bedürfnisse des arbeitenden Menschen gerichtet sind (vgl. Walter 1957, Neuberger 1974). Bestandteil des betriebspsychologischen Interesses sind die Mitarbeiter als integrierte Funktionsträger innerhalb eines weitgehend geschlossenen sozialen Systems. Aus diesem Grund ist es erforderlich, die Beurteilung der Mitarbeiter aus sozialpsychologischer Sicht neu zu begreifen und zu überdenken.

1.1 Zum Begriff der Personalbeurteilung

Auf den ersten Blick scheint der Begriff „Personalbeurteilung" einer der wenigen Fachbegriffe zu sein, unter dem etwas Konkretes und Strukturiertes vorstellbar ist. Personalbeurteilung besteht eben darin, das Personal bzw. die Mitarbeiter einzuschätzen, zu bewerten oder zu beurteilen. In einer derart unpräzisen Fassung hat der Begriff zumindest in der wissenschaftlichen Terminologie jedoch keinerlei Aussagekraft und ist somit wertlos. In der Praxis wird unter „Mitarbeiterbeurteilung" alles subsumiert, was in irgendeiner Form mit der Bewertung von Mitarbeitern zu tun hat. Was konkret unter Mitarbeiterbeurteilung zu verstehen ist, dazu existieren fast ebensoviele Meinungen wie es Beurteilungssysteme gibt; und diese Zahl ist nicht gerade niedrig, denn nahezu jede größere Organisation verwendet ihr eigenes Beurteilungssystem. Da diesbezüglich zwischen den Organisationen kaum ein Informations- und Erfahrungsaustausch stattfindet, sind Bemühungen um eine Vereinheitlichung der Beurteilung von Mitarbeitern sehr erschwert. Bis heute gibt es keine allgemein anerkannten Richtlinien für die Erstellung von Beurteilungssystemen. Auch innerhalb der psychologischen Fachliteratur ist man sich keineswegs einig, was unter dem Begriff Mitarbeiterbeurteilung zu verstehen sei (vgl. dazu auch Traxler 1974). Dies drücken auch die vielen synonym verwendeten Begriffe aus, wie:

analytische Beurteilung,
betriebliche Beurteilung,
Eignungsfeststellung,
Leistungsbeurteilung,
Leistungs-, Verhaltensbewertung,
Personalbeurteilung,
persönliche Bewertung,
Persönlichkeitsbeurteilung,
Qualifikation.

Im anglo-amerikanischen Sprachraum bezieht man den Begriff Beurteilung eindeutig auf die Leistung und unterscheidet nur zwischen „performance evaluation", das bedeutet Leistungsbeurteilung der nicht leitenden Angestellten, und „appraisal", was sich auf die Beurteilung von Leitenden Angestellten bezieht. Der Kern des Problems liegt jedoch nicht in der Vielzahl der verwendeten Begriffe, sondern im Fehlen einer eindeutigen Abgrenzung. Die Frage muß lauten: Ab wann kann von einer Mitarbeiterbeurteilung gesprochen werden, d. h. wo beginnt die Beurteilung in Abgrenzung zur einfachen Meinungsäußerung?

In jede Aussage, die eine Person über eine andere Person oder Sache macht, fließt fast immer eine Beurteilung ein, die sich aus dem Informationsstand dieser Person, ihrer Einordnungsfähigkeit, ihrem Wissen und ihrem subjektiven Normsystem zusammensetzt. Ein Vorgesetzter, der von einem Mitarbeiter sagt, daß dieser „in Ordnung" sei, fällt ein Werturteil und gibt somit eine Beurteilung über den betreffenden Mitarbeiter ab. Blumenfeld, der in seiner Arbeit „Urteil und Beurteilung" (1931) eine scharfsinnige Analyse zum Begriff des Urteilens, der Beurteilung, der Urteilstheorien und der Urteilsprozesse auf Grund philosophisch-psychologischer Überlegungen und empirischer Untersuchungen gibt, geht davon aus, daß jede Äußerung, die nicht kontrollierbar ist, eine Beurteilung bzw. eine Bewertung enthält, die sich aus dem Anspruchsniveau oder den von dem Beurteiler akzeptierten inneren und äußeren Normen ergibt. Diese Form der Aussage über einen Mitarbeiter verstehen wir als Mitarbeiterbeurteilung im weiteren Sinn. Hierunter fällt die *unsystematische* und *freie* Mitarbeiterbeurteilung, die spontan oder auch zu bestimmten Gelegenheiten von Seiten des Vorgesetzten über einen Mitarbeiter mündlich oder auch schriftlich fixiert abgegeben wird.

Von der Mitarbeiterbeurteilung im weiteren Sinn ist die Mitarbeiterbeurteilung im engeren Sinn abzugrenzen. Wir verstehen darunter die *systematische* Beurteilung von Mitarbeitern anhand bestimmter, genau definierter Kriterien, wobei die Art der Bewertung ebenfalls festgelegt und definiert sein muß. Der beurteilte Sachverhalt muß dabei mit anderen vergleichbar und nach Möglichkeit auch von anderen Personen nachprüfbar sein. Ziel der Mitarbeiterbeurteilung muß demnach sein, von einer subjektiven Beurteilung wegzukommen und das Beurteilungssystem durch Einbeziehen objektiver Sachverhalte, die den Beurteilten betreffen, transparenter zu machen. Dabei sollen möglichst viele Störvariablen, die in dem Beurteilungsprozeß nicht nur beim Beurteiler, sondern auch beim Beurteilten und im Verfahren selbst liegen, für alle Beteiligten durchschaubar und somit kontrollierbar gemacht werden.

Unter diesen Gesichtspunkten läßt sich Mitarbeiterbeurteilung als ein Verfahren zur systematischen Einordnung von Mitarbeitern nach genau festgelegten Kriterien und Bewertungsstufen definieren, die den Bereich der Persönlichkeit, des Verhaltens und der Leistung betreffen. In diesem Sinne wird der Begriff im folgenden verwendet.

1.2 Mitarbeiterbeurteilung aus führungspsychologischer Sicht

Capol ist der Meinung, daß die Mitarbeiterbeurteilung oder Qualifikation, wie er es nennt, zu sehr auf die Lohnpolitik des Betriebes eingeengt sei. „So bedeutet noch heute in vielen industriellen Betrieben die Qualifikation nur die Beurteilung der Persönlichkeit eines Mitarbeiters im Hinblick auf ihr Arbeitsverhalten" (1965, S. 23). Capol will die Mitarbeiterbeurteilung umfassender verstanden wissen. Er definiert diese als ein ganzheitliches Instrument, das nicht nur zur Erfassung der Arbeitsqualität, sondern auch als Mittel zur Führung, Förderung und Betreuung der Mitarbeiter eingesetzt werden sollte. Dieses mehr am Mitarbeiter orientierte Ziel der Beurteilung setzt sich bei der Erstellung von Beurteilungssystemen erst allmählich durch. Im gleichen Sinne empfahl Dirks bereits 1961, die Mitarbeiterbeurteilung außer bei der Neubesetzung von Arbeitsplätzen oder der Zusammenstellung von Arbeitsgruppen besonders dann einzusetzen, wenn es um Arbeitsplatzwechsel, die Übertragung einer speziellen Verantwortung oder um Beförderungsfragen geht.

Die genannten Funktionen, die hier der systematischen Beurteilung zugesprochen werden, beziehen sich auf das Arbeitsverhalten des Mitarbeiters und auf den Vorteil, den der Betrieb von diesem Arbeitsverhalten erwarten darf. Diese etwas eingeengte Sichtweise wird von Brandstätter (1970) zumindest in Ansätzen überwunden. Er betont, daß die Beurteilung der Mitarbeiter sowohl als Entscheidungshilfe für personalpolitische Maßnahmen als auch für die individuelle Personalführung von großer Bedeutung ist. Seiner Meinung nach kann die Mitarbeiterbeurteilung bei folgenden betrieblichen Aufgaben sinnvoll eingesetzt werden:

1. Lohndifferenzierung
2. Auswahlentscheidungen
3. Mitarbeiterberatung
4. Kontrolle personalorganisatorischer Maßnahmen

Lohndifferenzierung, Auswahlentscheidungen und die Kontrolle der von den Organisationen durchgeführten personalorganisatorischen Maßnahmen bleiben zwar weiterhin wichtigstes Bestimmungsstück der Beurteilung, aber der Aspekt der Beratung zur persönlichen Förderung des Mitarbeiters wird deutlich angesprochen. Auch Dirks stellte unlängst fest, daß die Personalbeurteilung in den letzten Jahren „immer mehr von der Hilfe bei personellen Einzelentscheidungen zum Steuerungsinstrument für Personalführungsmaßnahmen" geworden ist (1973 b, S. 75). In der theoretischen Erörterung des Beurteilungsproblems vollzieht sich ein Wandel, insofern die dienstliche Beurteilung zunehmend als ein individuelles Führungsmittel verstanden wird.

Die Führungspsychologie ist ein Teilgebiet der Angewandten Psychologie, deren Aufgabe ganz allgemein darin besteht, konkret auftretende psychologisch-praktische Probleme unter Zuhilfenahme wissenschaftlicher Methoden anzugehen. In diesem Sinne wird das konkrete Problem, Personal systematisch zu beurteilen, aufgegriffen und besonders unter dem Gesichtspunkt eines individuellen Förderungsmittels für den Mitarbeiter begriffen. Daß die führungspsychologische Behandlung dieses Problems sich besonders auf die Belange der Mitarbeiter konzentriert, versteht sich von selbst. Das heißt jedoch nicht, daß die betrieblichen Interessen aus den Überlegungen ausgeblendet werden sollen, zumal diese den Interessen der Mitarbeiter bei diesem konkreten Problem durchaus nicht entgegenstehen müssen.

Unter Einbeziehung dieser Gesichtspunkte sind die von Brandstätter genannten Bestimmungsstücke der Mitarbeiterbeurteilung, die eher auf den betrieblichen Nutzen ausgerichtet sind, durch folgende mehr mitarbeiterorientierte Gesichtspunkte zu ergänzen:

5. Förderung durch Aus- und Weiterbildungsmaßnahmen
6. Feedback (Informationsfluß von oben nach unten und umgekehrt)
7. Motivierung zur Kooperation zwischen Vorgesetzten und Mitarbeitern
8. Intensivierung der formellen und informellen Kontakte zwischen Vorgesetzten und Mitarbeitern

Wenn die Mitarbeiterbeurteilung nutzbringend für die Organisation *und* für den darin Arbeitenden eingesetzt, und die in verbreiteten zweifelhaften Beurteilungspraktiken begründete Ablehnung besonders von Seiten der Arbeitnehmerschaft abgebaut werden soll, darf sie nicht nur relevante Informationen für den Betrieb, sondern muß auch relevante Informationen für den Mitarbeiter und für dessen Vorgesetzten liefern, der als eine Art Verbindungsmann sowohl die betrieblichen Ziele als auch die persönlichen Interessen der ihm direkt unterstellten Mitarbeiter zu wahren hat.

2. Eine Umfrage zur Beurteilungspraxis

2.1 Ziele der Umfrage

Die Literatur zur dienstlichen Beurteilung läßt sich in zwei Gruppen einteilen. Eine kleinere setzt sich eher theoretisch und systematisch mit der Mitarbeiterbeurteilung auseinander, die andere befaßt sich mit der Beurteilung hauptsächlich aus pragmatischer und anwendungsbezogener Sicht. Die erste Literaturgruppe stützt sich hauptsächlich auf empirisch orientierte Untersuchungen, die sich zumeist auf eine bestimmte Organisation und ein bestimmtes Beurteilungsverfahren beziehen. In diesem Zusammenhang werden dann besonders die Problembereiche der Erstellung, der Einführung und der methodischen Erfassung bestimmter Beurteilungskriterien untersucht und dargestellt. Derartige Untersuchungen sind zwangsläufig in ihrem allgemeinen Aussagewert eingeschränkt. Dennoch sind solche Untersuchungen wichtig, weil dort die Möglichkeit besteht, die konkreten Beurteilungsprobleme stärker zu strukturieren, allgemein formulierte Hypothesen auf empirischer Grundlage für den speziellen Fall einer Organisation zu überprüfen und damit intuitives Vorgehen nach Plausibilitätsgesichtspunkten weitgehend auszuschalten.

Der größere Teil der Literatur hat sich zum Ziel gesetzt, konkrete und sehr differenzierte Handlungsanweisungen zur dienstlichen Beurteilung zu vermitteln. Diese Literatur baut häufig auf Schulungskursen auf, die darauf ausgerichtet sind, dem angehenden Beurteiler bestimmte Beurteilungsfehler und gleichzeitig Möglichkeiten zu ihrer Vermeidung aufzuzeigen. Es ist sicher wichtig und richtig, den Beurteilungsprozeß und die darin eingeschlossenen Fehlerquellen einsichtig zu machen. Ebenso wichtig ist es aber auch, die Beurteiler dazu zu befähigen, sich kritisch mit den Beurteilungssystemen und der Beurteilungspraxis als einem komplexen Teil des gesamten Betriebsgeschehens auseinanderzusetzen.

Die vorliegende Studie zielt darauf ab, drei wesentliche theoretische und anwendungsbezogene Gesichtspunkte der dienstlichen Beurteilung in ihrer wechselseitigen Verschränkung aufzuzeigen.

Anhand eines Überblicks über die in der Bundesrepublik Deutschland, Österreich und der Schweiz gebräuchlichen *Beurteilungssysteme* sollen die verschiedenen Tendenzen in der gegenwärtigen Beurteilungspraxis dargestellt und analysiert werden. Die sich daraus ergebenden Schlußfolgerungen sollen konkrete Anregungen zur kritischen Revision veränderungsbedürftiger Beurteilungsverfahren liefern.

Ein zweites wichtiges Element der dienstlichen Beurteilung ist die *Beurteilerschulung*. Beurteilungssysteme lassen sich zwar in ihren formalen und inhaltlichen Aspekten relativ losgelöst von der Gesamtsituation betrachten, in der sie zur Anwendung kommen. Da ein Beurteilungssystem aber nicht von vornherein das Urteilsvermögen desjenigen steigert, der damit umzugehen hat, hängt die Zuverlässigkeit der Beurteilungen weitgehend von der Qualität der Beurteilerschulung ab. Daher soll die Schulungspraxis einiger wichtiger Organisationen vergleichend untersucht werden, um daraus entsprechende Empfehlungen für die Gestaltung und Organisation von Schulungsmaßnahmen abzuleiten.

Bei der Diskussion der psychologischen Probleme des *Beurteilungsgesprächs* als dem Abschluß des Beurteilungsvorgangs soll unter dem Blickwinkel der Förderung kooperativer Verhaltensweisen in Organisationen insbesondere den Fragen nachgegangen werden, inwieweit der Mitarbeiter an einer dialogen Kommunikation beteiligt werden kann und welche Möglichkeiten der Einflußnahme auf seine Beurteilung sich für ihn ergeben.

Mit dieser Vorgehensweise soll der Versuch unternommen werden, einen Beitrag zur Verringerung des Abstands zwischen Beurteilungstheorie und Beurteilungswirklichkeit zu leisten.

2.2 *Durchführung der Umfrage*

Um einen möglichst umfassenden Überblick über die gängige Beurteilungspraxis zu bekommen, wurde zu Beginn des Jahres 1975 eine Adressenliste von Firmen und Verwaltungen aus der Bundesrepublik Deutschland, Österreich und der Schweiz, Ländern mit ähnlicher Wirtschaftsstruktur, zusammengestellt. Dabei wurde darauf geachtet, möglichst alle einschlägigen Branchenführer, verschiedene Organisationsformen, Berufsgruppen und Tätigkeitsbereiche zu berücksichtigen. 150 Organisationen wurden angeschrieben mit der Bitte um Zusendung der von ihnen zur Zeit der Befragung benutzten Beurteilungsverfahren sowie der Richtlinien für die Beurteiler.

Den Organisationen, die ihre Beurteilungsunterlagen zur Verfügung stellten, wurde ein Informationsbogen zugeschickt, mit dessen Hilfe Daten über die Betriebsstruktur, den Mitarbeiterstab, die Beurteilerschulung und das Beurteilungsgespräch gewonnen werden sollten (*siehe Übersicht 1*).

Übersicht 1: Informationsbogen zum Beurteilungssystem der Organisationen

---

1. Anzahl der Beschäftigten: ca. ....
   davon Arbeiter ca. ....
   Angestellte ca. ....
   Beamte ca. ....

2. Seit wann sind in Ihrem Hause Beusrteilungsbogen gebräuchlich?
   Seit: ....
   Der derzeit gebräuchliche seit: ....

3. Von wem wurde das heutige Beurteilungssystem ausgearbeitet? (Mehrfachantworten sind zulässig)
   - ☐ Innerbetrieblich
   - ☐ durch externe Berater
   - ☐ durch Psychologen
   - ☐ unter Mitarbeit von Psychologen
   - ☐ von anderen Firmen übernommen
   - ☐ unter Mitarbeit der Personalvertretung
   - ☐ sonstige ....

4. Sind bei Ihnen Beurteilungsbogen für verschiedene Beschäftigungsgruppen in Gebrauch?

☐ ja ☐ nein

wenn ja für:
(Mehrfachantworten sind zulässig)

☐ Auszubildende
☐ Praktikanten
☐ Arbeiter
☐ Angestellte
☐ Leitende Angestellte
☐ Beamte des höheren Dienstes
☐ Beamte des gehobenen Dienstes
☐ Beamte des mittleren Dienstes
☐ Beamte des einfachen Dienstes

5. Die Auswertung des Beurteilungsbogens erfolgt:

☐ maschinell
☐ durch den direkten Vorgesetzten
☐ durch zwei oder mehr Vorgesetzte
☐ durch das Personalbüro

6. Wie schätzen Sie die Zufriedenheit der Beurteiler mit Ihrem Beurteilungssystem ein?

☐ zufrieden
☐ eher zufrieden
☐ eher unzufrieden
☐ unzufrieden

7. Findet eine Schulung für Beurteiler statt?

☐ ja ☐ nein

wenn ja:

a) Teilnehmerkreis ....

b) Zeitaufwand dafür: einmalig ☐ .... Stunden
wiederholt ☐ .... Stunden

c) wer führt diese Beurteilerschulung durch?

....

8. Wieviele Mitarbeiter hat ein Vorgesetzter im Durchschnitt zu beurteilen?

☐ 1— 4 Mitarbeiter
☐ 5—10 Mitarbeiter
☐ mehr als 10 Mitarbeiter

9. Finden im Anschluß an die Beurteilungen Beurteilungsgespräche statt?

☐ üblicherweise
☐ nur auf Wunsch des Beurteilten
☐ üblicherweise nicht

10. Wie groß ist der durchschnittliche Zeitraum zwischen schriftlicher Beurteilung und Beurteilungsgespräch?

Etwa .... Tage
.... Wochen

11. Worin sehen Sie die *Vorteile* Ihres Beurteilungsverfahrens?

....

....

....

....

12. Worin sehen Sie die *Nachteile* Ihres Beurteilungsverfahrens?

....

....

....

....

13. Wie schätzen Sie die Zufriedenheit der Beurteilten mit dem Beurteilungssystem ein?

- ☐ zufrieden
- ☐ eher zufrieden
- ☐ eher unzufrieden
- ☐ unzufrieden

Es sei darauf hingewiesen, daß keine Trennung zwischen Wirtschaftsbetrieben und Einrichtungen der öffentlichen Verwaltung vorgenommen wurden. Auf diese Unterscheidung wurde zum einen deshalb verzichtet, weil die Analyse der Beurteilungsverfahren aus psychologischen und nicht soziologischen Fragestellungen (vgl. Grunow 1976) untersucht werden sollte, zum anderen wegen der Tatsache, daß sich die in Wirtschaft und öffentlicher Verwaltung gebräuchlichen Beurteilungssysteme im Grundsätzlichen nicht voneinander unterscheiden und zum dritten, weil die dienstliche Beurteilung auch innerhalb der öffentlichen Verwaltung einen ähnlichen Stellenwert erlangt hat wie in den Wirtschaftsunternehmen. Hier wie da gilt zunehmend mehr das Prinzip der Leistungsbeförderung und weniger das der Regelbeförderung. Aus diesen Gründen wird im folgenden der beide Bereiche umfassende Begriff ‚Organisation' verwendet.

2.3 Beschreibung der Stichprobe

Von den 150 angeschriebenen Organisationen antworteten 118 (78,7 %) und bekundeten damit ihre Bereitschaft zur Mitarbeit [1]. Von diesen verfügen 80 bereits über ein Beurteilungssystem, 28 verwenden keines. Bei den restlichen 10 ist entweder ein Beurteilungssystem in Vorbereitung oder befindet sich das alte in Überarbeitung. 65 der 80 Organisationen, die über ein systematisches Beurteilungssystem verfügen, haben auch den Informationsbogen ausgefüllt zurückgesandt.

---

[1]) Den Firmen und Behörden sei für ihre Mitarbeit herzlich gedankt! Auf die Veröffentlichung der Respondentenliste muß leider verzichtet werden, da einige Firmen ihre Mitarbeit von der Auflage, nicht genannt zu werden, abhängig machten.

Soweit es im folgenden um die Analyse der Beurteilungssysteme und der Beurteilungsanweisungen geht, ist die Gruppe der N = 80 Beurteilungssystemverwender die Bezugsgröße. Bei der Darstellung der Ergebnisse, die anhand der Angaben in den Informationsbogen gewonnen wurden, liegt die Stichprobe der N = 65 Fragebogenrespondenten zugrunde.

Die Auswertung der Beurteilungssysteme erfolgte durch einfache Häufigkeitsauszählung der jeweils interessierenden Merkmale sowie durch vergleichende Analyse der als wesentlich gekennzeichneten inhaltlichen Äußerungen. In gleicher Weise wurde mit den zur Auswertung zurückgegebenen Fragebogen verfahren. Bei dieser Methode der Informationsgewinnung sind jedoch Fehlerquellen insbesondere auf seiten der Informanten zu bedenken, die sich insofern nicht ausschalten lassen, als die Angaben der Beantworter nicht auf ihre Stimmigkeit nachgeprüft werden können. Obwohl von einer sachgemäßen Beantwortung der Fragen ausgegangen wird, beanspruchen die auf diese Weise gewonnenen Ergebnisse lediglich Geltung als gegenwärtige Trends im betrieblichen Beurteilungswesen.

Mit den 80 Beurteilungsverfahren werden derzeit rund zwei Millionen Mitarbeiter beurteilt. Nach den einzelnen Funktionsträgern aufgeschlüsselt, ergibt sich dabei folgende Verteilung:

Übersicht 2: Funktionsträger

Arbeiter	900 000
Angestellte	650 000
Beamte	500 000

2.4 Analyse der Beurteilungssysteme

2.4.1 Ziel, Zweck und Funktion der Beurteilungssysteme

Innerhalb der befragten Organisationen nimmt die Mitarbeiterbeurteilung eine zentrale Stellung ein. Die Zielvorstellungen, die von den Organisationen an die Mitarbeiterbeurteilung gestellt und formuliert werden, lassen sich allen Ebenen der betrieblichen Hierarchie zuordnen. Für jede Stufe dieser Hierarchie soll die Mitarbeiterbeurteilung jeweils spezifische Informationen bereitstellen: für die Mitarbeiter, für die unmittelbaren Vorgesetzten und für die Organisationsspitze.

Die nachfolgende *Übersicht 3* gibt einen Überblick über die wichtigsten Zielsetzungen der Mitarbeiterbeurteilungen, wie sie den 80 Handanweisungen zur Mitarbeiterbeurteilung zu entnehmen waren.

Es liegt auf der Hand, daß die dargestellten Ziele als Maximalforderungen bzw. Idealvorstellungen zu begreifen sind, die mit einem Beurteilungssystem allein sicher nicht erreichbar sind. Der Beurteilung fallen so heterogene und divergierende Funktionen zu, daß die hohen Erwartungen, die in der Praxis an sie herangetragen werden, nur selten erfüllt werden können. Vielleicht liegt eine Quelle der Unzufriedenheit und des Unbehagens gegenüber der Beurteilungspraxis in diesem überhöhten Anspruch, der an die Beurteilung gestellt wird. Die Anforderungen, die in der Fachliteratur an ein Beurteilungsverfahren gestellt werden, fallen demgegenüber bescheidener aus. Man ist sich dort darüber einig, daß je nach dem bestimmten Zweck, für den die Beurteilung eingesetzt wird, sei es nun zur Lohndifferenzierung, zur Leistungsüberprüfung, zur Beratung des Mitarbeiters oder zur Bestimmung des Führungskräftepotentials, jeweils spezifische und der Fragestellung angemessene Systeme entwickelt und angewendet werden sollten (vgl. Brandstätter 1970, Capol 1965, Dirks 1961, Justen 1971).

Übersicht 3: Spezifische Zielvorstellungen über Beurteilungsverfahren *

Mitarbeiter	Vorgesetzter	Organisation
Selbstkontrolle, Selbstkritik	Erhöhung der Führungsverantwortung	Verantwortungsbewußte Personalpolitik
Feststellung des eigenen Leistungsstandards	Interesse am Arbeitsverhalten der Mitarbeiter	Optimaler Personaleinsatz, Gehaltsfindung
Motivation	Förderung der konstruktiven Auseinandersetzung mit den Mitarbeitern	Ermittlung des Führungskräftepotentials
Förderung (Aus- und Weiterbildung, Aufstieg)	Förderung des Mitarbeiters in dienstlichen und ggf. persönlichen Belangen	Aufgaben- und personorientierte Förderung
Feedback (wechselseitiger Informationsfluß)	Verbesserung der Zusammenarbeit	Vermeiden sozialer Härten

* Die Reihenfolge stellte keine Gewichtung dar.

Aus den der Beurteilung zugedachten Zielen aus *Übersicht 3* läßt sich entnehmen, daß das Beurteilungsverfahren die Anrüchigkeit eines Kontrollinstruments und Disziplinierungsmittels verlieren soll. Der Nutzen für den Betrieb besteht darin, den Mitarbeiter zur Selbstentwicklung, Leistungsverbesserung, Einsicht in Betriebszusammenhänge und Verhaltensänderung, wo nötig, anzuregen. Für den Mitarbeiter soll die Beurteilung als Rückmeldung dienen, ob und inwieweit seine Leistung den gestellten Anforderungen entspricht und welchen Grad der Anerkennung sie findet. Sie soll zur Steigerung von Selbstsicherheit und realistischer Selbsteinschätzung führen. So verstanden könnte die Beurteilung zusätzlich eine psychohygienische Funktion übernehmen. Dennoch bleibt der Mitarbeiter auch weiterhin dem Beurteilungsvorgang selbst weitgehend passiv unterworfen und „ausgeliefert“. Denn ob die personfremden Ziele tatsächlich durch die personbezogenen ausgeglichen werden, ist zumindest fraglich. Inwieweit der vielzitierte allgemeine Einstellungswandel zugunsten des Mitarbeiters mehr als eine reine Absichtserklärung darstellt, kann nur durch weitere, auf diese spezielle Frage gerichtete Untersuchungen geklärt werden.

Daß die in den Beurteilungsanweisungen formulierten Zielvorstellungen nicht Leerformeln bleiben, hängt zu einem wesentlichen Teil von der Qualität des konkreten Beurteilungsverfahrens ab. Jede Beurteilung eines Mitarbeiters ist eine eignungsdiagnostische Operation und ist demnach ein Stück psychologische Diagnostik. Die psychometrischen Standards, die an die Konstruktion von psychologischen Testverfahren gestellt werden, sollten daher auch von den Beurteilungssystemen erfüllt werden (vgl. Franke 1960). Die Verwandtschaft der Beurteilungssysteme mit psychologischen Testverfahren läßt erkennen, daß Ziel und Funktion der Beurteilung in einem allgemeineren psychologischen Zusammenhang zu sehen sind.

Beurteilung impliziert ganz allgemein folgende testdiagnostische Funktionsbereiche:

1. Diagnose zum Zwecke der Klassifikation
2. Prognose zum Zwecke der Selektion
3. Erfolgskontrolle der Klassifikations- bzw. Selektionsentscheidungen

Jedem dieser Funktionsbereiche entsprechen auch im Ablauf einer dienstlichen Beurteilung spezifische Entscheidungsprozesse. Zunächst werden bestimmte Persönlichkeits- oder Verhaltensmerkmale eines Mitarbeiters an Hand des jeweiligen Beurteilungsverfahrens diagnostiziert und zu einem Gesamtbild zusammengefügt. Der Vergleich der so gewonnenen Persönlichkeitsbilder mehrerer Mitarbeiter erlaubt es, eine Klassifikation oder Einteilung der Beurteilten nach verschiedenen Gesichtspunkten, z. B. der Eignung für eine bestimmte Arbeit, vorzunehmen. Sie lassen sich dem Ergebnis entsprechend in eine Rangreihe bringen, oder in eine vorgegebene Verteilung, — meist ist es die Normalverteilung —, einordnen. Aus dem jedem einzelnen Mitarbeiter zugeteilten Rangplatz werden dann für die wahrscheinliche Weiterentwicklung jedes einzelnen Prognosen abgeleitet, die als Entscheidungshilfe für Selektionsmaßnahmen, wie Einstellungen, Beförderungen, Entlassungen u. a., herangezogen werden. Die kontinuierliche und turnusmäßige Wiederholung der Beurteilung ermöglicht neben einer Verlaufsanalyse der individuellen Entwicklung des Mitarbeiters eine Überprüfung der Richtigkeit der früher getroffenen Entscheidungen.

2.4.2 Der Beurteilungsgegenstand (Persönlichkeit, Leistungsverhalten und allgemeines Verhalten)

Außer von den skizzierten Zielen und Zwecken, zu denen die Beurteilung herangezogen werden kann, ist der Beurteilungsgegenstand weitgehend durch die übergeordneten Organisationsziele und die Organisationsstruktur determiniert. Aus ökonomischen Gründen wird man versuchen, eher ein breitbandiges Verfahren, das möglichst viele Zielsetzungen und möglichst alle Zielgruppen umfaßt, zur Anwendung zu bringen. Es zeigt sich jedoch in der Beurteilungspraxis eindeutig, daß die einzelnen Organisationen, zumindest für verschiedene Mitarbeiterkategorien unterschiedliche Beurteilungsbogen verwenden. Nur bei 18 der 65 Organisationen, die den Informationsbogen beantwortet zurückgeschickt haben, wird ein einziges einheitliches Beurteilungssystem praktiziert, während bei 47 Organisationen unterschiedliche Beurteilungsverfahren in Gebrauch sind, wie in *Übersicht 4* dargestellt.

Übersicht 4: Anzahl der pro Organisation benutzten Beurteilungsbogen

18 Organisationen verwenden 1 Beurteilungsbogen	=	18
20 Organisationen verwenden 2 Beurteilungsbogen	=	40
16 Organisationen verwenden 3 Beurteilungsbogen	=	48
11 Organisationen verwenden 4 Beurteilungsbogen	=	44
65 Organisationen verwenden insgesamt 150 Beurteilungsbogen	=	150

Übersicht 5 zeigt, für welche Berufsgruppen Beurteilungsbogen innerhalb der Organisationen in Gebrauch sind.

Übersicht 5: Anzahl der Beurteilungsbogen nach Mitarbeiterkategorien aufgeschlüsselt *

Von den 65 Organisationen aus *Übersicht 4* verwenden:

38 Beurteilungsbogen für Auszubildende
6 Beurteilungsbogen für Praktikanten
33 Beurteilungsbogen für Gewerbliche Arbeitnehmer
44 Beurteilungsbogen für Angestellte
24 Beurteilungsbogen für Leitende Angestellte
6 Beurteilungsbogen für Beamte des höheren Dienstes
6 Beurteilungsbogen für Beamte des gehobenen Dienstes
3 Beurteilungsbogen für Beamte des mittleren Dienstes

N = 150 Beurteilungsbogen insgesamt

* Mehrfachantworten waren zugelassen

Die Übersicht macht deutlich, daß in einer Vielzahl von Betrieben für die Gruppe der Auszubildenden ein eigenes Beurteilungsverfahren zur Anwendung kommt. Dies ist insofern verständlich, als die Zielsetzung eine andere ist als bei der späteren Regelbeurteilung. Die Zielsetzung muß sich nämlich an den von Betrieb zu Betrieb variierenden spezifischen Ausbildungsinhalten orientieren (vgl. Pradel 1975). Zum anderen wird deutlich, daß zwischen den gewerblichen Arbeitnehmern und den Angestellten hinsichtlich der Beurteilungsbogen stark differenziert wird. Das Beurteilungsverfahren für die gewerblichen Arbeitnehmer dient primär als Entlohnungsgrundlage und zur Festlegung des Leistungsanteils im Rahmen eines Leistungslohnsystems. Hier steht also vor allem die Leistungsbeurteilung im Vordergrund. Das Beurteilungsverfahren für Angestellte und Leitende Angestellte dagegen ist eher Führungsmittel im oben definierten Sinn. Das Schwergewicht liegt auf der Beurteilung der Gesamtpersönlichkeit, des allgemeinen Verhaltens und insbesondere des Führungsverhaltens.

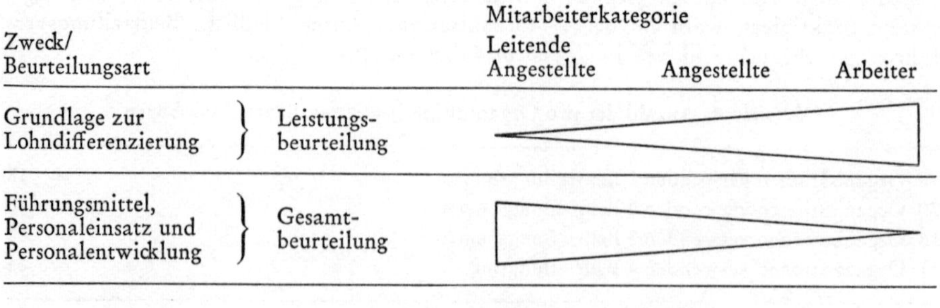

Abbildung 1: Gewichtung und Differenzierung der Beurteilung nach Zweck und Mitarbeiterkategorie

Auch die übergeordneten Organisationsziele beeinflussen den Beurteilungsgegenstand. Bei Einteilung der Organisationsformen in die zwei Untergruppen der Dienstleistungsbetriebe und der Produktionsbetriebe verlagert sich der Schwerpunkt der Beurteilung von den allgemeinen Verhaltenskomponenten zu den Leistungskomponenten. Wie stark das jeweilige Beurteilungsverfahren einer Organisation zusätzlich von deren spezifischen Zielen abhängig ist, ergibt sich daraus, daß 94 % der 65 Organisationen ihr Beurteilungssystem in eigener Regie entworfen und entwickelt haben (vgl. *Übersicht 6*).

Übersicht 6: Konstruktionsgruppen *

Das Beurteilungssystem wurde entwickelt:	
innerbetrieblich	61
unter Mitarbeit von Psychologen	23
unter Mitarbeit der Personalvertretung	19
durch Psychologen	8
durch direkte Übernahme von überregionaler Organisation	7
durch Tarifparteien	6
durch externe Berater	5
durch Vorgesetzte	3
durch die Personalabteilung	2

* Mehrfachantworten waren zugelassen

Bei der Hälfte aller Entwicklungen waren Psychologen beteiligt. Dies scheint ein Anhaltspunkt für die Durchsetzung der Auffassung zu sein, daß die Entwicklung von Beurteilungsbogen mit ihren diagnostischen, prognostischen, klassifikatorischen, konstruktorischen und insbesondere methodischen Implikationen in den Kompetenzbereich des entsprechend geschulten Psychologen gehört. Auch die Personalvertretungen sind sehr stark an einer Beteiligung bei der Konstruktion von Beurteilungsverfahren interessiert. Ihr Mitbestimmungsrecht wird durch das Betriebsverfassungsgesetz von 1972 im § 94 (1) geregelt.
Rak weist darauf hin, daß die Beurteilungssysteme im Hinblick auf ihren Gegenstand in zwei Großgruppen unterteilt werden müssen: „In der ersten umfangreicheren Gruppe wird der Mitarbeiter in seinem So-Sein, also in relativer Losgelöstheit von den konkreten Aufgaben beurteilt. In der anderen Beurteilungsgruppe tritt die Person samt ihren Eigenschaften in den Hintergrund. Man versucht stattdessen, die konkreten Leistungen des Mitarbeiters auf den konkreten Arbeitsplatz und auch möglichst in einem konkreten Zeitraum unter konkreten Bedingungen zu beschreiben“ (1971, S. 93). Die Analyse der vorliegenden Beurteilungssysteme unterstützt die Feststellungen von Rak. 60 Beurteilungssysteme beinhalten ausschließlich bestimmte Merkmale oder Eigenschaften, während nur 20 Systeme der zweiten Gruppe zuzuordnen sind. Es ist festzustellen, daß man in der Praxis offenbar immer noch vorwiegend von einer naiv-realistischen Abbildtheorie ausgeht, und das Eigenschaftsmodell immer noch hoch in Kurs steht. Neuberger (1977) weist zu Recht darauf hin, daß durch diese Personalisierung des Beurteilungsgegenstandes der Eigenschaftsansatz der Führungstheorie wieder zum Tragen kommt. Dies ist umso erstaunlicher, wenn man bedenkt, daß ein Großteil der Beurteilungssysteme neueren oder neuesten Datums ist.

Der Vergleich zwischen den *Abbildungen 2* und *3* zeigt, daß man seit den siebziger Jahren durchaus von einem Beurteilungsboom sprechen kann. Umso schwerwiegender wird dabei allerdings auch der Vorwurf, der vielen Beurteilungssystemen neueren Datums zu machen ist, daß sich inhaltlich nichts oder nur sehr wenig geändert hat. Um zu ermessen, inwieweit dieser Vorwurf sachlich gerechtfertigt ist, muß man die Beurteilungsinhalte im einzelnen kennen. Zu diesem Zwecke wurden sämtliche in den Beurteilungssystemen vorkommenden Beurteilungskriterien nach der Häufigkeit ihres Auftretens geordnet und in *Übersicht 7* mitgeteilt.

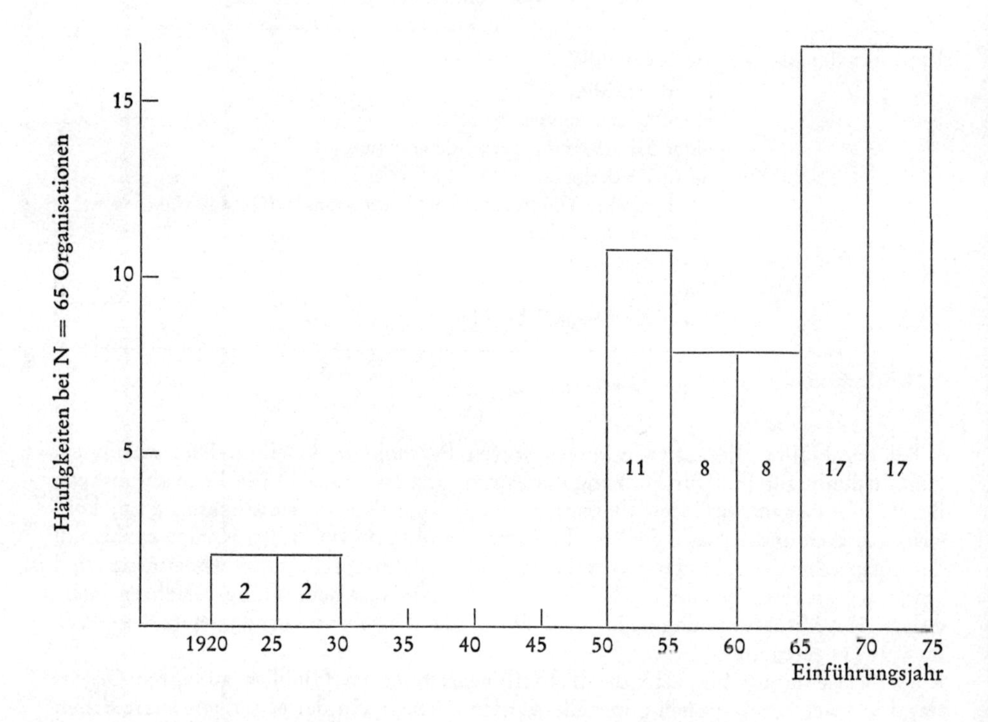

Abbildung 2: Zeitpunkt der Einführung des ersten Beurteilungssystems

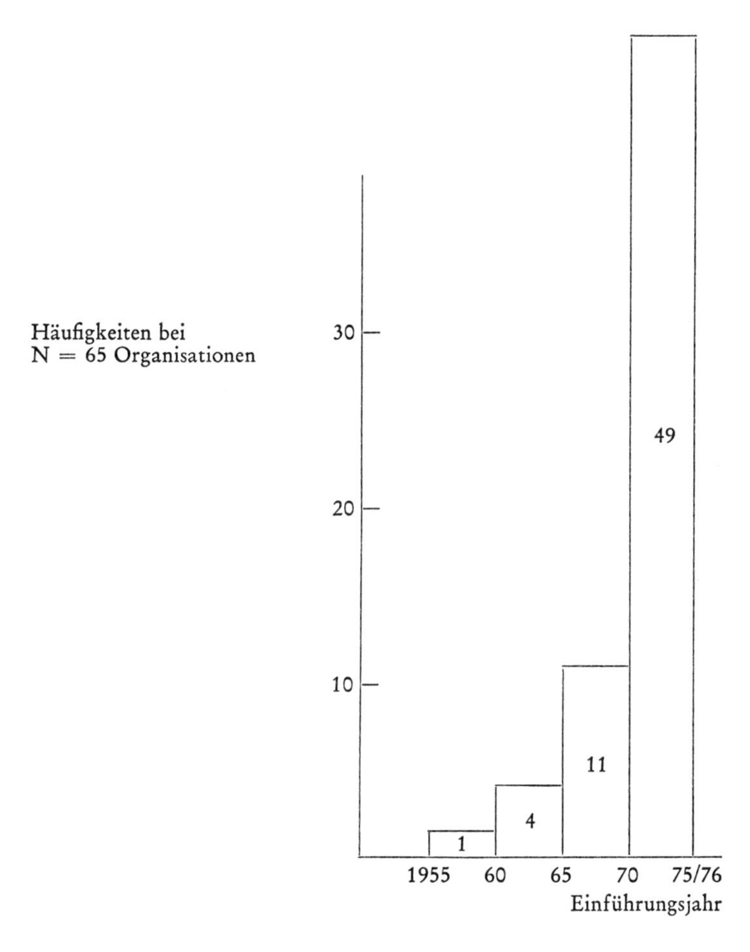

Abbildung 3: Zeitpunkt der Einführung des *derzeitigen* Beurteilungssystems

Übersicht 7: Skala der Beurteilungskriterien aus N = 80 Beurteilungssystemen

Beurteilungskriterien	Häufigkeit des Vorkommens
1. Urteilsfähigkeit (Selbständigkeit)	75
2. Geistige Beweglichkeit, Umstellungsfähigkeit, Auffassungsgabe, Anpassungsfähigkeit	74
3. Arbeits-, Einsatzbereitschaft	70
4. Fachwissen (theoretische Kenntnisse)	64
5. Bereitschaft zur Zusammenarbeit	60
6. Verantwortungsbereitschaft	55
7. Arbeits-, Leistungsgüte	55

8.	Arbeitsplanung — Disposition, Organisation und Methode der eigenen Arbeit, wie z. B. rationeller Einsatz von Arbeitsmitteln und optimale Zeitausnützung	54
9.	Belastbarkeit und Ausdauer	50
10.	Sorgfalt, Gründlichkeit, Zuverlässigkeit	48
11.	Führungsverhalten (pädagogisches Geschick)	39
12.	Leistungsmenge (Quantität)	38
13.	Kritisch-logisches Denken	33
14.	Verhalten zu Mitarbeitern	28
15.	Arbeitstempo	28
16.	Ausdrucksfähigkeit	28
17.	Erfahrung und Anwendung des Fachwissens	25
18.	Verhalten zu Vorgesetzten	22
19.	Initiative	22
20.	Wirtschaftliches Denken und Kostenverantwortung	20
21.	Bereitschaft zur Information	18
22.	Verhalten zu Kunden	17
23.	Durchsetzungsfähigkeit	17
24.	Delegationsfähigkeit	14
25.	Planung der Arbeit anderer	13
26.	Kontaktfähigkeit und Kommunikation	13
27.	Kreativität	13
28.	Fortbildungsinteressen	12
29.	Ordnungssinn	11
30.	Setzen gemeinsamer Ziele	10
31.	Förderung der Mitarbeiter	10
32.	Überzeugungskraft	9
33.	Gedächtnis	9
34.	Fachaufsicht	8
35.	Fähigkeit, die Mitarbeiter zu beurteilen und entsprechend einzusetzen	8
36.	Äußere Erscheinung	8
37.	Arbeitssicherheit	8
38.	Lernfähigkeit	7
39.	Pünktlichkeit	7
40.	Verhandlungsfähigkeit	7
41.	Termintreue	7
42.	Selbstbeherrschung	7
43.	Loyalität (Einhaltung von Geschäftsgrundsätzen)	7
44.	Anleiten der Mitarbeiter	6
45.	Gesundheit (Fehlzeiten)	6
46.	Berücksichtigung von Prioritäten	6
47.	Konzentration	5
48.	Sprachkenntnisse	4
49.	Arbeitsverhalten in Ausnahmesituationen	4
50.	Aufgabenbezogenes Verhalten	3
51.	Intelligenz	3
52.	Toleranz	2
53.	Diktieren	1
54.	Erfüllung im Beruf	1
55.	Unterordnungsfähigkeit	1

56. Zukunftsgerichtetheit	1
57. Gewinnen neuer Mitarbeiter	1
58. Veranlagung	1
59. Charakter	1
60. Temperament	1
61. Egoismus	1
62. Empfindlichkeit	1
63. Pedanterie	1
64. Abstraktionsfähigkeit	1
65. Kombinatorische Beweglichkeit	1
66. Analytisches Problemverständnis	1
67. Realitätsbezug des Denkens	1

Die Vielzahl der Beurteilungskriterien und ihre Analyse machen es notwendig, diese nach übergreifenden Gesichtspunkten systematisch zu ordnen.

Die Beurteilungskriterien legen folgende inhaltliche Klassifikation nahe:

1. *Leistungsergebnis:*
   Hierzu gehören Merkmale wie Arbeits- und Leistungsgüte, Arbeitssorgfalt, Leistungsmenge;

2. *Leistungsverhalten:*
   Arbeitsbereitschaft, Fachwissen, Arbeitsplanung, Arbeitstempo, Anwendung des Fachwissens, wirtschaftliches Denken, Fortbildungsinteressen, Arbeitssicherheit;

3. *Sozialverhalten:*
   Bereitschaft zur Zusammenarbeit, Verhalten zu Mitarbeitern, zu Vorgesetzten und Kunden, Kontaktfähigkeit, Verhandlungsfähigkeit;

4. *Führungsverhalten:*
   Pädagogisches Geschick, Bereitschaft zu Information, Delegationsfähigkeit, Planung der Arbeit anderer, Setzen gemeinsamer Ziele, Förderung der Mitarbeiter, Fachaufsicht, Fähigkeit, Mitarbeiter zu beurteilen und einzusetzen, Motivierung der Mitarbeiter, Verständnis und Eintreten für unterstellte Mitarbeiter;

5. *Fähigkeiten und Persönlichkeitseigenschaften:*
   Urteilsfähigkeit, geistige Beweglichkeit, Verantwortungsbereitschaft, Belastbarkeit, Denkvermögen, Ausdrucksfähigkeit, Initiative, Durchsetzungsfähigkeit, Lernfähigkeit, Pünktlichkeit, Kreativität, Ordnungssinn, Überzeugungskraft, Gedächtnis, äußere Erscheinung.

Vergleicht man die Positionen der unter 1. bis 5. aufgezählten Kriterien auf der Skala in *Übersicht 7,* so wird deutlich, daß Persönlichkeitsmerkmale und Eigenschaften die aufgabenbezogenen Kriterien in den Beurteilungsbogen überwiegen. Obwohl in der Literatur ständig darauf hingewiesen wird, daß aufgabenbezogene Beurteilungssysteme eine höhere Reliabilität und auch Validität aufweisen, werden in der Beurteilungspraxis immer noch die Beurteilungsmerkmale bevorzugt erfaßt, die nur sehr schwer definierbar und quantifizierbar sind.

Die Persönlichkeitsmerkmale sollen nun keineswegs grundsätzlich aus der Beurteilung verbannt werden. Es gibt durchaus bestimmte Persönlichkeitsmerkmale, die bestimmte Züge festhalten und die tatsächlich eine gewisse Konstanz aufweisen, und zwar ziemlich unabhängig von den herrschenden Umständen. Stabile und individuell ausgeprägte Persönlichkeitsdimensionen existieren besonders innerhalb des kognitiven Bereichs menschlicher Aktivität. Diese bleiben weitgehend von situationaler Beeinflussung frei. Für nichtkognitive Persönlichkeitsdimensionen und besonders für den Bereich sozial-emotionalen Verhaltens ist diese Konsistenz jedoch nicht gegeben. Deshalb ist insbesondere für die Erfassung der sozialen Interaktion zwischen vorgesetztem Beurteiler und beurteiltem Mitarbeiter das Eigenschaftsmodell ungeeignet (vgl. Mischel 1968). Für bestimmte Tätigkeitsgruppen können Persönlichkeitsmerkmale, besonders wenn es um die langfristige Planung von Karrieren geht, wichtig werden. Sie sollten dann aber eher mit anderen Verfahren, zum Beispiel mit standardisierten Testverfahren, und zu einem bestimmten Zeitpunkt, etwa beim Eintritt in die Organisation, erhoben werden. Wenn es sich um stabile Merkmale handelt, brauchen sie nur einmal erfaßt zu werden. Sie können die jeweilige Leistungsbeurteilung sinnvoll ergänzen. Warum orientiert man sich aber noch immer so stark an bestimmten Merkmalen und Eigenschaften und beurteilt weniger die konkreten Leistungen, obwohl z. B. bereits in den fünfziger und sechziger Jahren von Huth (1953), Korff (1960), Rüssel (1961) und anderen mit Nachdruck die Leistungsbeurteilung und nicht die Persönlichkeitsbeurteilung begründetermaßen gefordert wurde? Zum einen kann dafür sicherlich der Umsetzungseffekt verantwortlich gemacht werden, was bedeutet, daß die theoretischen Erkenntnisse immer erst mit einer zeitlichen Verzögerung in der Praxis Eingang finden und sich nur langsam durchsetzen. Zum anderen liegt die Vermutung nahe, daß durch die Formulierung von Eigenschaften die Normen und Maßstäbe des betreffenden Betriebes an die Mitarbeiter weitergegeben und vermittelt werden sollen. Bestimmte Erwartungen des Betriebes fließen in diese Merkmale mit ein, und zwar Erwartungen hinsichtlich adäquaten und angepaßten Verhaltens der Mitarbeiter. Warum bestimmte Merkmale, wie zum Beispiel Ordnungssinn, Pedanterie, Pünktlichkeit oder äußere Erscheinung, immer noch generell und mit hohem Stellenwert in den Beurteilungsbogen erfaßt werden, dafür läßt sich eine rationale Erklärung kaum finden; sie scheinen eher auf Tradition und einem zweifelhaften Grundsatzdenken zu beruhen, das kaum jemals auf Relevanz überprüft wird.

Daß man z. B. Verkäufern, Vertretern oder auch Bankangestellten die Art der Kleidung (in der Regel Anzug und Krawatte) selbst bei hochsommerlichen Temperaturen vorschreibt, und ein Verstoß gegen diese Regel sich in der Beurteilung durchaus negativ auswirken kann, ist umso bedenklicher, als man annehmen darf, daß diese Vorschrift schon aus physiologischen Gründen statt zu einer Leistungssteigerung eher zu Leistungsbeeinträchtigungen führt.

Teilweise haben sich denn auch bestimmte Beurteilungskriterien wie z. B. Pünktlichkeit durch die Einführung der gleitenden Arbeitszeit bereits selbst aufgehoben. Ähnliche Entwicklungen lassen sich bei anderen zweifelhaften Beurteilungskriterien noch nicht so deutlich erkennen.

2.4.3 Merkmalsbezogene versus aufgabenorientierte Beurteilung

Die auf Persönlichkeitsmerkmale beziehungsweise auf Leistungsmerkmale bezogene Beurteilung herrscht in der betrieblichen Praxis vor. Bei 60 von 80 Organisationen, deren Beurteilungssysteme analysiert wurden, wird diese Form der Beurteilung gegenwärtig praktiziert.

Zur Einschätzung des Mitarbeiters werden definierte Beurteilungsmerkmale herangezogen, die sich allerdings weniger auf die konkreten Aufgaben des jeweiligen Arbeitsplatzes beziehen, sondern in ihrer Definition sehr allgemein abgefaßt sind. Beispiele: „Der Mitarbeiter legt auf gute Zusammenarbeit besonderen Wert", oder „Der Mitarbeiter ist gelegentlich schwierig". Der Beurteiler wird gezwungen, für sich selbst Konkretisierungen vorzunehmen. Er muß sich seinen eigenen Maßstab bilden. Die konkrete Beurteilung wird dann von diesem individuellen Maßstab bestimmt. Dies führt wiederum dazu, daß verschiedene Beurteiler unterschiedliche Bezugspunkte für die Beurteilung des betreffenden Merkmals wählen. Die Vergleichbarkeit der Beurteilungen verschiedener Beurteiler geht dadurch verloren. Die Beurteilungen lassen in diesem Fall eher Rückschlüsse auf den Beurteiler und seine Beurteilungstendenzen (zu milde, zu streng, zu unentschieden, zu Extremen neigend) als auf die Leistungsfähigkeit der Beurteilten zu. Derartige Verzerrungen werden sich umso stärker auswirken, je weniger eindeutig eine Beurteilungskategorie und die zugehörigen Abstufungsgrade definiert sind. Deshalb muß man bei der Entwicklung von Beurteilungssystemen versuchen, klare Bezugspunkte für die Urteile der Beurteiler zur Verhinderung zu starker Urteilsverschiebungen zu schaffen.

Neben der Schwierigkeit der angemessenen und eindeutigen definitorischen Abgrenzung dessen, was beurteilt werden soll, steht die Frage nach der adäquaten Form der Erfassung. Brandstätter (1970) unterscheidet hinsichtlich der Erfassungsform folgende Verfahren:

a) Das Kennzeichnungsverfahren

Im Kennzeichnungsverfahren werden Eigenschaften, Merkmale oder auch kurze Verhaltensbeschreibungen aufgelistet und dem Beurteiler vorgelegt. Dieser hat dann zu entscheiden, ob das betreffende Merkmal beim Beurteilten vorhanden oder nicht vorhanden ist. Der Vorteil liegt in der Einfachheit der vorgegebenen Alternativen. Ein Nachteil besteht jedoch darin, daß der Beurteiler in der Regel häufiger eine tatsächlich oder vermutlich positive Aussage als zutreffend kennzeichnet und sich scheut, dem Beurteilten bestimmte Eigenschaften ganz abzusprechen. Ein anderer gewichtiger Nachteil besteht darin, daß der Ausprägungsgrad eines Merkmals nicht angegeben werden kann. Der Beurteiler wird also gezwungen, pauschale Urteile abzugeben.

b) Das Rangordnungsverfahren

Bei diesem Verfahren werden die zu beurteilenden Mitarbeiter hinsichtlich eines bestimmten Merkmals in eine Rangreihe gebracht, indem jeder Mitarbeiter mit jedem anderen hinsichtlich einer Kategorie und des Ausprägungsgrades verglichen wird. Dieses Verfahren eignet sich jedoch nur für sehr kleine und homogene Arbeitsgruppen.

Beide Verfahren sind insoweit überholt, als in der Praxis weder Kennzeichnungs- noch Rangordnungsverfahren zur Beurteilung der Mitarbeiter verwendet werden. Bei allen 80 Organisationen, die ihre Beurteilungssysteme zur Verfügung stellten, hat sich ausnahmslos das Einstufungsverfahren durchgesetzt:

c) Das Einstufungsverfahren

Bei diesem Verfahren werden dem Beurteiler numerisch oder verbal gekennzeichnete Kategorien oder Stufen vorgegeben, die die verschiedenen Ausprägungsgrade eines Merkmals repräsentieren sollen. Dabei kann der Maßstab absolut oder relativ gewählt werden. Beispiel eines absoluten Maßstabes wäre die Einschätzung der Leistung nach sehr gut, gut, befriedigend, ausreichend, mangelhaft.

Die Verteilung von Notenstufen kann beim Beurteilten leicht dazu führen, daß er seine Beurteilung als absolute und endgültige begreift. Häufig wird die Note als objektive Maßzahl begriffen, obwohl die Notenstufe „zwei" bei verschiedenen Beurteilern jeweils ein anderes Gewicht und somit eine andere Bedeutung haben kann. Nur 20 der erfaßten Organisationen verwenden noch dieses keineswegs problemfreie, an den Schulnoten orientierte Bewertungssystem (vgl. dazu auch Ingenkamp 1971, Schröder 1974, Kleber et al. 1976 oder Schwarzer und Schwarzer 1977).

Bei den relativen Maßstäben verwendet man Begriffe wie durchschnittlich, überdurchschnittlich, unterdurchschnittlich. Um die relativierenden Beurteilungsstufen dem Beurteiler in ihrem Bedeutungsgehalt deutlich zu machen, werden sie meist durch kurze Verhaltensbeschreibungen näher erläutert. Das Merkmal „Sorgfalt und Zuverlässigkeit" wird in einem der vorliegenden Beurteilungssysteme beispielsweise durch folgende Skalendefinitionen beschrieben:

a) Arbeitete sehr sorgfältig. Hielt vereinbarte Termine immer zuverlässig ein. War stets gründlich und verantwortungsbewußt.

b) Arbeitete fast immer sorgfältig und verläßlich und hielt vereinbarte Termine ein. Erkannte gelegentlich auftretende Fehler und korrigierte sie von sich aus sofort. War gründlich und verantwortungsbewußt.

c) Arbeitete im allgemeinen sorgfältig und verläßlich, gründlich und verantwortungsbewußt. Erkannte auftretende Fehler und korrigierte sie meist selbst. Hielt sich im allgemeinen an vereinbarte Termine.

d) Arbeitete etwas flüchtig. Mußte manchmal zu mehr Sorgfalt und Genauigkeit und zur Fehlerkorrektur angehalten werden. War in Terminfragen nicht immer verläßlich.

e) Arbeitete unzuverlässig und ließ Fehler durchgehen. Hielt Termine oft nicht ein.

Der Aufbau der Skalendefinition orientiert sich in der Regel an der Normalverteilung. Dabei geht man von der Annahme aus, daß sich bei einer genügend großen Anzahl von Beobachtungen die Ausprägungen von Leistungs- oder Persönlichkeitsmerkmalen zufällig ausgewählter Personen normal verteilen, sich also zu gleichen Teilen symmetrisch um einen Mittelwert gruppieren. Bei allen 80 Beurteilungssystemen wird in den Anweisungen für die Beurteiler besonderer Nachdruck auf die Beachtung der Normalverteilung gelegt. Die vielfältigen theoretischen und methodischen Implikationen, die in die Normalverteilungsannahme eingehen, können in dieser Stelle nicht diskutiert werden (vgl. dazu allgemein Lienert 1969, speziell auf die Beurteilung bezogen Rak 1971). Obwohl neuerdings die Zweckmäßigkeit der Normalverteilung gerade in bezug auf die Beurteilung aus unterschiedlichen Gründen bestritten wird, so ist zweifellos Rak (1971) zuzustimmen, der die Bedeutung der Normalverteilung in einer Orientierungshilfe sieht, die dem Ziel der Eindämmung der Tendenzen zur Bildung absoluter und damit zur Subjektivität neigender Urteile dient.

Bei den eigenschaftsbezogenen Beurteilungssystemen, die weitgehend unabhängig von den konkreten Aufgaben des Mitarbeiters konstruiert werden, gewinnt die Frage nach der Vollständigkeit der zu erfassenden Merkmale an Gewicht.

Die Vollständigkeit bezieht sich daraf, daß alle berufswichtigen Eigenschaften zu erfassen wären. Darüber gehen die Meinungen jedoch weit auseinander. In den vorliegenden Beurteilungsunterlagen schwankt die Anzahl der erfaßten Merkmale von 4 bis zu 40. Dirks (1973 b), dem es darum geht, ein sehr breit anwendbares allgemeines Beurteilungsverfahren zu finden und dementsprechend Kriterien zu definieren, die bei jeder Berufsgruppe zum Tragen kommen, verwendet 4 Kriterien, nämlich Aktivität, menschliche Wirkung, Denken und Verläßlichkeit, die er einer eingehenden methodischen Analyse unterzieht. Andere Autoren, wie z. B. Nutzhorn (1965) oder Zander (1970) verstehen unter Vollständigkeit, möglichst viele Kriterien zu finden, um so ein möglichst umfassendes Bild vom Mitarbeiter zu erhalten. Eine zu hohe Merkmalszahl überfordert jedoch sehr schnell die Diskriminationsfähigkeit des Beurteilers. Dadurch leidet seine Motivation zur sorgfältigen Durchführung der Beurteilung. Gleichzeitig besteht die Gefahr, daß die nötige Trennschärfe verloren geht, so daß es leicht zu Überschneidungen und Doppelbewertungen kommen kann.

Innerhalb der Beurteilungspraxis scheint sich ein Trend abzuzeichnen, die merkmalsbezogene Beurteilung zugunsten einer aufgabenorientierten Beurteilung aufzugeben, die sich auf den spezifischen Arbeitsplatz des jeweiligen Mitarbeiters bezieht. Immerhin wird bei 20 Organisationen mit Beurteilungssystemen jüngeren Datums die aufgabenorientierte Beurteilung ausschließlich oder zumindest in Ansätzen durchgeführt. Diese Form der Beurteilung setzt sich in den Organisationen nur sehr langsam durch, denn es müssen schwierige, aber nicht unüberwindbare Hindernisse bewältigt werden. Jeder einzelne Arbeitsplatz muß nämlich hinsichtlich seiner Anforderungen an den Stelleninhaber genau analysiert werden. Dieses Problem ist aber besonders bei komplexen Tätigkeiten sehr schwer zu lösen. Voraussetzung für die konkrete Definition der Aufgaben, deren Erfüllung vom Inhaber der Stelle erwartet wird, ist die Arbeitsplatz- beziehungsweise Stellenbeschreibung und die Arbeitsplatzbewertung (vgl. Jenny 1966, Mucchielli 1973, Frieling 1975). Ein wichtiger Bestandteil der Aufgabendefinition ist die Festlegung der Ziele, also des Soll-Zustands, den der Funktionsträger innerhalb einer bestimmten Frist, nämlich innerhalb des Beurteilungszeitraumes zu erfüllen hat. Diese Ziele sollten unter Berücksichtigung der übergeordneten Betriebsziele vom Vorgesetzten und dem Funktionsträger gemeinsam festgelegt werden. Der Maßstab der Beurteilung ergibt sich dann aus dem Grad der Zielerreichung.

Der Prozeß der Zielsetzung läßt sich durch eine Zielpyramide darstellen, wie sie die *Abbildung 4* zeigt. Das Modell wurde in Anlehnung an Tenckhoff (1974) entwickelt.

Zunächst werden von der Organisationsführung für die einzelnen Positionen Aufgaben definiert, die den Entscheidungs- und Handlungsspielraum, der dem Einzelnen zur Verfügung steht, markieren. Diese Abgrenzung entspricht einer langfristigen und generellen Zielsetzung. In Abhängigkeit davon werden dann die spezifischen Einzelziele abgeleitet, die sich auf einen bestimmten Zeitraum beziehen. Die Zielpyramide verbreitert sich nach unten, da an der Realisierung der abgeleiteten Teilziele auf den nachfolgenden Hierarchieebenen eine zunehmende Anzahl von Mitarbeitern beteiligt ist. Der Vorteil für den Mitarbeiter ist darin zu sehen, daß ihm seine Aufgaben und die Ziele seiner Tätigkeit überschaubar und transparent sind. Er kann sein Verhalten danach ausrichten und im Hinarbeiten auf die konkret vorgegebenen Ziele, an deren Festlegung er selbst beteiligt wird, einen dauerhaften Leistungsanreiz finden.

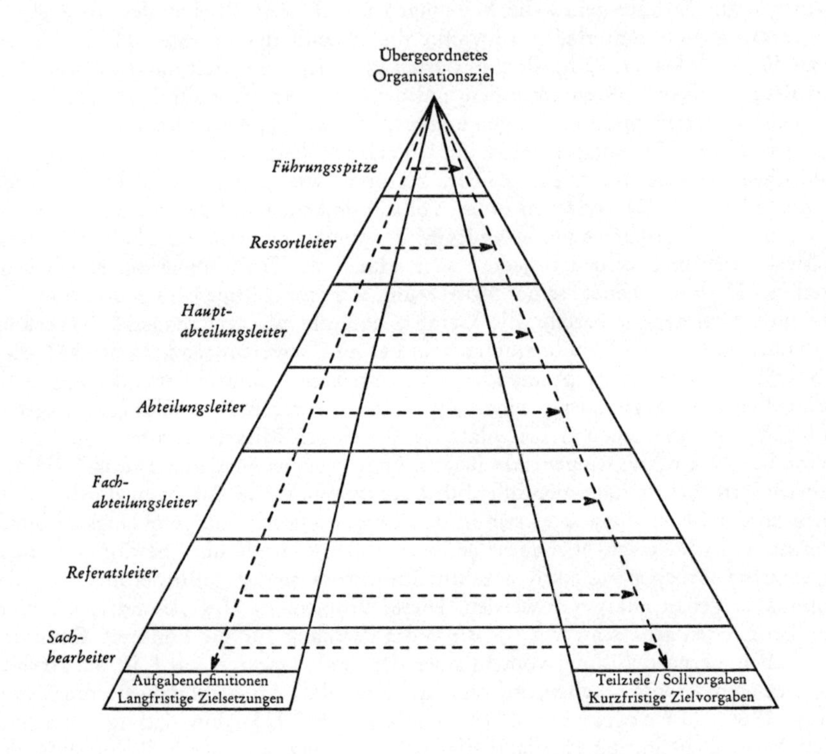

Abbildung 4: Prozeß der Zielfestlegung

Aufgaben- und Zielpyramide (nach Tenckhoff 1974, S. 425)

Um die einzelnen Schritte einer so gearteten Beurteilung zu verdeutlichen, sei die dienstliche Beurteilung eines Funktionsträgers der mittleren Hierarchieebene herausgegriffen und seine Arbeitsziele und seine speziellen Aufgaben in *Abbildung 5* exemplarisch dargestellt.

In der ersten Spalte werden die Arbeitsaufgaben genannt. Die zweite Spalte nennt die Ziele, die erreicht werden sollen. Die dritte Spalte beinhaltet die Beschreibung des Arbeitsergebnisses im Hinblick auf die vorgegebenen Ziele. Die vierte Spalte enthält Angaben über die Bedeutung der betreffenden Aufgabe innerhalb des gesamten Aufgabenbereiches des Beurteilten. In der fünften Spalte findet sich die Bewertung des Grads der Zielerreichung. Die sechste Spalte berücksichtigt besondere Arbeitsumstände, die für das Zustandekommen der Arbeitsleistung von zusätzlicher Bedeutung sind.

1. Aufgabe	2. Ziele (Soll)	3. Ergebnis (Ist)	4. Gewichtung	5. Zielerreichung	6. Arbeitsumstände
Erfüllung des vorgegebenen Umsatzsolls	Neuregelung der Warenanordnung nach werbepsychologischen Gesichtspunkten u. neue Preisauszeichnung bis zum 15. 6. 76	Durch vorteilhaften Umbau und Neuordnung der Waren wurde das Umsatzsoll um 10 % übertroffen. Kunden reagierten positiv auf Neuordnung.	hoch	übertroffen	Beleuchtungskörper wurden zu spät installiert
Kalkulation und Lagerhaltung	Einkaufskontrolle, Vertreterempfang, Verkauf von Restbeständen und Sonderposten, Aktionswoche	Durch Sonderposten u. Aktionswoche konnten alte Lagerbestände verkauft werden. Dadurch war es möglich, neue Produkte aufzunehmen. Die Lieferung der Waren durch die Firmen erfolgte schnell, da guter Kontakt zu den Vertretern hergestellt wurde.	hoch	erfüllt	keine
Schulung der Mitarbeiter	Kontaktaufnahme zu Verkaufsförderern und Arrangement von Schulungskursen über neue Produkte	Verkaufspersonal kann Kunden nur unvollkommen beraten. Kunden bekommen falsche oder keine Aufklärung über neue Produkte. Schulung der Mitarbeiter wurde vernachlässigt.	hoch	nicht erfüllt	keine
Einsatz der Mitarbeiter	Effektiver Einsatz, zweckmäßige Anleitung, gerechte Pauseneinteilung	Reibungsloser Arbeitsaublauf; Verringerung von Fehlzeiten; Mitarbeiter äußern sich positiv.	hoch	erfüllt	Aushilfskräfte wurden zugestanden

Abbildung 5: Beispiel für eine aufgaben- beziehungsweise zielorientierte Beurteilung (Abteilungsleiter einer Verkaufsabteilung)

Diese Beurteilungsform scheint die zur Weckung beziehungsweise Steigerung der Arbeitsmotivation des Mitarbeiters am besten geeignete zu sein. Indem der Mitarbeiter die Ziele oder Sollvorgaben mit seinem Vorgesetzten gemeinsam besprechen und festlegen kann, er also bereits bei der Arbeitsplanung aktiv mitbeteiligt ist, steigt die Wahrscheinlichkeit, daß sich der Mitarbeiter mit diesen Zielen identifiziert. Die Beurteilung orientiert sich an klaren und überprüfbaren Zielen, deren Erreichungsgrad den Qualifikationsmaßstab für den Beurteiler abgibt, so daß dieser einen festen Bezugspunkt für die Abgabe seiner Bewertung hat. Gleichzeitig verringert sich die Gefahr, daß sich irrelevante Beurteilungsmerkmale auf die Einstufung des Mitarbeiters niederschlagen. Die Beurteilung wird durch den Vergleich von Sollvorgabe und Istzustand in direkte Beziehung zu den gestellten Anforderungen gesetzt. Die zusätzliche Berücksichtigung der Arbeitsumstände trägt ebenfalls zur Objektivierung der Beurteilung bei, da diese sich auf die geleistete Arbeit positiv wie negativ auswirken können; denn es muß nicht unbedingt am Mitarbeiter selber liegen, wenn die geleistete Arbeit zu befriedigenden oder unbefriedigenden Ergebnissen führt.

Der Nachteil dieses Verfahrens besteht in dem enormen Arbeitsaufwand, weil Stellenbeschreibungen und Zielsetzungen am Ende eines jeden Beurteilungszeitraumes überprüft und gegebenenfalls neu formuliert werden müssen. Dieser Nachteil ist allerdings nur bei der Neueinführung dieses Beurteilungsmodus besonders gravierend. Entscheidender als dieses recht vordergründige Hindernis ist die Dynamisierung der Beurteilung, indem die jeweiligen Veränderungen, denen die meisten Arbeitsplätze unterliegen, sofort in den Zielsetzungen berücksichtigt werden können. Ein Veralten und die damit verbundene Notwendigkeit zur Neuentwicklung von Beurteilungsverfahren, wie es bei den meisten Organisationen in einem etwa zehnjährigen Turnus üblich ist, ließe sich bei der hier beschriebenen Vorgehensweise mit Sicherheit vermeiden.

2.5 *Die Beurteilerschulung*

Die Brauchbarkeit, Güte und Aussagekraft eines Beurteilungssystems sind zwar notwendige Voraussetzungen für eine objektive Beurteilung. Der Erfolg wird aber letztlich vom Beurteilungsverhalten der Beurteiler abhängig sein. Das Beurteilungsverhalten, die Handhabung des Beurteilungssystems, die Kenntnis seiner Schwächen, die Selbsterfahrung des Beurteilers mit den verschiedenen Verzerrungstendenzen, die in den Beurteilungsprozeß einfließen, sind erlern- und trainierbar und sollten in Schulungsseminaren den Beurteilern vermittelt werden. Ein Beurteilungssystem steht und fällt mit der Qualifikation der Beurteiler. Daher gehört zu einem guten Beurteilungssystem auch eine gut aufgebaute Beurteilerschulung. Die Ernsthaftigkeit, mit der die oben aufgezeigten Zielvorstellungen, nämlich das Beurteilungssystem als Führungsmittel psychologisch sinnvoll einzusetzen, von betrieblicher Seite angestrebt werden, läßt sich an den Bemühungen um eine adäquate Beurteilerschulung abschätzen.

Bei den mit dem Informationsbogen befragten 65 Organisationen wird in 44 Fällen (68 %) eine Beurteilerschulung durchgeführt, in 21 Fällen (32 %) wird darauf verzichtet. Der Prozentsatz von 32 % scheint unverhältnismäßig hoch. Wie oben dargelegt, genügt die Einführung eines formalisierten Beurteilungssystems alleine nicht, wenn für seine einheitliche Anwendung nichts getan wird. Die unkontrollierte Handhabung von Beurteilungssystemen fördert verständlicherweise das Mißtrauen der Mitarbeiter gegenüber allem, was mit dienstlicher Beurteilung zu tun hat. Bei den

44 Organisationen, die eine Beurteilerschulung durchführen, findet sie bei 29 nur ein einziges Mal statt. Der Zeitaufwand dafür liegt zwischen zwei Studen und vier Tagen. Im Durchschnitt werden eineinhalb Tage dafür aufgewendet. Nur in 15 Organisationen findet eine wiederholte Beurteilerschulung statt. Der Zeitaufwand für die Folgeschulungen schwankt zwischen zwei Stunden und drei Tagen bei einem Durchschnittswert von acht Stunden. Diese Feststellungen machen deutlich, mit welcher Zurückhaltung Beurteilerschulung durchgeführt wird. Notwendige Folgen sind ungerechte Beurteilung, Unzufriedenheit über die geringe Aussagekraft von Beurteilungen und andere Mißerfolgserlebnisse auf Seiten der Beurteiler wie der Beurteilten.

Es läßt sich vermuten, daß die Beharrlichkeit, mit der an inzwischen veralteten Beurteilungssystemen festgehalten wird, nicht zuletzt auf die unzureichende Information über neuere Entwicklungstendenzen zurückzuführen ist. Ein weiterer Grund ist sicher auch das weitverbreitete Vorurteil, nach dem die Beurteilung von Mitarbeitern eine besondere Begabung oder angeborene Menschenkenntnis voraussetze, deshalb gar nicht erlernbar sei, und man daher getrost auf eine Beurteilerschulung verzichten könne. Möglicherweise scheut man auch die Kosten und den Zeitaufwand, die mit einer intensiven Schulung verbunden sind, obwohl für andere Weiterbildungsmaßnahmen durchaus beträchtliche Summen aufgewendet und investiert werden. Sicherlich findet die Beurteilerschulung, besonders wenn sie nur einmal stattfindet, kaum einen sofort meßbaren Niederschlag. Langfristig aber führt sie, sachgerecht durchgeführt, zu einer Verbesserung der Effektivität der Beurteilungen.

Bei den 44 Organisationen, die eine Beurteilerschulung durchführen, wendet sich diese an unterschiedliche Mitarbeitergruppen (vgl. *Übersicht 8*).

Übersicht 8: Teilnehmerkreise der Beurteilerschulungen

Teilnehmerkreise	Häufigkeiten
Alle Vorgesetzten	26
Alle Beurteiler	10
Nur Ausbilder	3
Nur Leitende Angestellte	2
Nur junge Führungskräfte	2
Untere Führungskräfte	1

Im Regelfall nimmt der direkte Vorgesetzte die Beurteilung seiner Mitarbeiter vor. Deshalb ist es sinnvoll, daß sich alle Vorgesetzten beziehungsweise alle Beurteiler einer Schulung unterziehen. Diese Einsicht hat sich bei fast allen Organisationen, die überhaupt Schulungsmaßnahmen durchführen, durchgesetzt. Wünschenswerterweise wären aber nicht nur die Beurteiler, sondern auch die Beurteilten selber in die Schulung miteinzubeziehen. Sie sollten über das Beurteilungssystem und über mögliches Beurteilungsverhalten informiert sein, damit sie Sinn und Zweck des Beurteilungsverfahrens erkennen und mit dessen Stärken und Schwächen vertraut gemacht werden. Auf diesem Weg könnte ein Teil des bereits erwähnten Mißtrauens abgebaut und der Absolutheitsanspruch, der dem Beurteilungswesen häufig noch anhaftet, durch sachliche Information relativiert werden. Obwohl ein breites Verständnis für derartige Maßnahmen anzutreffen ist, so bleibt diese Art der Mitarbeiterschulung dennoch vorläufig eher die Ausnahme.

Die Angaben zu der Frage, *wer* in den Organisationen Beurteilerschulung durchführt, sind in *Übersicht 9* zusammengefaßt.

Übersicht 9: Für die Durchführung von Beurteilerschulungsmaßnahmen zuständige Stellen bzw. Personenkreise

Stelle bzw. Personenkreis	Häufigkeit
Personalabteilung (keine Psychologen beteiligt)	22
Betriebspsychologen	13
Abteilung Aus- und Weiterbildung	6
Instruktoren (ohne nähere Angabe)	1
Externe Trainer	1
Methodenabteilung	1

Da die Gesetze der allgemeinen Wahrnehmung und insbesondere der sozialen Wahrnehmung sowie charakterologische und viele andere psychologische Probleme beim Beurteilungsprozeß eine wichtige Rolle spielen (vgl. Schuler 1972), ist psychologisch geschultes Personal am ehesten befähigt, Beurteilerschulungsseminare durchzuführen. Diese Auffassung beginnt sich in der Praxis zumindest als Tendenz durchzusetzen. Diejenigen Organisationen, die keine Schulungskurse durchführen, beschränken die den Beurteilern vermittelte Information auf kurze schriftliche Anweisungen, die in knapper Form das Beurteilungsverfahren vorstellen und sehr pauschal die zweckmäßigste Vorgehensweise meist in Form von „goldenen Regeln" und Rezepten skizzieren.

Aus den dargestellten Ergebnissen läßt sich schlußfolgern, daß die von psychologischer Seite möglichen Beiträge zur Mitarbeiterbeurteilung in einigen Organisationen noch weitgehend unbekannt sind. Als ein bescheidener Beitrag zur Verringerung dieses Informationsrückstands seien an dieser Stelle einige kurze Bemerkungen über die psychologischen Komponenten des Beurteilungsprozesses erlaubt.

Der Beurteilungsprozeß gliedert sich für den Beurteiler in drei Phasen:

1. Beobachten typischer Verhaltensweisen
2. Schriftliche Fixierung der Beobachtungen
3. Schlußfolgern und Bewerten.

Bei der Beobachtung typischer Verhaltensweisen spielen besonders folgende Komponenten der sozialen Wahrnehmung eine Rolle:

a) *Selektive Wahrnehmung:* Menschen neigen im allgemeinen dazu, besonders jene Gegebenheiten ihrer Umwelt wahrzunehmen, die ihren Interessen, Bedürfnissen und Vorurteilen entgegenkommen.
b) *Stereotypisierung:* Menschen neigen im allgemeinen dazu, anderen gewisse Merkmale lediglich auf Grund der Tatsache zuzuschreiben, als diese ganz bestimmten Gruppen zugehören, zum Beispiel Lehrer, Pfarrer, Psychologe, Leitender Angestellter, Chef und dergleichen.
c) *Implizite Persönlichkeitstheorien:* Jeder Mensch bildet sich auf Grund seiner Erfahrungen und seiner individuell geprägten Wahrnehmung eigene Vorstellungen darüber, wie sich menschliche Eigenschaften zueinander verhalten.

Die zweite Phase, die Beschreibung der beobachteten Verhaltensweisen, verfolgt im wesentlichen das Ziel einer möglichst vollständigen schriftlichen Sammlung der beobachteten, für den Mitarbeiter typischen Verhaltensweisen. Der Beurteiler kann sich zum Beurteilungstermin auf diese Aufzeichnungen stützen und ist nicht ausschließlich auf sein mehr oder weniger lückenhaftes Gedächtnis angewiesen. Die erste und zweite Phase erfolgen in ständigem zeitlichen Wechsel, bis die dritte und wichtigste Phase einsetzt, die eigentliche Beurteilung.

Die Trainingsziele der Beurteilerschulung konzentrieren sich besonders auf diesen Vorgang. Hauptziel der Beurteilerschulung muß es sein, die Urteilsgenauigkeit zu verbessern und zu erhöhen. Mit zunehmender Urteilsgüte werden die aus der Beurteilung ableitbaren Prognosen und Entscheidungen sicherer und damit zuverlässiger. Unmittelbare Voraussetzungen für die Erhöhung der Urteilsgüte sind nach Preiser et al. (1973):

1. Erhöhung der Urteilsdifferenziertheit.
Der Beurteiler wird unterwiesen, zwischen den einzelnen Beurteilungsdimensionen zu unterscheiden und diese als unabhängig voneinander wahrzunehmen. So soll er zum Beispiel lernen, zwischen Intelligenz und Persönlichkeit oder zwischen Leistungsgüte und Leistungsmenge genau zu unterscheiden.

2. Verbesserung der Diskriminationsschärfe.
Der Beurteiler wird über die optimale Nutzung der vorgegebenen Skalenpunkte informiert, indem man ihm den Sinn der unterschiedlichen Merkmalsausprägungen ausführlich erläutert.

3. Verringerung von Urteilsfehlern.
Die wichtigsten Beurteilungsfehler auf Seiten des Vorgesetzten hat Wiedemann schon 1958 zutreffend in drei Gruppen unterteilt:

a) Fehler auf Grund charakterologischer Fehlhaltungen
b) Fehler im kognitiven Bereich
c) Fehler im emotionalen Bereich

Zu a):
Eine charakterliche Fehlhaltung liegt nach Wiedemann dann vor, wenn ein Beurteiler gar nicht die Absicht hat, ein richtiges Urteil abzugeben. Hierbei handelt es sich um krasse Fälle, die in der Praxis gar nicht so selten vorkommen. Der Beurteiler gibt hier also wider besseres Wissen ein unrichtiges Urteil ab. Gründe dafür können sein

- *Begünstigungsabsichten,*
- *Vergeltung für Ärger,*
- *Verschleierung eigener Irrtümer und selbstverschuldeter Arbeitsfehler,*
- *dem Tüchtigeren einen Mittelmäßigen vorziehen, um die eigene Position nicht zu gefährden,*
- *„Wegloben“ aus fragwürdigen Hintergründen.*

Zu b):
Diese Fehler entspringen unzureichender Befähigung und/oder mangelnder Motivation über das Verhalten und typische Erlebensweisen anderer nachzudenken. Dazu gehören:

Der Halo-Effekt.

Ein besonders hervortretendes Merkmal überdeckt andere Merkmale. Die Beurteilung anderer Merkmale wird durch dieses besondere Merkmale beeinflußt, zum Beispiel die Überschätzung der Charakterqualitäten eines „Leistungshelden".

Die Tendenzen zur Mitte, zur Milde oder zur Strenge.

Dabei scheut sich der Beurteiler zum einen, Extremurteile abzugeben. Er will sich nicht festlegen. Zum andern möchte er keinem „wehtun" oder aber keinen „ungeschoren" lassen.

Neigung zur Vereinfachung und Verallgemeinerung.

Der Beurteiler kann zur Vereinfachung und Verallgemeinerung neigen, weil es für ihn viel leichter ist, einen Mitarbeiter auf eine Kurzformel zu bringen (z. B. „Niete", „Spitzenkönner" oder ähnliche), als in differenzierter Form Schwächen und Stärken gegeneinander abzuwägen. Weiterhin kann der Beurteiler von besonders auffälligen Einzelbeobachtungen ausgehen, ohne zu bedenken, daß nur solche Beobachtungen Aussagekraft haben, die in verschiedenen Situationen wiederkehren, also für einen Mitarbeiter typisch sind.

Zu c):

Oft wird der Beurteiler durch den *„ersten Eindruck"* beeinflußt, den ein später von ihm zu Beurteilender auf ihn gemacht hat. Der Sicherheitsgrad solcher Eindrucksurteile ist allerdings sehr niedrig, wenn man bedenkt, daß Ersteindrücke unter verstärkter Gefühls- und Affektbeteiligung stattfinden.

Sympathie und *Antipathie* sind bei der Beurteilung von Menschen nicht restlos auszuschalten. Der Zustand absoluter Neutralität gegenüber einem Mitmenschen wäre aber auch keineswegs erstrebenswert, denn dies wäre nichts anderes als Gleichgültigkeit dem anderen gegenüber. Für die Praxis ist entscheidend, daß die einen Urteilsakt begleitenden Gefühle bewußt bleiben. Die aufkommenden Emotionen sollten unter der Kontrolle des Bewußtseins ablaufen.

Manche Vorgesetzte neigen dazu, Beurteilungen vom *eigenen Anspruchsniveau* aus zu messen. Der subjektive Meßfehler liegt dann in der Überschätzung des Anspruchsniveaus des zu Beurteilenden.

Weiterhin kann der Beurteiler aus *abteilungsegoistischen Gründen* seine Mitarbeiter günstiger, fremde dagegen ungünstiger beurteilen.

Häufig trifft man auch die *Neigung zur Projektion* an. Eigene psychische Gegebenheiten des Beurteilers, wie Triebregungen, Wünsche, Affekte usw., werden in die Person des Beurteilten verlegt und ihm dann „angekreidet". Da dieses meist unbewußt geschieht, verbirgt sich hier eine besondere Gefahr.

In diesem Zusammenhang sei darauf hingewiesen, daß 20 der befragten Organisationen eine Reihe von Beurteilungsfehlern durch eine Abstimmung der Beurteilung in sogenannten *„Integrationsrunden"* oder *„Harmonisierungskonferenzen"* auszuschalten versuchen. Diese Konferenzen haben zum Ziel, die Beurteilungsmaßstäbe zu kontrollieren, die einheitliche Form der Beurteilung zu sichern und damit die Vergleichbarkeit der in verschiedenen Abteilungen erarbeiteten Beurteilungen zu gewährleisten. Dazu treffen sich die beurteilenden Vorgesetzten unter dem Vorsitz des nächsthöheren Vorgesetzten. Jeder Vorgesetzte wird mit seinem eigenen und mit dem Beurteilungsverhalten der anderen konfrontiert. Die Beurteilungsentwürfe werden diskutiert. Beim Vorliegen von Verteilungsunregelmäßigkeiten ermittelt das Beurteilungsgremium

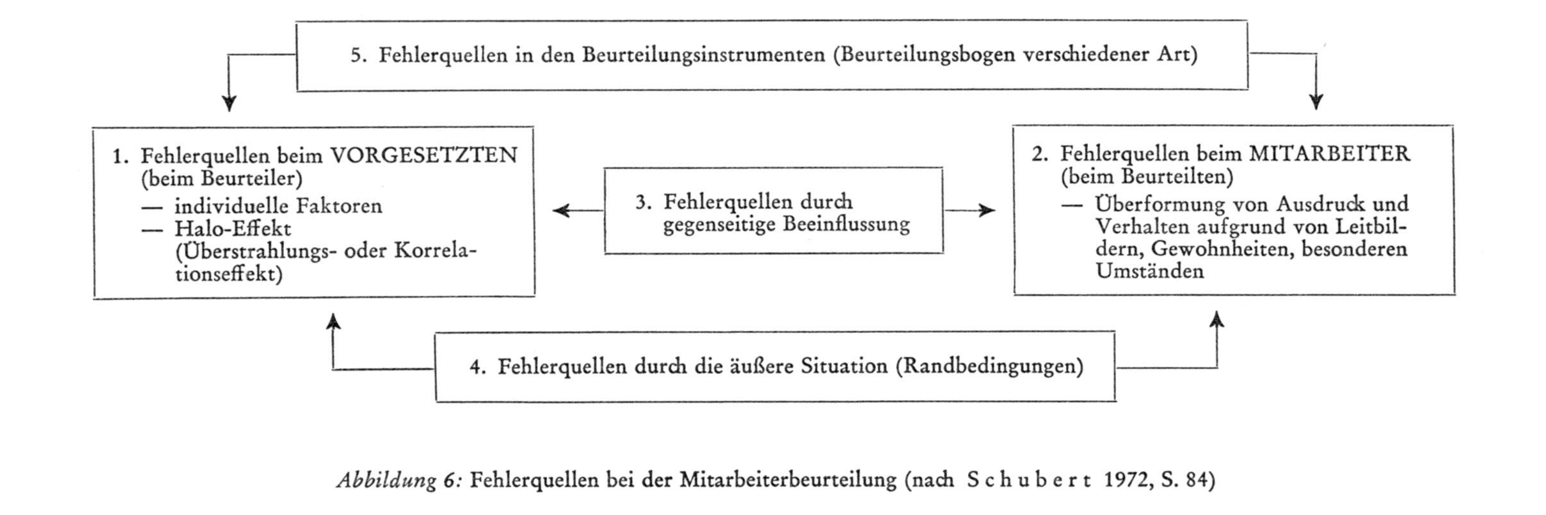

Abbildung 6: Fehlerquellen bei der Mitarbeiterbeurteilung (nach Schubert 1972, S. 84)

die verursachenden Gründe. Danach wird versucht, eine Nivellierung der Beurteilungsergebnisse zwischen den benachbarten Abteilungen herbeizuführen.

Abbildung 6 zeigt abschließend die der Mitarbeiterbeurteilung impliziten Fehlerquellen im Zusammenhang, — ein Schema, das sich als Orientierungshilfe für den inhaltlichen Aufbau einer Beurteilerschulung empfiehlt.

2.6 Das Beurteilungsgespräch

Ist die Beurteilerschulung noch nicht in allen Organisationen üblich, so gehört das an die Beurteilung angeschlossene Gespräch zu den verbrieften Rechten des Mitarbeiters (BetrVerfG von 1972, § 82 (2)) und wird auch in den meisten der 65 befragten Organisationen durchgeführt, wie aus *Übersicht 10* hervorgeht.

Übersicht 10: Durchführung des Beurteilungsgesprächs in den 65 befragten Organisationen

üblicherweise	56
nur auf Wunsch des Beurteilten	6
kein Beurteilungsgespräch	3
insgesamt	N = 65

Die Bezeichnung Beurteilungs-„Gespräch“ trifft allerdings nicht immer zu, da es oft in nichts anderem als in der Eröffnung des Ergebnisses der Beurteilung gegenüber dem Mitarbeiter besteht.

Die Besprechung der Beurteilung mit dem Mitarbeiter wird nur dann zu einem echten Führungsmittel, wenn die Beurteilung nicht nur eröffnet, sondern ihr Zustandekommen mit dem Mitarbeiter sachlich besprochen wird. In dieser Form dient das Gespräch der Kommunikation zwischen Vorgesetztem und Mitarbeiter, und zwar der dialogen Kommunikation und nicht der monologen. Dem Mitarbeiter wird Gelegenheit gegeben, mit seinem Vorgesetzten über Fragen der Arbeit, der Zusammenarbeit, seine künftigen Entwicklungsmöglichkeiten und seine Aufgabenbereiche zu sprechen. Der Mitarbeiter kann die persönlichen, sozialen und sachlichen Bedingungen seiner Arbeitssituation erörtern. Das Beurteilungsgespräch wird deshalb sowohl den Rückblick über die geleistete Arbeit als auch den Zukunftsaspekt beinhalten. Ein so geführtes offenes Beurteilungsgespräch trägt dazu bei, daß der Mitarbeiter seine Beurteilung als motivierend, sachlich und angemessen versteht, und daß ihm das Gefühl des „Ausgeliefertseins“ weitgehend genommen wird. Eine wichtige Voraussetzung ist, daß man den Mitarbeiter entsprechend vorinformiert, damit er sich auf das Beurteilungsgespräch vorbereiten kann.

Die formulierten Zielvorstellungen und die praktische Durchführung des Beurteilungsgesprächs klaffen, wie bereits erwähnt, oft auseinander. Nur 15 der befragten Organisationen teilen dem Mitarbeiter sein Beurteilungsergebnis zunächst schriftlich mit und lassen ihm eine angemessene Frist, sich intensiv auf das Gespräch vorzubereiten. Diejenigen Organisationen, die in dieser Form verfahren, teilen dem Mitarbeiter nicht nur das Beurteilungsergebnis mit, sondern geben auch gleich einen vorstrukturierten Fragebogen zur Gesprächsvorbereitung aus, an dem sich der Mitarbeiter orientieren kann. Ein Beispiel mag diese Verfahrensweise erläutern:

Bei einem der an der Umfrage beteiligten Unternehmen erhält der Mitarbeiter eine Einladung zu einem Beratungs- und Förderungsgespräch. Er wird darauf hingewiesen, daß der Erfolg des Gesprächs wesentlich von seinem eigenen Beitrag abhängt. Anhand folgenden Fragenkatalogs soll sich der Mitarbeiter auf das Beratungsgespräch vorbereiten:

"— Waren Ihnen Ihre Arbeitsziele bekannt?
— Was hat Sie bei Ihrer Arbeit behindert?
— Welche Tätigkeit wäre für Sie geeigneter?
— Welche zukünftigen Arbeitsziele halten Sie für besonders wichtig?
— Was kann für Ihre berufliche Weiterbildung getan werden?
— Welche Erwartungen und Vorstellungen haben Sie hinsichtlich Ihrer Laufbahnentwicklung?
— Bringen Sie alles zur Sprache, was für Sie wichtig ist!"

Aber trotz der Gesprächsvorbereitung ist die direkte Einflußnahme des Beurteilten auf seine Beurteilung de facto eher gering einzuschätzen. Der Beurteilte hat zwar das Recht, Meinungsabweichungen in das Protokoll des Beurteilungsgesprächs aufnehmen zu lassen. Er kann auch bei grundsätzlichen Meinungsverschiedenheiten die nächst höhere Instanz anrufen. Oder er kann über die Personalvertretung etwas zu erreichen suchen. Vermutlich wird der Mitarbeiter von diesen Möglichkeiten in der Regel jedoch nur in extrem gelagerten Notfällen Gebrauch machen, wenn er sich dessen sicher sein kann, daß ihm eine Beschwerde auch keine größeren Nachteile bringt als die für unzutreffend erachtete Beurteilung selbst.

In Zusammenhang mit der Diskussion von Konzepten zu einem am Mitarbeiter orientierten Beurteilungswesen wird in vielen Untersuchungen häufig die Beurteilung „von unten nach oben" gefordert (vgl. neuerdings Strametz und Lometsch 1976). Der Mitarbeiter soll die Möglichkeit erhalten, auch seinen Vorgesetzten zu beurteilen, — ein Tabu, mit dem bisher nur in ganz wenigen Unternehmungen gebrochen ist. Diese Beurteilungsform ist solange nur zum Scheine eine sinnvolle Forderung, als die Beurteilung der Vorgesetzten durch ihre Mitarbeiter nicht ähnliche Konsequenzen nach sich zieht, wie im umgekehrten Fall. Auch läßt sich der Effekt nicht ausschließen, daß Beurteilung gegen Beurteilung nach dem Motto „wie Du mir, so ich Dir" ausgehandelt würde. Der Vorgesetzte könnte leicht, anstatt zum Partner, zum Kumpan des Mitarbeiters werden. Die in diesem Zusammenhang verschiedentlich erhobene Forderung nach gegenseitiger Beurteilung der Mitarbeiter untereinander kann ebensowenig Zustimmung finden. Die Hoffnung auf objektive gegenseitige Beurteilungen von Individuen, die weitgehend in einem Konkurrenzverhältnis zueinander stehen, gehört ins Reich der Illusionen. Die Institutionalisierung der Möglichkeit zur Denunziation kann kein Schritt hin zu einer objektiveren Beurteilung sein.

Wenn man sich das Ziel der mitarbeiterorientierten Beurteilung vor Augen hält, die dem Mitarbeiter mehr Einflußnahme auf seine Beurteilung zugesteht und ihn als echten Arbeits- und Gesprächspartner akzeptiert, kommt es besonders darauf an, den Mitarbeiter an der Beurteilung qualifiziert zu beteiligen. Ein Schritt dahin wäre, jedem Mitarbeiter die Gelegenheit zu geben, sich an Hand des zu seiner Beurteilung vorgesehenen Bogens selbst einzustufen. Der Mitarbeiter kann seine Selbsteinschätzung in das Beurteilungsgespräch einbringen, während der Vorgesetzte seine Sichtweise einbringt. Die sich zwischen Selbst- und Fremdbild ergebenden Abweichungen könnten diskutiert werden. Erst daran sollte sich die endgültige, schriftlich fixierte und von beiden Seiten akzeptierte Beurteilung anschließen. Durch ein solches Vorgehen würde das Beurteilungsgespräch zu einer echten dialogischen Kommunikation.

Dieses Verfahren setzt beim Vorgesetzten die Bereitschaft voraus, dem Mitarbeiter ein gewisses Maß an Selbstbestimmung zuzugestehen.

Man könnte nun einwenden, daß bei dieser Beurteilungsform der Mitarbeiter zu beschönigender Selbstdarstellung aufgerufen sei, oder auch, daß das Beurteilungsgespräch zum reinen Aushandeln und Feilschen um die Wertpunkte ausarte und damit sein eigentliches Ziel als motivierendes Förderungsgespräch einbüße. Diese durchaus berechtigten Einwände gelten aber ebenso für jeden anderen Modus des Beurteilungsgesprächs. Der Beurteilte hegt immer bestimmte Erwartungen an die Bewertung, die der Vorgesetzte vor dem Gespräch bereits so gut wie endgültig festgelegt hat. Der Mitarbeiter kommt gegen den Vorgesetzten umso mehr ins Hintertreffen, wenn er die Einstufungen, die er für sich als angemessen erachtet, nicht konkret am gleichen Bogen wie sein Vorgesetzter zu Papier bringen und begründen kann. Der Gefahr einer Entartung der Beurteilung zum reinen Selbstzweck könnte man durch die Einbeziehung der Mitarbeiter in die Beurteilerschulung entgegenwirken, die dann in *Beurteilungsschulung* umzubenennen wäre. In diesem Fall würden Vorgesetzte und Mitarbeiter wohl eher zu echten Diskussionspartnern. Die aktive Beteiligung des Mitarbeiters ist deshalb so wichtig, weil die Beurteilung eine Maßnahme ist, von der der einzelne mit Auswirkungen bis in seinen privaten Bereich hinein persönlich betroffen wird.

In der psychologischen Diagnostik hat sich die Gegenüberstellung von Fremd- und Selbstbild bei ähnlichen Problemstellungen längst als nützlich erwiesen. Auch innerhalb des Beurteilungsgesprächs könnten mit dieser Methode Konflikte und Probleme eher entdeckt, besprochen und gegebenenfalls ausgeräumt werden, so daß das Beurteilungsgespräch dann auch eine psychohygienische Funktion übernehmen könnte. Diese Beurteilungsform ließe sich zudem relativ einfach und ohne großen Kostenaufwand in jeder Organisationsform einführen, die ein formalisiertes Beurteilungssystem praktiziert.

Erst wenn die dienstliche Beurteilung in diesem Sinne durchgeführt wird, wird sie zu dem, was leider sehr oft nur Lippenbekenntnis ist, nämlich zu einem wichtigen Bestandteil einer integrativen und kooperativen Mitverantwortung des einzelnen Mitarbeiters.

3. Abschließende Thesen

A. Die Konstruktion von Beurteilungsverfahren hängt von mehreren Bezugsgrößen ab: von den Zwecken, die das Beurteilungssystem zu erfüllen hat, von den Entscheidungen, die mit dessen Hilfe getroffen werden sollen und von den Funktionsträgern, über die eine Aussage gemacht werden soll.

B. Neben der Erfassung von merkmalsbezogenen Kriterien müssen die Aufgabenbereiche der spezifischen Bezugsgruppen definiert werden. Vor der Formulierung des Beurteilungssystems steht die Arbeitsanalyse, damit die relevanten Beurteilungsmerkmale aus den jeweiligen Anforderungen abgeleitet werden können.

C. Die in das Beurteilungssystem eingehenden Merkmale müssen vollständig, trennscharf und eindeutig definiert sein.

D. Die Beurteilung sollte sich auf konkret vorgegebene Ziele der jeweiligen Funktionsträger beziehen. Diese ergeben sich aus den übergeordneten Organisationszielen. Die Sollvorgaben sollten mit den erbrachten Istleistungen verglichen werden, wobei der Grad der Zielerfüllung als Qualifikationsmaßstab heranzuziehen ist.

E. Je konkreter und eindeutiger die Aufgaben- und Zieldefinitionen unter maßgeblicher Beteiligung der Mitarbeiter vorgenommen werden, desto problemfreier ist die Beurteilung für Beurteiler und Beurteilte, desto höher ist ihre motivierende Wirkung, und umso leichter kann sich der Mitarbeiter mit seiner Arbeit identifizieren.

F. Der Beurteilte sollte die Möglichkeit erhalten, sich an Hand des bestehenden Beurteilungsverfahrens selbst zu beurteilen. Voraussetzung dafür ist die Intensivierung der Beurteilerschulung und die Einbeziehung der zu Beurteilenden in den Teilnehmerkreis.

G. Das Beurteilungsergebnis soll durch den Vorgesetzten zunächst vorläufig formuliert werden und erst nach dem Beurteilungsgespräch, also nach dem Vergleich von Selbst- und Fremdbild, die endgültige Beurteilung festgelegt werden.

H. Nach der Festlegung des Beurteilungsergebnisses sollte die Arbeitsbeschreibung überprüft werden. Im Anschluß daran wären die neuen Zielvorgaben für den nächsten Beurteilungszeitraum gemeinsam zu erstellen.

4. Zusammenfassung

Ausgehend von einer Umfrage bei 150 Firmen und Behörden der Bundesrepublik Deutschland, Österreich und der Schweiz wurde versucht, die gegenwärtige Beurteilungspraxis unter Berücksichtigung ihres theoretischen Hintergrunds zu analysieren. In diesem Zusammenhang wurde der Begriff der dienstlichen Beurteilung neu überdacht und Probleme der Mitarbeiterbeurteilung unter führungspsychologischen Aspekten dargestellt. Bei der Analyse ausgewählter Probleme, nämlich der Beurteilungsverfahren, der Beurteilerschulung und dem Beurteilungsgespräch, wurden Widersprüche zwischen in den Beurteilungssystemen verbalisierten Ansprüchen und den konkreten Anwendungsgegebenheiten aufgezeigt.

Im folgenden galt es, deutlich zu machen, daß sich die Entwicklung von Beurteilungsverfahren an den jeweiligen Zwecken, an den Entscheidungen, für die sie herangezogen werden sollen und an den Funktionsträgern, für die sie Aussagekraft haben sollen, orientieren muß. Es war festzustellen, daß in der Praxis die merkmalsbezogenen Beurteilungssysteme überwiegen, die sich inzwischen zwar weniger auf Persönlichkeits- als auf Leistungsmerkmale, auf das soziale Verhalten und besonders auf das Führungsverhalten beziehen. Darüberhinaus konnte ein, wenn auch zaghafter Trend hin zu aufgaben- und zielorientierten Beurteilungsverfahren aufgezeigt werden, bei welchen, von detaillierten Aufgaben- und Zieldefinitionen ausgehend, die zu Beurteilenden danach eingestuft werden, inwieweit sie die spezifischen Sollvorgaben innerhalb eines bestimmten Beurteilungszeitraums erfüllt haben. Es wurden Hinweise für mögliche Weiterentwicklungen dieses Ansatzes gegeben. Im weiteren ging es um das Problem der Aussagegültigkeit von Beurteilungen, die neben anderen Faktoren auch von einer adäquaten Beurteilerschulung abhängt. Die Möglichkeit, auch die zu Beurteilenden in diese Schulungen miteinzubeziehen, wurde ausführlich diskutiert und begründet. Ziel der Erörterung psychologischer Probleme des Beurteilungsgesprächs war die Erarbeitung einer Konzeption, nach der dieses durch intensivere Beteiligung des zu Beurteilenden am Beurteilungsgeschehen zu einer echten Kommunikation zwischen Vorgesetztem und Mitarbeiter werden könnte. Abschließend wurden die Ergebnisse in Form von Thesen zur Anregung weiterführender Diskussionen zwischen Theoretikern und Praktikern der dienstlichen Beurteilung zusammengestellt.

Literatur

Ahrens, H.: Varianzanalyse. Berlin: Akademie-Verlag, 1967.

Amelang, M. und Langer, I.: Zur Kritik der Divergenzhypothese der Intelligenz. Archiv für die gesamte Psychologie, 1968, **120,** 203-217.

Amthauer, R.: Intelligenz-Struktur-Test. IST. Göttingen: Hogrefe, 1953, 1955[2].

Amthauer, R.: Intelligenz-Struktur-Test. Göttingen: Hogrefe, 1955, ab 1970[3]: IST 70, 1973[4].

Anastasi, Anne: Fields of Applied Psychology. New York: McGraw-Hill, 1964. Deutsch: Angewandte Psychologie. Weinheim: Beltz, 1973.

Antons, K.: Praxis der Gruppendynamik. Göttingen: Hogrefe, 1973.

Argyle, M.: Social Interaction. London: Methuen, 1969. Deutsch: Soziale Interaktion. Köln: Kiepenheuer & Witsch, 1972.

Argyris, C.: Personality and Organization: The Conflict Between System and the Individual. New York: Harper, 1957.

Argyris, C.: Integrating the Individual and the Organization. New York: Wiley, 1964.

Bales, R. F. and Slater, P. E.: Role Differention in Small Decision-Making Groups. In: Parsons and Bales, 1955, 259-306.

Bandura, A.: Social-Learning Theory of Identificatory Processes. In: Goslin, 1969, 213-262.

Bass, B. M.: Leadership Opinions and Related Characteristics of Salesmen and Sales Managers. In: Stogdill and Coons, 1957, 134-136.

Bass, B. M.: Leadership, Psychology and Organizational Behavior. New York: Harper, 1960.

Bass, B. M.: Organizational Psychology. Boston: Allyn & Bacon, 1968.

Bastine, R.: Untersuchungen zur „Direktiven Einstellung" von Lehrern und Konstruktion eines Fragebogens. Phil. Diss., Hamburg 1969 (a).

Bastine, R.: FDE — Ein Fragebogen zur Erfassung direktiver Einstellungen. Ber. 26. Kongr. DGfPs Tübingen (1968). Göttingen: Hogrefe, 1969 (b).

Bastine, R.: Fragebogen zur direktiven Einstellung (FDE). Göttingen: Hogrefe, 1971.

Bastine, R.: Gruppenführung. In: Graumann, 1972, 1654-1709.

Bastine, R.: Zur Diskussion der Validität des FDE. Zeitschrift für Entwicklungspsychologie und Pädagogische Psychologie, 1973, **5,** 116-123.

Bastine, R., Charlton, M., Grässner, D. und Schwärzel, Wiltrud: Konstruktion eines „Fragebogens zur direktiven Einstellung" von Lehrern (FDE). Zeitschrift für Entwicklungspsychologie und Pädagogische Psychologie, 1969, **1,** 176-189.

Bastine, R., Eckert, J., Schmook, C., Bischoff, Roswita und Charlton, M.: Beiträge zur Konstrukt-Validierung des Fragebogens zur Direktiven Einstellung (FDE). Zeitschrift für Entwicklungspsychologie und Pädagogische Psychologie, 1970, **2,** 47-59.

Bergler, R.: Psychologie stereotyper Systeme. Bern: Huber, 1966.

Bergler, R. und Six, B.: Stereotype und Vorurteile. In: Graumann, 1972, 1371-1432.

Bergmann, U., Lück, H. E. und Nachreiner, F.: Vorstellungen vom idealen Vorgesetzten in zwei Hierarchieebenen eines Industriebetriebs. Gruppendynamik, 1972, **3,** 220-222.

Bernhard, U.: Wie wird der Mitarbeiter beurteilt? Personal, 1975, **27,** 60-62.

Biäsch, H. und Lattmann, Ch.: Die Entwicklung der Führungskräfte der Untersuchung. In: Mayer und Herwig, 1970, 589-612.

Blake, R. B. and Mouton, J. S.: The Managerial Grid. Houston/Texas: Gulf, 1964. Deutsch: Verhaltenspsychologie im Betrieb. Düsseldorf: Econ, 1968, 1969[2].

Blumenfeld, W.: Urteil und Beurteilung. Archiv für die gesamte Psychologie, 3. Ergänzungsband. Leipzig: Akademische Verlagsgesellschaft mbH., 1931.

Böhrs, H., Bramesfeld, E., Euler, H. und Pentzlin, K.: Einführung in das Arbeits- und Zeitstudium. München: Hanser, 1964.

de Bono, E.: Laterales Denken für Führungskräfte. Hamburg Rowohlt, 1972.

Boyd, J. B. and Ellis, J. D.: Findings of Research into Senior Management Seminars. Toronto: Hydro-Electric Power Commission of Ontario, 1962.

Brandstätter, H.: Die Beurteilung von Mitarbeitern. In: Mayer und Herwig, 1970, 668-734.

Brandstätter, J.: Zur empirischen Grundlegung einer Theorie der Beziehungen zwischen „Persönlichkeit" und „Intelligenz": Ergebnisse einer Erkundungsstudie. Psychologische Beiträge, 1972, **14,** 38-60.

Brengelmann, J. C. und Brengelmann, L.: Deutsche Validierung von Fragebogen der Extraversion, neurotischen Tendenz und Rigidität. Zeitschrift für experimentelle und angewandte Psychologie, 1960, **7,** 291-331.

Brickenkamp, R.: Test d2. Aufmerksamkeits-Belastungs-Test. Göttingen: Hogrefe, 1962, 1970[3].

Brickenkamp, R.: Handbuch psychologischer und pädagogischer Tests. Göttingen: Hogrefe, 1975.

Bruggemann, Agnes, Groskurth, P. und Ulich, E.: Arbeitszufriedenheit. Bern: Huber, 1975.

Bruner, J. S. and Postman, L.: Emotional Selectivity in Perception and Reaction. Journal of Personality, 1947, **16,** 69-77.

Bühlmann, R., Fischer, H., Lattmann, Ch. und Ries, H. (Hrsg.): Psychologie in Betrieb, Schule, Berufsberatung und Umwelt. Bern: Huber, 1971.

Burke, W. W.: Leadership Behavior as a Function of the Leader, the Follower and the Situation. Journal of Personality, 1965, **23,** 60-81.

Burt, C.: Experimental Tests of General Intelligence. The British Journal of Psychology, 1909/10, **3,** 94-177.

Capol, M.: Die Qualifikation der Mitarbeiter. Bern: Huber, 1965.

Cartwright, D. and Zander, A.: Group Dynamics. Research and Theory. New York: Harper & Row, 1953, 1968[3].

Cattell, R. B.: New Concepts for Measuring Leadership, in Terms of Groups Syntality. Human Relations, 1951, **4,** 161-184.

Cattell, R. B.: Factor Analysis. New York: Harper, 1952.

Cattell, R. B.: The Scree Test for the Number of Factors. Multivariate Behavioral Research, 1966, **1,** 245-276.

Chapman, Loren J. and Chapman, J. P.: Illusory Correlation as an Obstacle to the Use of Valid Psychodiagnostic Signs. Journal of Abnormal Psychology, 1969, **74,** 271-280.

Cohen, R.: Systematische Tendenzen bei Persönlichkeitsbeurteilungen. Bern: Huber, 1969.

Cooper, G. L.: The Influence of the Trainer on Participant Change in T-Groups. Human Relations, 1969, **22,** 515-530.

Crott, H. W. and Baltes, P. B.: Desirability of Personality Dimensions: Auto- and Heteroperceptions by American and German College Students. The Journal of Social Psychology, 1973, **91,** 15-27.

Däumling, A. M., Fengler, J., Nellessen, L. und Svensson, A.: Angewandte Gruppendynamik. Stuttgart: Klett, 1974.

Davies, D. R. and Shackleton, V. J.: Psychology and Work. London: Methuen, 1975.

Deane, W. N. and Marshall, E. B.: A Validation Study of a Psychodrama Group Experience: A Preliminary Survey. Group Psychotherapy, 1965, **18,** 217-240.

Dirks, H.: Die Personalbeurteilung im Betrieb. Düsseldorf: Rechtsverlag, 1952.

Dirks, H.: Die Personalbeurteilung. In: Mayer und Herwig, 1961, 614-632.

Dirks, H.: Voraussetzungen für eine objektivierte Leistungsbewertung von Angestellten. Psychologie und Praxis, 1972, **16,** 158-167.

Dirks, H.: Fortbildung im Industrieunternehmen. Stuttgart: Verlag für Angewandte Psychologie, 1973 (a).

Dirks, H.: Neue Erkenntnisse über die Personalbeurteilung. Psychologische Rundschau, 1973 (b), **24,** 75-99.

Dowling, J. F. and Graham, J. R.: Illusory Correlation and the MMPI. Journal of Personality Assessment, 1976, **40,** 531-538.

Dreyer, H. und Grabitz, H.: Über den Wert psychologischer Eignungsuntersuchungen bei der Auslese von potentiellen Führungskräften. Psychologische Rundschau, 1971, **12,** 187-196.

Dubin, S., Mezark, P. and Neidig, R.: Improving the Evaluation of Management Development Programs. Training and Development Journal, 1974, **28,** 42-45.

Dunkel, D. und Vogl, W.: Psychologie und Pädagogik für Ausbilder. München: Moderne Industrie, 1976.

Dworatschek, S., Gutsch, R. W., Herzog, D., Lauxmann, F., Moring, K.-E., Öhl, G., Redies, R., Schlecht, P., Schubert, G., Schubert, Ursula und Uhlmann, Regine: Management für alle Führungskräfte in Wirtschaft und Verwaltung. Stuttgart: Deutsche Verlags-Anstalt, 1972.

Fiedler, F. E.: A Theory of Leadership Effectiveness. New York: McGraw Hill, 1967.

Fischer, G. H.: Ein Beitrag zum Speed-Power-Problem. In: Reinert, 1973, 389-404.

Faßbender, S.: Überbetriebliche Weiterbildung von Führungskräften. Essen: Girardet, 1969.

Fayol, H.: Administration industrielle et génèrale. Paris: Dunod et Pinat, 1917 (Neudruck 1966).

Festinger, L.: A Theory of Cognitive Dissonance. Evanston, Ill.: Row, 1957.

Fischer, G. H. und Roppert, J.: Ein Verfahren der Transformationsanalyse faktorenanalytischer Ergebnisse. In: Roppert und Fischer, 1965, 1-15.

Fittkau-Garthe, Heide: Die Dimensionen des Vorgesetztenverhaltens und ihre Bedeutung für die emotionalen Einstellungsreaktionen der unterstellten Mitarbeiter. Phil. Diss., Hamburg, 1970.

Fittkau-Garthe, Heide und Fittkau, B.: Fragebogen zur Vorgesetzten-Verhaltens-Beschreibung (FVVB). Göttingen: Hogrefe, 1971.

Fleishman, E. A.: The Description of Supervisory Behavior. Journal of Applied Psychology, 1953 (a), **37,** 1-6.

Fleishman, E. A.: Leadership Climate, Human Relations Training, and Supervisory Behavior. Personnel Psychology, 1953 (b), **6,** 205-222.

Fleishmann, E. A.: A Leader Behavior Description for Industry. In: Stogdill and Coons, 1957 (a), 103-119.

Fleishman, E. A.: The Leadership Opinion Questionnaire (LOQ). In: Stogdill and Coons, 1957 (b), 120-133.

Fleishman, E. A.: Revised Manual for Leadership Opinion Questionnaire. Chicago: Science Research Associates, 1968.

Fleishman, E. A. and Harris, E. F.: Patterns of Leadership Behavior Related to Employee Grievances and Trunover. Personnel Psychology, 1962, **15,** 43-56.

Fraisse, P. et Piaget, J. (Eds.): Traité de Psychologie expérimentale. Paris Presses Universitaires de France, 1969.

Francis, J. G. F.: The QR-Transformation. Computer Journal, 1961, **62,** 265-271 und 332-345.

Frank, H.: Neue Bildungsmedien und -technologien in der Schul- und Berufsausbildung. Göttingen: Schwartz, 1975.

Franke, J.: Ein systematischer Ansatz zur Mitarbeiterbeurteilung im Betrieb. Forfa Briefe, 1960, **9,** 320-335.

Franke, J. und Frech, H.: Die Mitarbeiterbeurteilung. Wiesbaden: Gabler, 1968, 1976².

Frieling, E.: Psychologische Arbeitsanalyse. Stuttgart: Kohlhammer, 1975.

Fruchter, B.: Introduction to Factor Analysis. New York: Van Nostrand, 1954.

Fürntratt, E.: Zur Bestimmung der Anzahl gemeinsamer Faktoren in Faktorenanalysen. Diagnostica, 1969, **15,** 62-75.

Gaensslen, H. und Mandl, H.: Direktive Einstellung, Extraversion und Dogmatismus — Anmerkungen und weitere Befunde zur Validierung des FDE. Zeitschrift für Entwicklungspsychologie und Pädagogische Psychologie, 1973 (a), **5,** 106-115.

Gaensslen, H. und Mandl, H.: Erwiderung zu Bastines Beitrag: Zur Diskussion der Validität des FDE. Zeitschrift für Entwicklungspsychologie und Pädagogische Psychologie, 1973 (b), **5,** 124-129.

Gebert, D.: Gruppendynamik in der betrieblichen Führungsschulung. Berlin: Dunker & Humblot, 1972.

Gebhardt, F.: Über die Ähnlichkeit von Faktormatrizen. Psychologische Beiträge, 1968, **10,** 591-599.

Gibb, C. A.: Leadership. In: Lindzey, 1954, Vol. II., 877-920.

Gilbreth, F. B.: Motion Study. New York: Van Nostrand, 1911. Deutsch: Bewegungsstudien. Berlin: Springer, 1921.

Gilbreth, F. B.: Primer of Scientific Management. London: Constable and Co. Ltd., 1912, 1914[2]. New York: Van Nostrand, 1912. Deutsch: Das ABC der wissenschaftlichen Betriebsführung. Berlin: Springer, 1917, 1925[4].

Goslin, D. A. (Ed.): Handbook of Socialization. Theory and Research. Chicago: Rand McNally, 1969.

Graumann, C. F. (Hrsg.): Sozialpsychologie. Handbuch der Psychologie, Band 7. 2. Halbband. Göttingen: Hogrefe, 1972.

Graybill, F. A.: Introduction to Matrices with Applications in Statistics. Belmont, Cal.: Wadsworth, 1969.

Grebing, Helga: Geschichte der deutschen Arbeiterbewegung. München: Deutscher Taschenbuch Verlag, 1970, 1976[7].

Greif, S.: Gruppenintelligenztests. Untersuchungen am WIT, IST, LPS und AIT. Europäische Hochschulschriften, Reihe VI, Band 8. Bern: Lang, 1972.

Groffmann, K. J. und Schneevoigt, I.: Vorläufige Ergebnisse einer Vergleichsuntersuchung an Studenten mit dem Leistungsprüfsystem (LPS) von Horn und dem Intelligenzstrukturtest (IST) von Amthauer. Schweizerische Zeitschrift für Psychologie und ihre Anwendungen, 1964, **23,** 243-252.

Groffmann, K. J. und Wewetzer, K.-H.: Person als Prozeß. Bern: Huber, 1968.

Grunow, D.: Ausbildung und Sozialisation im Rahmen organisationstheoretischer Personalplanung. Stuttgart: Enke, 1972.

Grunow, D.: Personalbeurteilung. Stuttgart: Enke, 1976.

Guilford, J. P.: Fundamental Statistics in Psychology and Education. New York: McGraw-Hill, 1942, 1965[4].

Hackmann, J. R. and Lawler, E. E.: Employee Reactions to Job Characteristics. Journal of Applied Psychology, 1971, **55,** 259-286.

Haller Gilmer, B. von (Hrsg.): Handbuch der modernen Betriebspsychologie. München: Moderne Industrie, 1969.

Halpin, A. W.: The Leader Behavior and Effectiveness of Aircraft Commanders. In: Stogdill and Coons, 1957, 52-64.

Halpin, A. W.: The Observed Leader Behavior and Ideal Leader Behavior of Aircraft Commanders and School Superintendents. In: Stogdill and Coons, 1957, 65-68.

Halpin, A. W. and Winer, B. J.: A Factorial Study of the Leader Behavior Descriptions. In: Stogdill and Coons, 1957, 39-51.

Harman, H. H.: Modern Factor Analysis. Chicago: The University of Chicago Press, 1960, 1967[2].

Hartmann, H.: Psychologische Diagnostik. Stuttgart: Kohlhammer, 1970, 1973[2].

Harvey, M. A. and Sipprelle, C. N.: Demand Characteristic Effects on the Subtle and Obvious Substacles of the MMPI. Journal of Personality Assessment, 1976, **40,** 539-544.

Hasemann, K.: Verhaltensbeobachtung. In: Heiß, 1964, 807-836.

Heiß, R. (Hrsg.): Psychologische Diagnostik. Handbuch der Psychologie, Band 6. Göttingen: Hogrefe, 1964, 1971[3].

Hemphill, J. K.: Leader Behavior Description. Columbus (Ohio): Personnel Research Board, Ohio State University, 1950.

Hemphill, J. K.: Group Dimensious: A Manual for their Measurement. Columbus: The Ohio State University, Bureau of Business Research, Research Monograph No. 87, 1956.
Hemphill, J. K. and Coons, A. E.: Development of the Leader Behavior Description Questionnaire. In: Stogdill and Coons, 1957, 6-38.
Hemphill, J. K., Coons, A. E. and Personnel Research Board, Ohio State University: Ideal Leader Behavior Description Questionnaire. Ohio State University: University Publication Sales, 1957.
Hemphill, J. K., Seigel, Ann and Westle, C. W.: An Exploratory Study of Relations Between Perceptions of Leader Behavior, Group Characteristics, and Expectations Concerning the Behavior of Ideal Leaders. Columbus: Ohio State University, Personnel Research Board, Unpublished Report, 1951. Zit. in: Stogdill, 1974, 129.
Henkel, E.: Das Leitbild des Vorgesetzten in der modernen Verwaltung. Psychologie und Praxis, 1964, **8,** 3-14.
Herwig, B.: Zur Systematik der Betriebspsychologie. In: Mayer und Herwig, 1970, 56-65.
Herzberg, F.: Work and the Nature of Man. Cleveland: World Publishing Co., 1966, 1971[4].
Herzberg, F., Mausner, B. and Snyderman, Barbara B.: The Motivation to Work. New York: Wiley, 1957, 1959[2].
Hiltmann, Hildegard: Kompendium der psychodiagnostischen Tests. Bern: Huber, 1960, 1977[3].
Hilton, T. L.: Führung in der Industrie und Ausbildung von Führungskräften. In: Haller Gilmer, 1969, 154-182.
Hodapp, V. und Meßner, K.: PRINAX. Principal Axis Faktorenanalyse. Rechenzentrum der Universität Freiburg i. B., 1969.
Höhn, R.: Führungsbrevier der Wirtschaft. Bad Harzburg: Verlag für Wissenschaft, Wirtschaft und Technik, 1966, 1974[8].
Hoeth, F. und Gregor, Hannelore: Guter Eindruck und Persönlichkeitsfragebogen. Psychologische Forschung, 1964, **28,** 64-88.
Hofstätter, P. R.: Einführung in die Sozialpsychologie. Stuttgart: Kröner, 1954, 1973[5].
Hofstätter, P. R.: Gruppendynamik. Kritik der Massenpsychologie. Hamburg: Rowohlt, 1957, 1971[2].
Hollander, E. P.: Leaders, Groups, and Influence. New York: Oxford University Press, 1964.
Homans, G. C.: The Human Group. New York: Harcourt, Brace & Co, 1950. Deutsch: Theorie der sozialen Gruppe. Köln: Westdeutscher Verlag, 1960, 1969[4].
Horn, W.: Leistungsprüfsystem. LPS. Göttingen: Hogrefe, 1962.
Horst, P.: Messung und Vorhersage. Weinheim: Beltz, 1971.
Hoyos, C. Graf: Arbeitspsychologie. Stuttgart: Kohlhammer, 1974.
Humble, J. W.: Management by Objectives in Action. New York: McGraw-Hill, 1970.
Humble, J. W.: MBO-Fibel. Grundsätze des Management by Objectives. Frankfurt: Herder & Herder, 1973.
Huth, A.: Handbuch der psychologischen Eignungsuntersuchungen. Speyer: Pilger, 1953.

Ingenkamp, K. (Hrsg.): Die Fragwürdigkeit der Zensurengebung. Weinheim: Beltz, 1971.
Irle, M.: Führungsverhalten in organisierten Gruppen. In: Mayer und Herwig, 1970, 521-551.
Issing, L. J. und Knigge-Illner, Helga (Hrsg.): Unterrichtstechnologie und Mediendidaktik. Weinheim: Beltz, 1976.

Jäger, A. O.: Zum prognostischen Wert psychologischer Eignungsuntersuchungen. Psychologische Rundschau, 1960, **11,** 160-178.
Jäger, A. O.: Prognose und Bewährung in der Eignungsdiagnostik. Psychologische Rundschau, 1966, **17,** 185-208.
Jäger, A. O.: Dimensionen der Intelligenz. Göttingen: Hogrefe, 1967.
Jäger, A. O.: Personalauslese. In: Mayer und Herwig, 1970, 613-667.
Jenkins, Th. N.: The Accident-Prone Personality. Personnel, 1956, **33,** 29-32.
Jenkins, Th. N.: Identifying the Accident-Prone Employee. Personnel, 1961, **38,** No. 4.

Jenny, H.-P.: Die Stellenbeschreibung als Hilfsmittel zur Fixierung der Organisation. St. Gallen, Wirtschafts- und Sozialwiss. Fak., Diss. 1966.
Justen, R.: Mitarbeiterbeurteilung. Stuttgart: Deutsche Verlags-Anstalt, 1971.

Kaminsky, G. und Schmidtke, H.: Arbeitsablauf- und Bewegungsstudien. Grundlagen des Arbeits- und Zeitstudiums, Bd. 5. München: Hanser, 1960.
Kaiser, H. F.: The Varimax Criterion for Analytic Rotation in Factor Analysis. Psychometrica, 1958, **23,** 187-200.
Kettel, K, J. und Simmat, W.: Beitrag zu einem psychologischen Berufsprofil für Fernmeldehandwerker. Psychologie und Praxis, 1969, **13,** 163-174.
Kleber, E. W., Meister, H., Schwarzer, Christine und Schwarzer, R.: Beurteilung und Beurteilungsprobleme. Weinheim: Beltz, 1976.
Klippstein, E. und Steller, M.: Beziehungen zwischen dem Berufseignungstest (BET) und dem Intelligenz-Struktur-Test (IST). Psychologie und Praxis, 1970, **14,** 103-111.
Korff, E.: Menschen beurteilen und Menschen führen. Heidelberg: Recht und Wirtschaft, 1960.
Kraepelin, E.: Die Arbeitscurve. Wundts philosophische Studien, Bd. 19. Leipzig: Engelmann, 1902.
Krech, D. and Crutchfield, R. S.: Elements of Psychology. New York: Knopf, 1958. Deutsch: Grundlagen der Psychologie. Weinheim: Beltz, 1. Band 1968, 1976[7]; 2. Band 1971, 1973[3].
Kristof, W.: Die beste orthogonale Transformation zur gegenseitigen Überführung zweier Faktorenmatrizen. Diagnostica, 1964, **10,** 87-90.
Kruppa, M.: Systeme betrieblicher Ausbildung des Führungsnachwuchses. Berlin: Dunker & Humblot, 1970.
Kury, H.: Vergleichsuntersuchung an Psychologiestudierenden mit dem Intelligenzstrukturtest (IST) von Amthauer und dem Leistungsprüfsystem (LPS) von Horn. Psychologie und Praxis 1973, **16,** 57-67.

Lambert, R.: Psychologie Sociale. In: Fraisse et Piaget, 1969.
Langfeldt, H.-P.: Ein Beitrag zur Faktorenstruktur des Leistungsprüfsystems (LPS). Diagnostica, 1975, **21,** 123-130.
Lattmann, Ch.: Die Ausbildung des Mitarbeiters als Aufgabe der Unternehmung. Bern: Haupt, 1974.
Lattmann, Ch.: Leistungsbeurteilung als Führungsmittel. Bern: Haupt, 1975.
Lauer, A. R.: Comparisions of Group Paper-and-Pencil Tests with Certain Psychophysical Tests for Measuring Driving Aptitude of Army Personnel. Journal of Applied Psychology, 1955, **39,** 318-321.
Leavitt, H. J.: Some Effects of Certain Communication Patterns on Group Performance. Journal of Abnormal Social Psychology, 1951, **46,** 38-50.
Lennerlöf, L.: Supervision: Situation, Individual, Behavior, Effect. PA-Council Report No. 57. Stockholm: The Swedish Council for Personnel Administration, 1968.
Lewin, K., Lippitt, R. A. and White, R. K.: Patterns of Aggressive Behavior in Experimentally Created „Social Climates". The Journal of Social Psychology, 1939, **10,** 271-299.
Lichtheim, G.: Kurze Geschichte des Sozialismus. Köln: Kiepenheuer & Witsch, 1972.
Liebel, H. und Poppe, Luise: Einführung in die Sozialpsychologie. Tonbildschau. In Vorbereitung.
Liebhart, E.: Besprechung von: Heide Fittkau-Garthe und Berndt Fittkau: Fragebogen zur Vorgesetzten-Verhaltens-Beschreibung (FVVB). Diagnostica, 1972, **18,** 87 f.
Lienert, G. A.: Belastung und Regression. Meisenheim am Glan: Hain, 1964.
Lienert, G. A.: Testaufbau und Testanalyse. Weinheim: Beltz, 1961, 1969[3].
Likert, R.: New Patterns of Management. New York: McGraw-Hill, 1961.
Likert, R.: The Human Organization. New York: McGraw-Hill, 1967.
Limmer, H.: Die deutsche Gewerkschaftsbewegung. München: Olzog, 1966, 1976[7].
Lindzey, G. (Ed.): Handbook of Social Psychology. 2 Volumes. Reading, Mass.: Addison-Wesley, 1954.

Linnert, P., Müller-Seydlitz, Ute und Neske, F. (Hrsg.): Lexikon Angloamerikanischer und Deutscher Management-Begriffe. Gernsbach: Deutscher Betriebswirte-Verlag, 1972.
Lück, H. E.: Besprechung von: Nachreiner, F. 1974 (s. dort). Gruppendynamik, 1975, **6,** 75.
Lück, H. E.: Einige Determinanten und Dimensionen des Führungsverhaltens. Gruppendynamik, 1970, **1,** 63-69.
Lück, H. E.: Buchbesprechung von Blake und Mouton, 1968. Gruppendynamik, 1972, **3,** 241.
Lukasczyk, K.: Zur Theorie der Führer-Rolle. Psychologische Rundschau, 1960, **11,** 179-188.

McGregor, D.: The Human Side of Enterprise. New York: McGraw-Hill, 1960. Deutsch: Der Mensch im Unternehmen. Düsseldorf: Econ, 1970, 1973[3].
McGregor, D.: The Professional Manager. New York: McGraw-Hill, 1967.
Maher, B. A.: Progress in Experimental Personality Research. Vol. 1. New York: Academic, 1964.
Maisonneuve, J.: Gruppendynamik. Stuttgart: Deutsche Verlags-Anstalt GmbH, 1974. Orig.: La dynamique des groupes. Paris: Presses Universitaires de France, 1968, 1973[4].
Mann, R. D.: A Review of the Relationships Between Personality and Performance in Small Groups. Psychological Bulletin, 1959, **56,** 241-270.
Marschner, G.: Betriebspsychologische Erfahrungen mit dem IST-Amthauer bei Auswahluntersuchungen. Psychologie und Praxis, 1966, **10,** 145-153.
Maslow, A. H.: A Theory of Human Motivation. Psychological Review, 1943, **50,** 370-396.
Maslow, A. H. (Ed.): New Knowledge in Human Values. New York: Harper, 1960.
Mayer, A. und Herwig, B. (Hrsg.): Betriebspsychologie. Handbuch der Psychologie, Band 9. Göttingen: Hogrefe, 1961, 1970[2].
Mayo, E.: The Human Problems of an Industrial Civilization. New York: Macmillan, 1933. Deutsch: Probleme industrieller Arbeitsbedingungen. Frankfurt: Verlag der Frankfurter Hefte, 1950.
Mead, Margaret: Sex and Temperament. New York: Morrow, 1935. Deutsch: Jugend und Sexualität in primitiven Gesellschaften. 3 Bände. München: Deutscher Taschenbuch Verlag, 1970, 1974[3].
Meili, R.: Durchstreichetest ohne Modell. Bern: Huber, 1956.
Miles, M. B.: Research Notes From Here and There Human Relations Training: Processes and Outcomes. Journal of Counseling Psychology, 1960, **7,** 301-306.
Miller, R.: Verhaltensbeschreibungen von Vorgesetzten. Gruppendynamik, 1972, **3,** 238-241.
Mills, Carolyn M. H.: An Action-Plan Model for Management Training. Assessment of Trainee Characteristics and Changes. Ann Arbor, Michigan: Xerox University Microfilms, 1976.
Mischel, W.: Personality and Assessment. New York: Wiley, 1968.
Moede, W.: Die Experimentalpsychologie im Dienste des Wirtschaftslebens. Berlin: Springer 1919.
Moede, W.: Lehrbuch der Psychotechnik. Berlin: Springer, 1930.
Moede, W.: Psychologie des Berufs- und Wirtschaftslebens. Berlin: de Gruyter, 1958.
Morin, P.: Einführung in die angewandte Organisationspsychologie. Stuttgart: Klett, 1974. Orig.: Le développement des organisations. Management et sciences humaines. Paris: Dunod, 1971.
Mucchielli, R.: Der Arbeitsplatz, seine Untersuchung und Organisation. Salzburg: Müller, 1973.
Münsterberg, H.: Psychologie und Wirtschaftsleben. Leipzig: Barth, 1912, 1922[5].
Münsterberg, H.: Grundzüge der Psychotechnik. Leipzig: Barth, 1914, 1928[3].

Nachreiner, F.: Zur Frage der Validität von Fragebogen zur Beschreibung des Vorgesetztenverhaltens. Diss. rer. nat., Köln, 1974.
Nagel, K.: Die innerbetriebliche Ausbildung von Führungskräften in Großunternehmungen. Berlin: Dunker & Humblot, 1969.
Nesselroade, J. R. and Baltes, P. B.: On a Dilemma of Comparative Factor Analysis: A Study

of Factor Matching Based on Random Data. Educational and Psychological Measurement, 1970, **30**, 935-948.

Neubauer, W. F.: Studie zur Messung der individuellen Einstellung gegenüber dem Vorgesetzten in der Industrie. Psychologische Rundschau, 1971, **22**, 1-16.

Neubauer, W. F.: Sozialpsychologie junger Angestellter. Wien: Springer, 1972.

Neuberger, O.: Experimentelle Untersuchungen von Führungsstilen. Gruppendynamik, 1972, **3**, 192-219.

Neuberger, O.: Theorien der Arbeitszufriedenheit. Stuttgart: Kohlhammer, 1974 (a).

Neuberger, O.: Messung der Arbeitszufriedenheit. Stuttgart: Kohlhammer, 1974 (b).

Neuberger, O.: Führungsverhalten und Führungserfolg. Berlin: Dunker & Humblot, 1976.

Neuberger, O.: Organisation und Führung. Stuttgart: Kohlhammer, 1977.

Noppeney, M.: IST-Werte bei Glasarbeitern. Psychologie und Praxis, 1968, **12**, 38-39.

Nutzhorn, H.: Leitfaden der Arbeitsanalyse. Bad Harzburg: Verlag für Wissenschaft, Wirtschaft und Technik; Frankfurt (M.): Goedel, 1964.

Nutzhorn, H.: Leitfaden der Personalbeurteilung. RKW. Berlin: Beuth, 1965.

Ostertag, H.-P. und Spiering, T.: Unterrichtsmedien. Technologie und Didaktik. Ravensburg: Otto Maier, 1975.

Otto, B.: Gewerkschaftsbewegung in Deutschland. Köln: Bund-Verlag, 1975.

Pack, L.: Ausbildung und Weiterbildung von Führungskräften an amerikanischen und deutschen Universitäten. Wiesbaden: Gabler, 1969.

Parsons, T. and Bales, R. F.: Family, Socialization and Interaction Process. New York: The Free Press, 1955.

Paul, W. J., Robertson, K. B. and Herzberg, F.: Job Enrichment Pays Off. Havard Business Review, 1969, **47**, 61-78.

Pawlik, K.: Dimensionen des Verhaltens. Bern: Huber, 1968, 1976[3].

Pornschlegel, H., Birkwald, R. und Wiesner, H.: Menschliche Leistung und Arbeitsergebnis. Köln: Bund-Verlag, 1965, 1967[2].

Potuschak, H.: Vergleich der Faktorwerte zweier Tests. Diplomarbeit, Institut für Sozial- und Wirtschaftsstatistik der Universität Linz (Österr.), 1972 (unveröffentlicht).

Pradel, E.: Möglichkeiten der Beurteilung von Auszubildenden. Personal, 1975, **27**, 194-195.

Preiser, S., Gasch, B. und Kugemann, W. F.: Training von Führungskräften in Personalbeurteilung. Psychologie und Praxis, 1973, **17**, 1-15.

Rak, D.: Einige Grundprobleme des betrieblichen Beurteilungswesens. Psychologische Beiträge, 1971, **13**, 89-115.

Rambo, W. W.: The Construction and Analysis of a Leadership Behavior Rating Form. Journal of Applied Psychology, 1958, **42**, 409-415.

REFA e.V.: Methodenlehre des Arbeitsstudiums. 4 Bände. München: Hanser, 1971/1972.

Reinert, G.: Bericht über den 27. Kongreß der Deutschen Gesellschaft für Psychologie in Kiel 1970. Göttingen: Hogrefe, 1973.

Rickers, G.: Eine Methode zur Erfassung des Vorgesetztenverhaltens. Wehrpsychologische Untersuchungen, 1975, **10**, 85-93.

Roethlisberger, F. J. and Dickson, W. J.: Management and the Worker. Cambridge, Mass.: Havard University Press, 1939, 1966.

Roppert, J. und Fischer, G. (Hrsg.): Lineare Strukturen in Mathematik und Statistik. Wien: Physica-Verlag, 1965.

Rosemann, B.: Vorgesetzte und Mitarbeiter. Rollenerwartungen und interpersonales Verhalten. Diss. phil., Mainz, 1972.

Rosemann, B.: Führungsverhalten und Rollenerwartungen in formellen Gruppen. Psychologie und Praxis, 1973, **17**, 145-161.

Rosenstiel. L. v.: Motivation im Betrieb. München: Goldmann, 1972.

Rosenstiel, L. v., Molt, W. und Rüttinger, B.: Organisationspsychologie. Stuttgart: Kohlhammer, 1972.

Rosenthal, R.: The Effect of the Experimenter on the Results of Psychological Research. In: Maher, 1964, 79-114.
Rosner, L.: Führungspsychologie. München: Moderne Industrie, 1970, 1971².
Ruch, F. L. und Zimbardo, P. G.: Lehrbuch der Psychologie. Berlin: Springer, 1974.
Rüssel, A.: Arbeitspsychologie. Bern: Huber, 1961.

Sarges, W.: Führungsstil und Arbeitsleistung. Psychologie und Praxis, 1976, **20**, 110-120.
Schachter, S.: The Psychology of Affiliation. Stanford: Stanford University Press, 1959.
Scheitlin, V.: Ausbildungstechnik in der modernen Unternehmung. Stuttgart: Taylorix, 1970.
Schönfeld, H.-M.: Die Führungsausbildung im betrieblichen Funktionsgefüge. Wiesbaden: Gabler, 1967.
Schröder, H.: Leistungsmessung und Schülerbeurteilung. Stuttgart: Klett, 1974.
Schubert, G. und Schubert, Ursula: Führungspraxis. Erfolg, Kritik, Autorität. Ein Lehrprogramm. Stuttgart: Deutsche Verlags-Anstalt, 1969.
Schubert, Ursula: Mitarbeiterbeurteilung. In: Dworatschek et al., 1972, 78-93.
Schuler, H.: Das Bild vom Mitarbeiter. München: Goldmann, 1972.
Schuster, D.: Die deutschen Gewerkschaften seit 1945. Stuttgart: Kohlhammer, 1973, 1974².
Schwarzer, Christine und Schwarzer, R.: Praxis der Schülerbeurteilung. München: Kösel, 1977.
Seeman, M.: A Comparison of General and Specifical Leader Behavior Descriptions. In: Stogdill and Coons, 1957, 86-102.
Seifert, K. H.: Vorlesung „Sozialpsychologie des Betriebs", Heidelberg 1968, zit. nach Rosemann, 1972, 5.
Simon, H. A.: Administrative Behavior. New York: Macmillan, 1949, 1962². Deutsch: Das Verwaltungshandeln. Stuttgart: Kohlhammer, 1955.
Sixtl, F.: Ein Verfahren zur Rotation von Faktorenladungen nach einem vorgegebenen Kriterium. Archiv für die gesamte Psychologie, 1964, **116**, 92-97.
Smith, P. B.: Groups within Organizations. Applications of Social Psychology to Organizational Behavior. London: Harper & Row, 1973. Deutsch: Kleingruppen in Organisationen. Stuttgart: Klett, 1976.
Sodeur, W.: Wirkungen des Führungsverhaltens in kleinen Formalgruppen. Meisenheim am Glan: Hain, 1972.
Solomon, R. J.: The Importance of Manager-Subordinate Perceptual Differences to the Study of Leadership. Ann Arbor, Michigan: Xerox University Microfilms, 1976.
Spearman, C.: „General Intelligence", Objectively Determined and Measured. The American Journal of Psychology, 1904, **15**, 202-292.
Stange, K.: Angewandte Statistik, II. Berlin: Springer, 1971.
Stern, W.: Beiträge zur Psychologie der Aussage. Erste Folge. Leipzig: Barth, 1903-1904.
Stern, W.: Angewandte Psychologie. In: Stern, 1903-1904, 4-45.
Stogdill, R. M.: Personal Factors Associated with Leadership: A Survey of the Literature. The Journal of Psychology, 1948, **25**, 35-71.
Stogdill, R. M.: Handbook of Leadership; a Survey of Theory and Research. New York: Collier Macmillan Publishers, 1974.
Stogdill, R. M. and Coons, A. E. (Eds.): Leader Behavior: Its Description and Measurement. Research Monograph No. 88., Columbus, Ohio; Bureau of Business Research, The Ohio State University, 1957.
Stogdill, R. M. and Coudy, H. P.: Preferences of Vocational Students for Different Styles of Supervisory Behavior. Personnel Psychology, 1970, **23**, 309-312.
Strametz, D. und Lometsch, A.: Leistungsbeurteilung in der Deutschen Wirtschaft. Frankfurt: Aspekte Verlag, 1976.

Taylor, F. W.: Shop Management. New York: Harper, 1903, 1911. Deutsch: Die Betriebsleitung, insbesondere der Werkstätten. Berlin: Springer, 1909.
Taylor, F. W.: The Principles of Scientific Management. New York: Harper, 1911. Deutsch: Die Grundsätze wissenschaftlicher Betriebsführung. München: Oldenbourg, 1913; Weinheim: Beltz, 1977.

Tenckhoff, Ph.: Führung mit Zielsetzung und analytischer Leistungsbeurteilung. Zeitschrift für Organisation, 1974, **43**, 423-432.

Tent, L.: Die Auslese von Schülern für weiterführende Schulen. Göttingen: Hogrefe, 1969.

Teschner, W. P.: Unterrichtstechnologie und Didaktik. Hannover: Jänecke, 1973.

Thibaut, J. W. und Kelley, H. H.: The Social Psychology of Groups. New York: Wiley, 1959, 1967.

Thorndike, E. L.: A Constant Error in Psychological Ratings. Journal of Applied Psychology, 1920, **4**, 25-29.

Thurstone, L. L.: Multiple Factor Analysis. Psychological Review, 1931, **38**, 406-427.

Thurstone, L. L.: Primary Mental Abilities. (= Psychometric Monographs, **1**, 1938). Chicago: The University of Chicago Press, 1938, 1957².

Thurstone, L. L.: Multiple-Factor Analysis. Chicago: The University of Chicago Press, 1947.

Timaeus, E. und Lück, H. E.: Stereotype Erwartungen bei der Wahrnehmung von Führungskräften in der Wirtschaft. Psychologische Rundschau, 1970, **21**, 39-43.

Traxler, R.: Arbeitsumschreibung und Leistungsbewertung als methodisches Mittel für die Führung von Angestellten. Wirtschafts- und Sozialwiss. Fak., Diss., St. Gallen, 1974.

Triandis, H. C.: Einstellungen und Einstellungsänderungen. Weinheim: Beltz, 1975. Orig.: Attitude and Attitude Change. New York: Wiley, 1971.

Tscheulin, D. und Rausche, A.: Beschreibung und Messung des Führungsverhaltens in der Industrie mit der deutschen Version des Ohio-Fragebogens. Psychologie und Praxis, 1970, **14**, 49-64.

Tucker, L. R.: An Inter-Battery Method of Factor Analysis. Psychometrica, 1958, **23**, 111-136.

Überla, K.: Faktorenanalyse. Berlin: Springer, 1968, 1971².

Ulrich, H.: Überlegungen zur Entwicklung der Kaderschulung. In: Bühlmann et al., 1971, 56-64.

Uslar, W. v.: Wahrnehmungsgestaltung durch soziale Einflüsse. Medizinischer Monatsspiegel, 1973, H. 3, 65-69.

Walter, R.: Ziele und Methoden der Personalbeurteilung im Betrieb. Wirtsch.-H., Diss., Mannheim, 1957.

Watson, J. B.: Psychology as the Behaviorist Views it. Psychological Review, 1913. **20**, 158-177.

Weber, M.: Wirtschaft und Gesellschaft. Tübingen: Mohr, 1922, 1976⁵.

Weise, G.: Psychologische Leistungstests. Band 1. Göttingen: Hogrefe, 1975.

Wewetzer, K.-H.: Die Faktorenstruktur der Intelligenz in ihrer Abhängigkeit von der Begabungsart. In: Groffmann und Wewetzer 1968, 213-230.

Whitehead, T. N.: The Industrial Work. Cambridge (Mass.): Havard University Press, 1938.

Wiedemann, A.: Fehlerquellen bei der Beurteilung von Menschen im Betrieb. Zeitschrift Industrielle Organisation, 1958, **27**, 93-98.

Zander, E.: Die Durchführung einer systematischen Beurteilung der Mitarbeiter. Mensch und Arbeit, 1963, **15**, 200-204.

Zander, E.: Arbeits- und Leistungsbewertung. Heidelberg: Sauer, 1970.

Die Autoren

Dr. phil. Dipl.-Psych. *Hermann Liebel* wurde am 26. 8. 1945 in Speyer geboren. Er besuchte dort das Staatliche Altsprachliche Gymnasium. Von 1965-1966 studierte er Psychologie, Philosophie und Soziologie an der Universität Basel, von 1966-1970 (Diplom-Psychologe) in Freiburg. 1970/71 war er wiss. Assistent an der PH Niedersachsen in Braunschweig, 1972 erfolgte die Promotion zum Dr. phil. in Freiburg. Seit 1972 ist H. Liebel wiss. Assistent am Lehrstuhl für Angewandte Psychologie an der Universität Freiburg, seit 1973 Leiter der Forschungsgruppe „Personalführung im Öffentlichen Dienst", H. Liebel ist Mitglied mehrerer wissenschaftlicher Organisationen im In- und Ausland.

Wichtige Veröffentlichungen: Zur differentiellen Validität der Holtzman Inkblot Technique (Bern, 1973), Forensische Psychologie — Eine Einführung (Stuttgart, 1975).

Dipl.-Psych. *Rudolf Luhr* wurde am 27. 4. 1946 in Freiburg geboren. Nach dem Besuch des mathematisch-naturwissenschaftlichen Gymnasiums begann er 1970 das Studium der Psychologie an der Universität Freiburg, das er 1976 mit dem Diplom abschloß. Seit 1976 ist er wiss. Assistent am Lehrstuhl für Angewandte Psychologie an der Universität Freiburg und Mitglied der Forschungsgruppe „Personalführung im Öffentlichen Dienst".

Dipl.-Psych. *Karl Harald Meyer* wurde am 14. 4. 1945 in Trunstadt bei Bamberg geboren. Von 1957 bis 1966 besuchte er das Altsprachliche Gymnasium, von 1966-1970 studierte er Psychologie an der Universität des Saarlandes in Saarbrücken. Ab 1970 studierte er Psychologie und Statistik an der Universität Konstanz und schloß 1972 das Studium mit der Diplom-Hauptprüfung ab. Seit 1972 ist er wiss. Assistent und Lehrbeauftragter am Institut für Sozial- und Wirtschaftsstatistik an der Universität Linz/Österreich und seit 1973 Mitglied der Forschungsgruppe „Personalführung im Öffentlichen Dienst".

Dipl.-Psych. *Rudolf Walter* wurde am 21. 8. 1946 in Cuxhaven geboren und besuchte dort das Altsprachliche Gymnasium. Nach dem Abitur folgte eine zweijährige Dienstzeit bei der Bundeswehr, der sich eine einjährige Schauspielausbildung anschloß. R. Walter studierte Psychologie an den Universitäten Mannheim, Kiel und Freiburg, wo er 1975 das Studium mit der Diplom-Hauptprüfung beendete. Er ist seit 1975 Mitglied der Forschungsgruppe „Personalführung im Öffentlichen Dienst". Nachdem er ein Jahr lang an einem psychotherapeutischen Kinderheim in Paderborn beschäftigt war, ist er seit April 1977 Leiter der Abteilung Klinische Psychologie der Kurklinik Bad Oeynhausen.

Die Autoren